수지가 만난 세계

수지가 만난 세계

비엔나, 부산, 파리, 상하이를
넘나드는 가족의 역사

에리카 피셔 지음 | 윤선영 · 배신수 옮김

산지니

서영해(수지의 할아버지)

엘리자베스
브라우어(수지의 할머니)

황순조(서영해의 둘째 부인)

스테판 왕   수지 왕과 스테파니 왕(수지의 여동생)
(수지의 아버지)

수지 자매와 스테파니의 딸 프리다

* 일러두기
  각주는 모두 옮긴이의 것이다.

책을 시작하며

～

2019년 대한민국은 일제강점기(1910~1945)에 일본 제국에 저항하며 일어난 3·1운동 100주년을 크게 기념하였는데, 이를 통해 그동안 소수에게만 알려져 있던 한 언론인이 갑자기 세인의 주목을 받게 되었다. 그가 바로 1902년 부산에서 태어난 독립운동가 서영해다.

1919년 3월 1일, 청소년이었던 서영해는 독립만세운동에 참여하기 위해 거리로 나섰고, 이후 일본 점령군의 탄압을 피해 프랑스 파리로 도피하여 27년 동안 망명생활을 했다. 그러나 조선이 일본 제국으로부터 해방된 이후에도, 그는 당시 정치적인 상황으로 인해 국내에서 어떠한 공직조차 맡을 수 없었다. 결국 다시 망명길에 올라야 했던 서영해는 1960년경 북한의 수도인 평양에서 사망했다. 그가 어떻게 사망했는지에 대해서는 알려진 것이 없다.

서영해는 1995년 대한민국 정부로부터 건국훈장 애국장을 추서받았지만, 대한민국 임시정부의 주요 인사들에 비해 독립운동가로서 그의 삶은 프랑스 파리 망명의 그늘에 가려 오늘날 후손들에게 적합한 평가를 받지 못하고 있었다. 그러다가 2019년, 3·1운동 100주년 기념식을 계기로 서영해의 고향인 부산에서 서영해 관련 전시회가 열렸고, 다양한 이미지로 구성된 카탈로그 및 전기(傳記) 출간과 함께 TV 다큐멘터리가 방영되면서 대한민국의 자유와 독립을 위해 헌신했던 독립운동가 서영해의 삶에 대한 관심이 높아졌다.

서영해의 정치 인생과 마찬가지로, 그의 사생활 역시 알려진 것이 많지 않다. 하지만 놀라운 것은, 그의 개인적인 삶의 일부가 오스트리아의 비엔나와 연결되어 있다는 사실이다. 대한민국에서 3·1운동 100주년 기념식이 열리기 몇 해 전, 오스트리아 비엔나 출신으로 예술사를 전공한 수지 왕이 자신의 뿌리를 찾던 중 '서영해'란 인물을 발견하게 되었는데, 그가 바로 그녀의 할아버지였다. 수지가 밝혀낸 바에 의하면, 서영해는 프랑스 망명 당시 비엔나에서 파리로 유학 온 예술가 지망생 '엘리자베스 브라우어'라는 여성을 만나게 되었고, 1937년 비엔나 시청에서 결혼식을 올렸다. 하지만 두 사람의 결혼 생활은 곧 끝나고 말았다. 찰나와 같은 결혼 생활이었지만, 그들 사이에서 수지 왕의 아버지인 스테판이 태어났다. 서영해와 이혼한 후, 엘리자베스는 왕씨 성(姓)을 가진 중국인 남성과 재혼했고, 스테판은 새아버지의 성을 따랐다. 이러한 이유로 수지는 한국인 할아버지의 성인 서(徐)씨가 아닌 중국의 왕(wong)씨 성을 갖게 되었다. 이로써 수지는 자신의 몸에 '중국인의 피가 단 한 방울'도 흐르지 않고 있다는 것과 자신의 친척이 대한민국에 많이 살고 있다는 것을 알게 되었다.

서영해는 죽을 때까지 1939년에 태어난 자신의 아들 '스테판'의 존재를 알지 못했다. 전위예술가였던 그의 아내 엘리자베스는 추측건대 임신을 원하지 않았던 것 같다. 하지만 엘리자베스는 자신이 임신한 사실과 아들이 태어난 사실을 남편 서영해에게 알리지 않았고, 아들 스테판에게도 그의 생부가 누구인지 알려주지 않았으며 또 그 사실을 숨기기 위해 애를 썼다.

이제껏 몰랐던 한국인 할아버지를 찾아 가는 수지 왕의 여정은 복잡한 가족 관계를 복원하는 일이자, 나에게도 흥미로운 도전이었다. 부분적으로 얽히고설킨 이 여정을 통해 우리는 대한민국의 비극적인 역사 속으로 깊숙이 들어가게 되었고, 서영해가 그의 조국 대한민국에 얼마나 중요한 존재인지를 밝혀내었다.

2019년, 3·1운동 100주년 이후, 수지 왕과 그녀의 여동생 스테파니 왕은 마침내 대한민국에서 공식적으로 독립운동가의 손녀로 인정받았다.

차례

카페 '아이레스'

~

　　오스트리아 제국의 황제 프란츠 요제프가 이런 말을 했다고 한다. "좋겠어요. 커피하우스*에 갈 수 있어서!" 그의 말이 맞다. 커피하우스에 갈 수 없는 사람은 불행하다. 나역시 독일의 베를린에서는 그랬다. 커피하우스가 그리웠다. 서두를 것 없이 느긋하게 즐길 수 있는 쉼과 여유, 조용조용오가는 대화들, 곳곳에 비치된 신문들, 레코드 음악이 없는곳, 왠지 기분이 언짢은 듯 투덜대는 나이 든 웨이터들. 오스트리아의 비엔나를 방문하면 나는 친구들을 만나기 위해이 커피하우스에서 저 커피하우스로 투어를 하곤 한다. 나와 친구들은 오직 커피하우스에서만 만난다. 그중 한 친구와는 따로 약속을 잡지 않아도 된다. 그 친구는 매일 오후 4시부터 카페 '뤼디거 호프'에 있다. 그것도 항상 같은 테이

* 1685년에 시작된 비엔나 커피하우스는 비엔나 시민들에게는 응접실의 연장선이라 할 수 있다. 여가와 함께 가벼운 음식을 즐길 수 있는 곳으로 보통 사람뿐만 아니라 다양한 분야의 지식인들이 모이는 사랑방 같은 장소이다. (출처: 오스트리아 관광청 공식 사이트 https://www.austria.info/kr/where-to-go/cities/wien/coffeehouse-wien)

블에 앉아 있다. 비엔나의 함부르크 거리에 있는 뤼디거 호프는 그 친구의 두 번째 집인 셈이다.

수지 왕과 나는 란데스게리히트 거리와 요제프슈테터 거리의 모퉁이에 있는 카페 '아이레스(Eiles)'에서 만났다. 란데스게리히트 거리는 어떤 면에서 나의 가족과 연관이 깊다. 1935년 11월 내 부모님은 불법 정치 활동으로 구치소에 수감되기 위해 '회색 집'으로 알려진 오늘날의 란데스게리히트, 즉 주(州)법원 형사부에 끌려왔다. 어머니는 3개월 동안 구금 후 고국인 폴란드로 추방되었고, 아버지는 9개월 동안 구금된 후 비밀 단체 결성 및 반역죄로 유죄 판결을 받았다.

수지 왕을 만나기 위해 카페 아이레스로 가는 길에 나는 란데스게리히트 거리 11번지가 기념 장소로 바뀌었다는 놀라운 사실을 알게 되었다. 1927년부터 1945년까지 발생한 정치적인 사건들과 그로 인한 일부 치명적인 결과들을 상기시키는 열 개의 안내판이 법원 건물 바깥 벽에 걸려 있었다. 그 가운데 '1933/34년 군사 재판,* 1934년 권위주의 5월 헌법**'이 적혀 있는 안내판에는 내 부모님과 관련된 내용

---

* 오스트리아의 군사재판은 1920년에 폐지되었으나 1933/34년 계엄령 선포와 함께 다시 부활했다. 1938년 나치 독일의 오스트리아 병합 이후 나치 정권의 법령에 따라 정권이 붕괴할 때까지 재판이 계속 열렸다.
** 1934년 5월 1일 오스트리아 공화국은 권위주의 헌법, 이른바 5월 헌법을 제정하였다. 이 법에 따라 집권 여당인 조국전선만 허용되었고, 다른 정당들은 금지되었다.

도 포함되어 있었다. 5월 헌법은 1934년 5월 1일에 발효된 헌법으로 오스트리아 연방국의 강요로 제정되었으나, 나치 독일과의 합병에 따라 1938년에 폐지되었다.

수지 왕은 비엔나 시청에 근무하고 있었다. 시청 바로 뒤편에 위치한 카페 아이레스는 그녀가 틈틈히 누군가를 만나 대화를 나누는 이상적인 장소였다. 1840년 이곳 란데스게리히트 거리에 커피하우스가 하나 생겼다. 당시 그 커피하우스 이름은 지금처럼 카페 아이레스는 아니었지만, 다양한 계층의 사람들이 모여들던 장소였다. 19세기 말에는 특히 화류계 여성들이 밤늦게 모여들었고, 1930년대에는 불법 나치들이 모임을 가졌다. 특히 1934년 7월 실패로 끝난 7월 쿠데타 전에 나치들이 마지막 모임을 갖기도 했었다.

카페 아이레스에는 커다란 창문이 19개 있었는데, 점심 시간에 창가 쪽 대리석 테이블에서 식사를 하려면 운이 꽤 좋아야 했다. 창가 테이블과 모서리 쪽 테이블이 인기가 많기 때문이다. 앞쪽에 놓인 붉은색으로 패딩된 의자와 높은 천장에 매달린 청동 샹들리에, 그리고 두 개씩 연결된 공 모양의 전구들이 벽면에 달려 있어 아늑한 분위기를 자아내고 신문을 읽을 수 있을 만큼 충분히 밝았다 내가 카페에서 항상 주문하는 메뉴인 아이어노케를(Eiernockerl)*은 기대에 미

---

* 계란을 주재료로 한 밀가루 음식이다.

치진 못했지만, 크게 상관이 없었다. 중요한 것은 커피하우스였다.

수지 왕은 검은 눈과 검은 머리, 겨울에도 짙은 피부색을 가졌고 '어딘가 남유럽 사람처럼' 보였다. 게다가 매우 활력이 넘치는 성격이다. 나는 나이가 들면서 조금은 차분해졌지만, 그래도 아직은 활기차다. 우리는 이야기를 나누다 흥분하면 서로 말을 끊곤 했다. 하지만 그렇게 해도 전혀 불쾌하지 않았다.

우리가 알게 된 것은 2013년에 사망한 수지 왕의 아버지 스테판의 세 번째 결혼 상대가 바로 내 사촌이기 때문이었다. 사실 나와 내 사촌은 여러 해 동안 거의 연락하지 않고 지냈다. 그러다 1990년대 중반 수지 왕의 아버지인 스테판이 내 사촌의 인생에 등장하면서, 어린 시절 아주 친하게 지냈던 나와 내 사촌의 관계가 다시 회복되었다. 나는 스테판의 다정하면서도 거친 모습에 곧바로 호감을 느꼈다. 그의 유머는 특이했다. 그는 비엔나 방언을 썼으며, 오스트리아 시골풍의 낡은 조끼를 입었다. 건축가였던 그는 주위에 아름다운 물건들을 쌓아 놓고 살았다. 그것들은 유행에 민감한 디자이너의 작품들이 아니라 견고한 가구들, 낡고 닳은 일상용품들 그리고 스테판만큼이나 특이한 예술 작품들이었다. 그의 아파트에 있는 모든 것이 아름다웠다. 아름다웠고 오래된 것들이었다. 나는 그곳에서 편안함을 느꼈다. 한번은 내 생일날에, 그가 검은색으로 염색된 나무로 만든 약 50cm 정도의 길쭉한 사람 다리 모양 공예품을 선물해 주었다. 길게 뻗은 아랫부분에 발 모양이 붙어 있었다. 그것이 과거 어떤 용도로 쓰였는지 분명하지 않았지만, 아마 합스부르크 제국의 어느 군대 장교가 사용한 부츠 스트레처였을 것이다. 내 사촌과의 첫 소개팅에서 스테판은 꽃다발이 아니라 생선을 신문지로 돌돌 말아서 선물했다고 한다. 그런 사람이 바로 스테판이었다. 아직도 베를린의 침실에서 눈을 뜰 때마다, 그 검은 다리 부츠 스트레처는 나를 기분 좋게 하고, 오스트리아의 스테판을 생각나게 한다. 어떻게 한국인 아버지를 두었는지, 그럼에도 어쩌다 그렇게 전형적인 오스트리아 사람이 되었는지, 모두가 궁금해할 것 같은 그 질문의 답을 정작 스테판에게서는 잘 찾을 수 없었다. 아니, 거의 찾을 수 없었다.

수지 왕에게서도 마찬가지였다. 사람들은 모두 물었다. "수지는 아시아 사람처럼 생겼니?" 물론 그렇다고 해서 다음과 같이 묻지는 않았다. "그녀의 눈이 옆으로 쫙 째졌니?" 이것은 오스트리아와 유럽에서 동아시아인들을 경멸적으로 표현하는 비어였다. 하지만 지금은 더 이상 이렇게 묻거나 말하지 않는다.

수지 왕과 내가 카페 아이레스에서 만난 데에는 서로를 좋아하는 것 외에도 특별한 이유가 있었다. 스테판 왕의 한국인 아버지와 그와 관련된 모든 것 때문이었다. "왜 성이 왕(王)씨인가요?"라고 한국인들은 의아해하면서 수지에게 질문했다. "왕은 중국 성이 아닌가요?" 지금까지 유럽 중심적인 사고에 천착해 있던 나는 당연히 그 차이를 몰랐다. '왕'이라는 성이 아시아적으로 들리니까 이상함을 느끼지 못했다. 사정은 꽤 복잡했다. 간단히 말하면, 스테판의 어머니 엘리자베스는 1939년 스테판을 임신했을 당시 프랑스 파리에서 조선인 남편 서영해와 헤어졌다. 오스트리아의 비엔나로 돌아온 그녀는 전쟁이 끝난 후 '왕'씨 성을 가진 중국인 남성과 재혼했다. 중국인 남편은 죽기 전에 스테판을 아들로 삼고 자신의 성을 물려주었다. 스테판의 어머니는 아들의 조선인 아버지와 의도적으로 연락을 끊었고, 그 결과 아들 스테판은 자신의 친아버지를 만날 수 없게 되었다.

'수지 왕'이란 이름이 지어진 배경은 다음과 같다. 수지의 부모는 영국 소설가 리처드 메이슨(Richard Mason)의 유명한 소설에 나오는 여주인공의 이름을 첫째 딸에게 붙이기를 원했다. 아마 오늘날 젊은 세대는 잘 모르겠지만, 이 소설은 '수지 왕의 세계(The World of Suzie Wong)'라는 제목으로 1960년 영화화되었으며, 낸시 콴과 윌리엄 홀든이 주연을 맡아 연기했다. 낸시 콴이 연기한 수지 왕은 홍콩 출신 매춘부였고, 그녀는 이 영화로 인해 순식간에 유명해졌다. 수지가 어렸을 때, 이름을 말하면 사람들은 미소를 지으며 '왜 웃는지 나중에 이해하게 될 거야.'라고 말하곤 했다. 수지는 자신의 이름에 어떤 비밀이 있다는 걸 짐작만 했다.

수지 왕은 영화를 넘어 세계사적으로 중요했던 그 비밀

18

이 무엇인지에 대해 아버지 스테판이 죽기 직전에야 겨우 알아차리기 시작했다. 그리고 카페 아이레스의 대리석 테이블에서 멜랑쥐(Melange) 커피에 케이크 진열장에서 막 꺼낸 치즈 케이크 한 조각을 먹으면서 나에게 이야기를 꺼냈다.

수지의 가족은 수지 아버지 스테판에게 언론인이자 작가였던 한국인 친아버지가 있다는 사실을 알고 있었다. 또한 그 한국인 친아버지가 프랑스어로 쓴 두 권의 책 제목 역시 알고 있었지만 가족 중 그 누구도 책을 읽어보지 않았고, 그 책에 관한 관심도 그다지 크지 않았다. 게다가 책을 구하는 것 역시 쉽지 않았다. 스테판은 자신이 중국인 새아버지의 성을 물려받았다는 사실을 알고 있었고, 어렸을 때 새아버지와 몇 년 동안 함께 살아서 여전히 그를 기억했다. 스테판의 새아버지는 중국 광둥 출신으로 오스트리아에서 폐질환 전문의로 일했지만 젊은 나이에 결핵으로 사망했다. 그는 죽기 전에 스테판에게 자신의 성(姓)을 물려주었고, 그로 인해 수지, 여동생 스테파니 그리고 스테파니의 딸 프리다는 모두 중국식 성을 가지게 되었다. 하지만 이들은 중국과는 전혀 관련이 없었고, 대한민국과 관계된 것 역시 한 번도 본 적 없는 친할아버지뿐이었다.

스테판의 어머니 엘리자베스는 비엔나 출신의 예술가로 갤러리를 운영했는데 아들 스테판에게는 한국인 친아버지에 관해 그 어떤 말도 하지 않았다. 왜 그랬는지에 대한 이유는 미스터리로 남아 있다. 아들과 어머니 사이의 관계 역시 어떤 이유에서 나빠졌고, 그 결과 스테판은 결혼하고 1970년 딸 수지가 태어났을 때 어머니와 연락을 끊었다. 이후 2006년 어머니가 사망할 때까지 두 사람은 서로에게 한 마디도 하지 않았다. 스테판과 결혼한 내 사촌은 결혼 생활 동안 '리 왕'이라는 이름을 사용했는데, 결혼 전 그녀의 이름은 엘리자베스로, 스테판의 어머니와 같은 이름이었다.

수지는 할머니를 딱 세 번 만났다. 할머니는 예술사학 전공인 수지가 석사 논문의 주제로 썼던 진외증조부 칼 브라우어에 대해서도, 스테판의 한국인 친아버지에 대해서도, 그리고 아들 스테판에 대해서도 이야기하고 싶어 하지 않았다.

아버지 스테판 왕이 사망했을 때, 수지는 한국인 할아버지에 대해 이름 석 자 외에는 거의 아는 것이 없었다. 서영해(Seo Yeong-hae) 또는 Seu Ring-Hai,* 할아버지가 프랑스에서 중국어 표기법에 따라 그의 책과 기고문에 사용한 이름이다. 2013년 1월 18일 아버지 스테판의 장례식에서 수지는 집안과의 연결고리가 끊어지지 않도록 한국인 할아버지의 흔적을 찾아보겠다고 다짐했다.

수지는 아버지 스테판이 죽기 전에 이미 한국인 할아버지와 관련된 비밀의 일부를 풀었지만, 그 사실을 아버지에게 전할 수는 없었다. 수지는 서울에 있는 국립박물관 웹사

---

* 프랑스에서 활동하며 사용한 이름임을 강조할 때는 서영해(Seu Ring-Hai)로 표기한다.

이트에서 할아버지의 이름이 적혀 있는 출판물을 발견했다. 그녀는 국립박물관 측에 추가로 정보를 요청했고, 한국어로 된 자료들을 받았다. 몇 달 후, 그녀가 비엔나에서 예술사를 공부하고 있는 한 한국 학생을 만났을 때, 자신이 받았던 자료가 2005년* 원희복 기자가 쓴 서영해에 관한 기사**라는 것을 알게 되었다. 그리고 기사에서 원희복은 조카 서정철의 노력으로 서영해가 1995년 대한민국 정부로부터 건국훈장 애국장을 추서받았다고 적었다.

일이 갑자기 진행되었다. 수지의 친구들이 두 명의 아시아 여성을 만났고, 그들이 한국인이라는 사실을 알게 되었을 때, 친구들은 비엔나의 아우가르텐에 있는 한 식당에서 수지와 그 여성들의 만남을 주선했다. 수지는 두 명의 여성 가운데 한 명인 김진아 교수에게 기사를 보여 주었고, 깊은 감명을 받은 김진아 교수는 그날 밤 수지에게 이메일을 보내 그녀와 그녀의 가족에게 민족을 위한 서영해의 업적에 감사를 표했다. 수지는 깜짝 놀랐다. 그녀는 할아버지 서영해가 한국 민족을 위해 한 그 어떠한 일에 대해서도 제대로 의식하지 못하고 있었기 때문이다. 김진아 교수는 한국

---

* 2014년으로 잘못 표기된 것을 고침. 2024년 6월 21일 수지 왕이 합식한 가운데 원문의 오류와 오타는 번역가의 재량에 따라 모두 수정하기로 작가와 합의하였다.
** "다시 쓰는 독립운동 列傳 V-3. 서영해 파리대사의 외교투쟁", 〈경향신문〉, 2005년 4월 18일. https://www.khan.co.kr/feature_story/article/200504181742291 (2024.7.1. 접속 확인)

에 있는 원희복 기자에게 서둘러 연락하였고, 원희복 기자
는 '비엔나에 있는 독립운동가 후손'의 사진과 정보를 요청
했다. 그는 2015년 8월 15일 광복절을 맞아 쓴 기획 기사*의
첫 단락에서 비엔나에 살고 있는 독립운동가 후손의 몸에
"중국인 피는 단 한 방울도 없다."라고 강조했다.

이 기사가 게재된 지 3일 후, 수지의 육촌 언니 서혜숙
이 연락을 취해 왔다. 서혜숙은 약사인데, 서영해의 아버지
도 약사였다. 곧 수지와 그녀의 여동생 스테파니는 대한민
국에 많은 친척이 있다는 사실을 알게 되었다. 서영해에게
는 아홉 명의 형제자매가 있었다. 서영해가 오스트리아에
아들을 두었다는 것은 그의 한국 가족들에게는 알려지지
않은 사실이었다.

원희복 기자는 수지와 스테파니 자매에게 2016년 프랑
스 파리에서 열린 대한민국 독립운동에 관한 심포지엄과 전
시회에 대해 알려 주었다. 한국 역사에 대한 지식이 거의 없
는 상태에서 스테파니는 파리로 향했고, 그곳에서 '영웅, 즉
독립운동가의 손녀들'이라고 불리는 여러 명의 한국인 여성
을 만났다. 그들은 젊은 오스트리아 여성 스테파니에게 매
료되었고, 누구나 할 것 없이 그녀를 돌봐 줬다.

그 후 얼마 지나지 않아 수지와 스테파니 자매 역시 대
한민국 정부로부터 '독립운동가의 손녀들'이라는 명예 칭호

---

* 원희복, "독립운동가 서영해 손녀 찾았다", 〈주간 경향〉 1139호, 2015년 8
월 18일, 34-39쪽.

를 부여받았다. 자유 투사 서영해의 손녀로서 수지와 스테파니 자매는 2019년 4월 11일 서울에서 미국, 러시아, 카자흐스탄, 쿠바, 멕시코, 중국, 호주, 네덜란드에서 온 대한민국 독립 투사들의 자녀들, 특히 그들의 손녀, 손자들과 함께 대한민국 독립 투쟁 100주년과 임시정부 100주년을 기념하는 행사에 참석했다. 다음 날 서울 MBC 타워에서는 '환국(還國)'이라는 주제로 사진 전시회가 열렸는데, 해외에서 거주하다 사망한 독립 투사들과 그들의 후손들에 관한 다양한 정보가 제공되었다. 그 사진들 가운데는 수지와 스테파니 자매의 흑백 사진 몇 장이 포함되어 있었다.

수지가 이야기를 마치자 나는 숨을 깊게 들이쉬고 내쉬었다. 얼마나 놀라운 이야기인가! 하지만 이것은 시작에 불과했다. 우리는 함께 웃었다. "그럼, 물론이지. 해 보자. 우리 같이 스테판과 그의 아버지 서영해의 흔적을 따라가 보자." 어쨌든 이 이야기의 주인공들은—마치 독일 동화『헨젤과 그레텔』에서 두 아이가 숲속에서 길을 잃어버리지 않기 위해 하얀색의 조그만한 돌을 군데군데 놓아 두었던 것처럼—부산, 비엔나, 파리, 서울, 상하이, 류블랴나 그리고 평양에 이런저런 흔적들을 남겨 두었다.

비엔나의 커피하우스에서는 역사를 통틀어 많은 일이 벌어졌다. 마르크스주의 이론가였던 레온 트로츠키는 비엔나에 살았던 1907년에서 1914년 사이 커피하우스에서 '제2차 러시아 혁명의 이론적 선도(先導)'를 썼을 것이다. 1913

년 레온 트로츠키와 이오시프 스탈린이 비엔나의 어느 커피하우스에서 만난 것은 역사적으로 확실하다. 트로츠키의 단골 식당은 헤렌가세에 있는 카페 센트럴(Café Central)이었다. 1917년 10월 혁명 발발에 대한 보도를 무시하며 "도대체 누가 이러한 혁명을 할 것인가? 혹시 카페 센트럴의 트로츠키 씨 아닐까?"라고 언급했던 당시 오스트리아 고위 공무원의 후기 논평은 아직까지 전설로 남아 있다. 이 커피하우스는 또한 지그문트 프로이트, 슈테판 츠바이크, 아돌프 로스와 같은 유명한 인물들이 자주 찾았다. 또한 카를 광장에 있는 카페 뮤지엄(Café Museum)에서—당시에는 오늘날처럼 멋진 곳이 아니었고, 관광객들이 찾아 몰려드는 곳도 아니었으나—1970년대 나의 세대, 가부장제의 몰락을 준비하는 자칭 혁명가인 체하는 사람들이 만나곤 했다. 오늘날 내가 가장 좋아하는 커피하우스는 슈탈부르크가세에 있는 브로이너호프(Bräunerhof)이다. 이곳은 까칠한 작가 토마스 베른하르트도 즐겨 찾던 곳이다. 또한 후고 폰 호프만슈탈, 알프레드 폴가르, 파울 비트겐슈타인 그리고 나치에 의해 살해당한 오스트리아 파시스트 엥겔베르트 돌푸스가 자주 찾던 곳이기도 했다.

수지와 나도 카페 아이레스에서 무언가를 같이 도모하기로 했다: 우리는 평생 망명자로 살아 왔던 한 사람의 비극적인 이야기를 쓸 것이다. 조선을 식민지화했던 일본 제국뿐만 아니라, 독일, 이탈리아, 스페인의 파시스트들에 맞서 싸운, 열정적인 자유 투사이자 반파시스트에 관한 이야기를 쓸 것이다. 그리고 그는 어쩌면 북한의 김일성과도 맞서 싸웠을지 모른다. 애국적인 국제주의자 서영해의 이야기. 그리고 서영해와 엘리자베스 브라우어의 짧은 사랑 이야기, 두 사람의 사랑 덕분에 스테판과 수지, 스테파니 자매가 존재하게 된 이야기를 쓸 것이다. 수지와 내가 얼마나 많은 보이지 않는 실타래를 연결하고, 또 복잡하게 얽히고설킨 실타래를 풀 수 있을지는 두고 볼 일이다.

엘리자베스, 파리에 가다

～

 1933년 초여름, 오스트리아 비엔나 출신인 엘리자베스 브라우어는 고등학교를 졸업했다. 그 시기에 그녀의 아버지 칼 브라우어는 딸의 미래를 신경 쓸 여유가 없었음이 분명하다. 칼 브라우어는 당시 시카고에서 오스트리아 니더외스터라이히주의 뫼들링(Mödling)에 있는 히르틀쉬 고아원 어린이들이 그린 그림 전시회 기획을 맡고 있었다. 같은 시기에 시카고에서는 세계 박람회(1933~1934년)가 "과학이 발견하고, 산업이 응용하고, 인간이 적응하다"라는 주제하에 열리고 있었다. 칼은 1933년 이 박람회를 방문했다. 그는 딸 엘리자베스가 프랑스 파리에서 공부하고 싶어 하는 것을 그다지 달가워하지 않았을 것이다. 건축가로서, 일 때문에 전 세계를 자주 돌아다녀야 했지만, 그는 항상 고향 오스트리아와 깊이 연결되어 있었기 때문이다. 친구인 건축가 필립 호이슬러에게 보낸 편지에서 그는, 호이슬러가 자신의 국제적인 삶의 방식을 부러워하지만 정작 브라우어 자신은 일 때문에 어쩔 수 없이 한다고 말하곤 했다. 하지만 호이슬러가 프랑크푸르트에서 비엔나로 올 때마다 두 사람은 비들러 하우프트슈트라세에 있는 카페 보르트너에서 만나곤 했다. 비엔나의 커피하우스는 고향에 대한 애착을 가진 사람이든 국제적인 삶을 추구하는 사람이든 모두가 편안함을 느낄 수 있는 그런 곳이었다.

비엔나에서 커피하우스를 즐겨 찾던 엘리자베스. 그녀가 여름방학이 끝나자마자 곧장 프랑스 파리로 가서 전설적인 몽파르나스 지역의 중심부에 위치한 미술학교, '아카데미 드 라 그랑드 쇼미에르(Académie de la Grande Chaumière)'에서 회화 및 무대 설치 수업에 등록했다고 가정해 보자. 하지만 당시 이 학교는 학사기록을 보관하지 않아 엘리자베스가 이곳에서 어떤 예술 교육을 받고 공부했는지 더 자세히 살펴볼 수는 없었다.

아카데미 드 라 그랑드 쇼미에르는 오늘날까지 신화적인 장소로 남아 있다. 알렉산더 칼더, 타마라 드 렘피카, 루이스 부르주아, 제르맹 리시에, 알베르토 자코메티, 아메데오 모딜리아니, 세르게 폴리아코프 그리고 호안 미로와 같은 유명한 예술가들이 이곳을 찾았고, 에밀 앙투안 부르델, 자크 에밀 블랑샤르, 오통 프리에스, 루시앙 시몽, 페르낭 레제, 오시프 자드킨, 샤를 피카르 르두 등의 예술가들이 가르쳤던 곳이었다. 1904년 스위스 예술가 마샤 슈테틀러가 설립한 이 학교는 회화와 조각을 위한 아카데미로 모든 예술 장르가 동등하게 자리를 잡아야 한다는 원칙을 가지고 있었다. 슈테틀러는 에콜 데 보자르(École des Beaux-Arts)의 엄격하고 학술적인 규칙들을 거부했다.* 아카데미가 오르페브르 부두에 위치했던 초기에 들라크루아, 피카소, 세잔 그리고 마네 같은 유명 예술가들이 이 아카데미의 설립에 참여했다. 드 라 그랑드 쇼미에르 14번지—짚으로 지붕을 인 커다란 오두막 거리—에 있던 이 아카데미는 개방적인 예술 학교였다. 수업에 몇 년 동안 진행되는 단계별 과정은 없었고, 몇 주, 며칠, 심지어 몇 시간 단위로 등록할 수 있었다. 이는 교사의 지도를 받아 스케치하거나, 교사의 관여 없이 스케치를 할 수 있게 하기 위해서였다. 저녁에는 모델이 5분마다 자세를 바꾸는 소위 5분 스케치(Croquis à cinq minutes)가 인기였다. 오전에는 유명한 예술가들뿐만 아니라 전문 지식이 없는 사람들까지 살아 있는 모델을 보고 드로잉과 그림을 자유롭게 할 수 있었다. 20세기 초반, 아카데미 드 라 그랑드 쇼미에르는 파리에서 가장 유명한 예술 아카데미였다.

이 아카데미는 엘리자베스 브라우어의 취향에 꼭 맞는 곳이었다. 그녀는 이미 반항적인 기질에 야심이 많은 아이였다. 엘리자베스는 부모의 집을 떠나기 위해 고등학교 졸업을 손꼽아 기다렸다

---

* 아카데미 드 라 그랑드 쇼미에르의 교육과정은 회화 조각과 건축으로 나뉘었으며, 모두 고대 그리스와 로마의 양식을 기반으로 하고 있다. 학생들은 소묘와 회화 단계에 앞서 기본적인 소묘 능력을 증명해야 했다.

엘리자베스의 어머니 루이제(결혼 전의 성은 파싱바우어)는 패션과 액세서리 매장을 운영했다. 건축가인 아버지 칼 브라우어는 당시 유명했던 요제프 호프만과 15년 동안 함께 일한 것을 자랑스럽게 여겼다. 바로 그 요제프 호프만이 1904년 콜로만 모제와 함께 비엔나 공방(Wiener Werkstätte)을 설립했다. 요제프 호프만은 오토 바그너 그리고 아돌프 로스와 함께 오늘날 20세기 초기의 가장 중요한 건축가 중 한 명으로 꼽히는 인물이다. 비엔나 공방의 그 유명한 WW는 도상학적(Iconography)인 성격을 지니고 있으며, 당시 생산된 작품들은 오늘날 엄청난 가격에 거래되고 있다.

비엔나 공방의 목표는 예술 개념을 공예 분야로 확대하고, 예술가들이 디자인한 일상용품으로 삶을 더 아름답게 만들어 가는 것이었다. 그것은 흔하디흔한 옛 스타일을 성의 없이 산업적으로 모방하는 것에서 탈피하여 간결하면서도 우아한, 그러면서도 하나밖에 없는 특별한 작품으로 만들어 제시하는 것이었다. 찻주전자, 꽃병, 의자와 옷장 등 모든 일상용품은 하나의 예술 작품으로 여겨졌다. 모든 일상생활이 일관되게 형상화되어 새로운 현대 문화에 부합해야 했다. 1920년대까지 비엔나 공방은 비엔나와 해외의 주요 지역에 판매지사를 설립하고 운영했지만, 결국 실패했다. 제품의 비싼 가격 때문에 비엔나 공방은 예술적으로 형상화한 일상용품, 특히 여성들이 디자인한 섬

유제품으로 모든 사람들의 삶을 더 아름답게 만들려고 했던 사회적 목표를 달성할 수 없었다. 결국 1932년 공방 문을 닫을 때까지 부유한 예술 후원가들의 지원에 의존할 수밖에 없었다.

비엔나 공방과 달리 독일공작연맹(Der Deutsche Werkbund)*은 다른 길을 택했다. 독일공작연맹은 이미 1907년부터 산업적 생산 방식을 기반으로 한 제품을 요구하고, 제품의 표준화와 규격화, 저작권 및 수출 문제를 논의했다. 칼 브라우어의 절친한 친구인 건축가 필립 호이슬러는 비엔나 공방을 재정적으로 구하려고 시도했고, 예술가들이 디자인한 작품의 생산을 산업에 맡기는 것을 제안했다. 그러나 그는 요제프 호프만의 반대에 부딪쳤다. 호프만은 대량 생산으로 인한 품질 저하를 우려하며 호이슬러의 제안에 동의하지 않았다.

1905년부터, 즉 비엔나 공방이 설립된 직후부터, 칼은 요제프 호프만의 아틀리에에서 건축가로 일하기 시작했으며 1913년 비엔나 예술공예학교에서 호프만의 조수가 되었다. 하지만 브라우어는 건축가로서 사는 내내 칼 게일링 상속인의 공장과도 관계를 유지하였으며, 그 공장을 위해 유리창 디자인 작업을 맡기도 했다. 1880년에 사망한 칼 게일링은 브라우어의 외할아버지로, 처음에는 풍경화

---

* 독일공작연맹은 1907년 독일의 건축가 헤르만 무테지우스(Hermann Muthesius)에 의해 설립되었다.

가로 활동하다가 1840년 당시 황실의 별장인 락센부르크의 스테인드글라스 작업을 의뢰받게 되었다. 당시에는 잊힌 예술이었다. 1년 후 게일링은 자신의 회사를 설립했고, 이 회사는 오늘날에도 여전히 존재하고 있으며 오스트리아-헝가리 군주국의 교회와 귀족 가옥, 그리고 폴란드, 프랑스, 러시아에서 의뢰받은 화려한 작품들을 제작했다. 이미 1845년 칼 게일링은 오스트리아 공업 전시회에서 '비엔나 최고의 유리화가 중 한 명'으로 선정되어 동메달을 받았다. 그의 사후 조카인 루돌프 게일링이 스테인드글라스 공방의 예술 부문 운영을 물려받았다. 그는 비엔나 슈테판 대성당과 마리아 암 게슈타데(Maria am Gestade) 교회의 스테인드글라스를 디자인했다. 칼 브라우어의 모든 조상은 평생을 예술에 바쳤다. 칼 게일링의 아버지는 궁정 장식 화가였고, 그의 첫째 형은 교회와 세속적인 건물을 칠하고 복원하는 작업을 했다. 그중에는 비엔나 호프부르크 궁전 연회장의 천장 그림과 쉰브룬 궁전의 작품이 있다. 그의 둘째 형인 프란츠 게일링은 역사 및 종교 그림과 벽화를 그리는 화가였다.

게일링 가문에서 흥미로운 인물은 롤프 게일링이다. 그는 루돌프 게일링의 아들로 1952년에 사망했다. 게일링 가문이 원하는 바에 따라 그는 학문적인 화가의 길을 가야 했지만, 건축학을 공부하기로 결정했다. 학업을 마친 직후, 롤프 게일링은 비엔나 교통 회사로부터 차량 기지와 직원 사택을 건설하고, 매표소와 정류장을 디자인해 달라는 의뢰를 받았다. 제1차 세계대전이 시작된 1914년 그는 포병으로 전쟁에 참전하였고, 결국 러시아군의 포로가 되었다. 시베리아의 수용소에 수감되어 있는 동안 그는 다양한 건축 스케치를 완성했으며, 전쟁이 끝날 무렵 블라디보스토크 수용소로 이송되어 그곳에서 건축가로 활동할 수 있었다. 수용소 관리자를 위해 집을 한 채 지은 것이었다. 이에 1920년 수용소 관리자는 롤프 게일링이 가짜 서류를 가지고 중국으로 탈출할 수 있도록 도와주었다.

오늘날 중국 북쪽의 인기 있는 온천 휴양지 중 하나이고 당시 대규모 도시 현대화 사업을 추진하고 있던 베이다이허에서 롤프 게일링은 도시 계획을 의뢰받았다. 그는 도로망, 공공 건물 및 호텔, 그리고 빌라 지구의 설계를 담당했다. 나중에 그는 베이징의 상업에서 중요한 항구 도시인 톈진으로 활동 영역을 넓혀 갔다. 그 후 그는 여생을 보낼 중국으로 아내를 데려오기 위해 비엔나로 향했다. 롤프 게일링의 사망 당시 그가 수행했던 프로젝트 약 250개의 기록이 보관되어 있었다. 공산주의 정권이 들어서면서 게일링은 자신이 이룩한 모든 것을 빼앗겼다. 그는 중국에 남아 자신의 명예 회복을 위해 싸웠지만, 결국 헛된 싸움이었다.

롤프 게일링은 중국 체류 초기에 중국의 예술품을 수집하기 시작했고, 수년에 걸쳐 비엔나에 있는 민족학 박물관 (1928년 이후 세계 박물관), 예술공예 박물관 그리고 예술사 박물관에 전달했다. 최근 들어 롤프 게일링이 중국에서 했던 활동들이 다시 인정받고 있다. 2002년 '현대 톈진 및 세계 박물관'이 설립되었으며, 이 박물관에는 생전 그의 활동에 헌사된 공간이 설치되어 운영 중이다. 비엔나에서는 형 레미기우스를 통해 스타 건축가 오토 바그너와 긴밀한 관계를 맺었고, 비엔나의 몇몇 도시철도역 건설에 참여하여 도시철도에 우아한 디자인을 더해 '종합 예술 작품'이라는 명성을 얻게 했다고 한다.

이러한 배경을 가진 칼 브라우어의 외동딸 엘리자베스는 이미 어린 시절부터 예술에 대한 흥미를 가졌고, 이는 엘리자베스의 부모에게 그다지 놀라운 일이 아니었다. 비엔나 15구 젝스하우저슈트라세 19번지에 위치한 엘리자베스 부모의 아파트는 비엔나 공방의 우아하고 품위 있는 분위기로 가득 차 있었다. 정교한 장인의 품질에 최고의 가치를 간직한 이곳에는 유명한 예술가들이 드나들었다. 하지만 아파트 밖으로 나가면 실업, 빈곤, 사회 계층 하락의 위험이 당시 사회 분위기를 지배하고 있었다. 특히 도시화 현상에 있어 오스트리아는 심각한 분열을 드러냈다. 이는 기존의 고향에 대한 예찬과 새롭게 정립된 대도시 문화 간의 대립이었고, 흙(땅)과 아스팔트 간의 대립이었다. 1930년부터 정치적인 대립이 심화되었다. '붉은 비엔나(Rotes Wien)'*는 보수

---

* 1918년에서 1934년 사이 오스트리아 사회민주노동당(SDAP)이 오스트리아의 수도 비엔나에서 집권하던 시기를 일컫는 말이다.

적인 알프스 오스트리아의 대척점을 형성했다. 하지만 파시즘이 점차 힘을 얻기 시작했고, 반유대주의는 공공 생활에서 일상이 되었다. 1920년대에 오스트리아의 예술은 전체적으로 위축된 상태였다. 1918년 이후 비엔나는 대도시로서의 문화 기능을 상실했고, 문화 생활 또한 고통을 겪었다. 급진적으로 새로운 것을 실현해 보려는 시도는 번번히 실패로 돌아갔다.

1933년 엘리자베스가 고등학교를 졸업할 당시, 아돌프 히틀러는 이웃 나라 독일에서 이미 수상이 되어, 작은 '독일계 오스트리아 공화국(Deutschösterreich)'*에 부정적인 영향을 끼치고 있었다. 오스트리아 국민들에게 '제3제국'은 인기가 있었다. 1933년 3월 4일, 기독사회당의 엥겔베르트 돌푸스 수상은 의회의 의사 규정 위기를 틈타 쿠데타를 일으켰고, 당시 빌헬름 미클라스 대통령은 이에 대해 별다른 조치를 취하지 않았다. 의회를 해산한 후, 돌푸스 수상은 제1차 세계대전 당시 전시 경제 수권법에 근거하여 통치했으며, 이 법은 그에게 특별한 권한을 부여했다. 자유와 민주주의는 단계적으로 억압되고 탄압되었다. 고등학교를 갓 졸업한 엘리자베스가 예술가의 삶을 시작하기에 좋은 환경은 아니었다.

---

* 독일계 오스트리아 공화국(Deutschösterreich)은 1918년 오스트리아-헝가리 제국이 해체된 후, 오스트리아-헝가리 제국의 독일어 사용 지역에 형성된 정부이다.

1933년 세계 대공황이 최고조에 달했다. 결국 비엔나 공방을 닫은 후 프리랜서 건축가로 일하며 일감 수주에 직접 매달려야 했던 칼 브라우어는 생활이 넉넉하지 않았고, 그의 아내가 운영하는 패션 상품점 역시 예전 같지 않았다. 하지만 외동딸 엘리자베스가 꼭 프랑스 파리로 가고 싶어 하자, 그들은 이를 거절할 수 없었다. 항상 그랬던 것처럼 엘리자베스는 강한 의지를 가지고 있었다.

세계 대공황의 영향이 프랑스에도 미쳐 사람들의 삶을 옥죄고 있었지만, 파리 몽파르나스와 몽마르트를 중심으로 활동하는 국제적인 예술가들을 흔들지는 못했다. 조세핀 베이커, 시몬 드 보부아르, 아나이스 닌, 만 레이, 거트루드 스타인, 미스팅게트, 장고 라인하르트, 장 콕토, 콜 포터, 스콧 피츠제럴드, 헨리 밀러를 비롯한 많은 예술가들은 다가오는 위험을 깨닫지 못했거나 애써 무시하고 있었다. 프랑스를 망명지로 택한 독일 작가들은 훨씬 더 심한 압박감에 시달렸다. 1933년 5월 10일 베를린 오페라 광장에서 하인리히 만, 발터 메링, 요셉 로트, 리온 포이히트방거, 클라우스 만, 안나 제거스, 알프레드 칸토로비치, 루트비히 마르쿠제 그리고 다른 많은 작가들의 책이 불태워졌기 때문이다.

엘리자베스 브라우어는 점점 더 편협해져 가는 오스트리아와 이젠 쇠퇴해 버린 비엔나 공방, 그 공방이 고수했던 '공예 그 자체'에 대해 더 이상 알고 싶지 않았다. 그녀는 거칠면서도 자유로운 삶을 갈망했다. 아카데미 드 라 그랑드 쇼미에르의 학생으로서 그녀는 재즈에 취한 몽파르나스 지구의 한가운데로 푹 빠져들었다.

일생일대의 만남

～

　파리의 초여름은 온화했다. 낮 동안 여유가 있는 사람들은 모두 밖으로 나왔다. 아직은 서늘한 산들바람이 가끔씩 도시 위를 휩쓸고 불어올 때도 있어서, 엘리자베스는 갈색 트위드 정장을 입고 있었다. 그녀는 재킷으로 무릎을 덮었다. 그녀는 뤽상부르 공원의 장미 정원에 있는 연못가에 앉아 책을 읽고 있었다. 소설가 이름가르트 코인이 쓴 『길기, 우리 중의 하나(Gilgi, eine von uns)』였다. 길기처럼 어려운 시기에 가족을 떠나 기존의 사회적인 틀을 벗어나 자신만의 길을 찾고자 하는 엘리자베스에게 딱 맞는 소설이었다. 코인의 소설에서 길기는 보헤미안 마틴 브룩을 만나자마자 곧 사랑에 빠졌고, 그 사랑은 바로 고통스러운 종속 관계로 변해 버리고 만다. 우아하고 거만할 정도로 자신감 넘치는 길기와 마찬가지로 엘리자베스 역시 그랬다. 그녀 자신은 "결코 그렇게 깊게 사랑에 빠져들지 않을 것이다."라고 믿었다. 그러나 엘리자베스는 파리에 있었다. 여기저기 곳곳에서 연인들이 키스를 하고 있었다. 그들은 파리가 사랑의 도시라는 명성을 공원 벤치에 앉아 있는 관광객에게 보여 주기 위해, 어느 이벤트 기획자에게 고용된 것처럼 보였다. 엘리자베스는 혼자였고, 혼자라는 게 아쉽게 느껴졌다.

한 남자가 있었다. 엘리자베스보다 약간 나이 들어 보였지만, 여전히 앳된 모습의 청년이 엘리자베스 근처에 자리를 잡았다. 그는 배려 차원에서 엘리자베스와 적당한 거리를 두고 앉았다. 그 청년은 짙은 회색 양복에 은회색 넥타이를 매고 있었고, 셔츠 깃에는 은색 핀이 꽂혀 있었는데, 그 핀은 넥타이 뒤에 있는 작은 사슬에 연결되어 있었다. 신문을 펼쳐 든 그는 검은 테의 안경을 고쳐 쓰고 기사에 몰두했다. 빛나는 검은 머리를 가진 그 남자, 눈에 띄게 보수적인 그의 우아함이 엘리자베스를 웃게 만들었지만, 동시에 그녀의 호기심을 자극했다. 그녀는 오른쪽으로 곁눈질을 하고는, 그 남자가 읽고 있는 신문이 아시아 문자로 가득 차 있는 것을 보았다. 중국어? 일본어? 그것이 그녀의 호기심을 더욱 자극했다. 엘리자베스는 오스트리아 비엔나에서 한 번도 아시아인을 만나 본 적이 없었다.

결국, 젊은 청년 서영해는 그 젊은 아가씨의 관심을 무시할 수 없었다. 그는 그녀에게 정중하게 허락을 구한 후, 의자 하나 정도의 간격만큼 그녀에게 더 가까이 다가가 앉았다. 그가 자리에서 일어서자, 엘리자베스는 그의 키가 아주 작다는 것을 알았고, 그의 부드러운 프랑스어 발음에 또 한 번 놀랐다. 서영해는 그녀가 오스트리아의 비엔나 출신

이라는 것을 알게 되자 기뻐했다. 최근에 미국의 이승만이
—서영해가 수행한—제네바의 한 호텔에서 열린 국제 연맹
회의에서 오스트리아의 비엔나-인저스도르프 출신으로 국
제 연맹에서 일하고 있던 프란체스카 도너를 만났다. 당시
프란체스카는 국제 연맹에서 통역사, 외교관, 호스티스 등
으로 활동하고 있었다. 이승만은 조선의 독립운동에 대한
지원을 요청하기 위해 국제 연맹이 있는 제네바로 갔다. 이
승만과 프란체스카 사이에는 25년의 나이 차이가 있음에도
그들은 곧 서로 사랑에 빠졌다. 이승만은 곧이어 오스트리
아에 있는 그녀의 집을 방문하여 이탈리아인 어머니와 오스
트리아 철강업자의 매력적인 딸에게 청혼했다.

　　아시아인 남성은 비엔나 출신 아가씨에게 자신을 조선
인이라고 밝히며 이승만과 프란체스카 도너의 사랑 이야기
를 들려주었다. 공통점이 생겼다. "우리도 따라 해 볼까요?"
그는 웃으며 말했다. 그녀 또한 그가 진심이 아니라는 것을
알고 있었다. 하지만 이러한 농담 같은 속삭임이 교감이 되
었고 서로를 이어 주었다. 그들은 서로에게 호기심이 생겼
다. 그의 이름은 서영해였고, 그는 기자였기 때문에 그에게
호기심은 직업적인 습관이었다. 그리고 삶에 대한 갈망이
많은 엘리자베스는 그녀 앞에 놓인 모든 것에 탐욕적이었
다. 그녀는 한 번도 조선인 남성을 만난 적이 없었다. 게다
가 이 이국적인 나라 조선이 어느 곳에 있는지 정확히 알지
도 못했다. 아마도 일본 근처 어디엔가에 있을 것이라고 짐

작했을지도 모른다.

　두 사람은 서로 나눌 이야깃거리를 가지고 있었다. 오
스트리아와 식민지 조선, 두 나라 모두 큰 혼란을 겪고 있었
다. 비엔나에는 1933년 3월부터 엥겔베르트 돌푸스의 파시
스트 정권이 지배하고 있었으며, 공산주의자들을 그리고 곧
이어 사회민주당 당원들을 무자비하게 탄압하던 시기였다.
1927년 7월에 이미 좌파 시위 현장에 투입된 비엔나 경찰은
대량학살을 저질렀다. 그로 인해 거의 90명이 목숨을 잃었
다. 베를린 오페라 광장에서 작가들의 책이 불탄 후, 불과 4
일 만에 비엔나에서는 국토수호단이 주도한 '오스만에 대항
한 비엔나 전투의 승리 기념' 행사가 열렸다. 나치즘으로 전
향한 비엔나의 전 경찰청장 브란틀 박사는 콘서트홀에 모인
3,000명의 추종자들 앞에서 '비엔나는 공산주의에 대항하는
보루'라는 주제로 연설을 했다. 그에게 있어 터키, 오늘날 튀
르키예는 공산주의를 상징했다. 1683년 오스만에 대항한 비
엔나 전투가 독일 민족 역사에서 전환점이 되었던 것처럼,
지금도 그러한 전환점이 도래했다고 그는 소리쳤다.

　그 당시 엘리자베스는 오스트리아의 현 정세에 대해 아
버지 칼 브라우어와 이야기를 나눴다. 브라우어 가문은 정
치에 관해 그렇게 적극적이지 않았다. 이미 미학적인 이유
에서 오스트로 파시즘*의 문화 투쟁 '오스트리아여, 깨어나

---

* 파시즘 정당 조국전선이 1934년 5월 헌법을 개정하면서 오스트리아 연방국
에서 실시했던 전체주의 체제이다.

라!'는 브라우어 가족을 질겁하게 했고, 나치와 나치의 야
만성은 그보다 훨씬 더 혐오스러웠다. 엘리자베스는 서영해
에게 '붉은 비엔나'가 집권하던 1920년대부터 비엔나의 세
금으로 지어진 주거용 건축물 공동주택에 대해 이야기했다.
공동주택은 현대적이면서 건축학적으로도 흥미로운 동시
에 노동 계급이 재정적으로 지불할 수 있는 저렴한 주택이
었다. 하지만 좋은 것은 그것으로 끝이었다. 곧 집회 및 시
위 금지령이 내려졌고, 신문은 검열을 받아야 했다. 100만
명 이상의 유권자가 서명한 의회 재소집을 요구하는 청원
은 무시되었다. 결국 오스트리아는 이탈리아의 파시즘을 모
델로 한 권위주의적인 신분제 국가로의 길을 걷게 되었다.
1933년 5월 10일, 연방정부, 주정부, 지방자치 차원의 모든
선거가 법으로 중단되었다.

"나는 파리에 있어서 기뻐!" 엘리자베스 브라우어는 안
도의 한숨을 내쉬면서 만족스러운 표정으로 앞에 있는 반
짝이는 연못을 바라보았다.

서영해 역시 파리에서 편안함을 느꼈지만, 그렇다고 기
쁘지는 않았다. 너무 오랫동안 망명생활을 해 왔기 때문이
다. 부모님이 돌아가셨지만 장례식에 참석할 수도 없었고,
형제들이 그리웠다. 특히 그는 이런 동생들을 더 이상 알아
볼 수 없을 것 같았다. 그리고 그는 자신의 조국을 사랑하
고, 역사적으로 이웃 나라의 잔인한 폭력에 희생돼 온 선량
한 사람들을 사랑했다. 서영해는 14세기부터 신중함과 정

의의 철학으로 조선인의 국가 의식을 형성해 온 불교가 아쉽기만 했다. 불교는 모두를 위한 종교로, 중국에서 유래해 유학자와 정치계를 주된 대상으로 하는 유교와는 달랐다. 또한 서영해는 조선 음악, 다양한 악기, 대금, 징(꽹과리), 장구, 청동 종, 피리 등이 그리웠다. 그리고 또 그리운 것은 모국어로 생각을 나눌 수 있는 동료들과의 교류였다. 프랑스 사람들은 조선에 대해 아무것도 모르고 또 관심도 거의 없었다. 유럽에서, 즉 독일, 이탈리아, 오스트리아에서 일어나는 충격적인 사건들에 몰두하고 있을 뿐이었다. 무엇보다 서영해를 괴롭힌 것은, 수천 년 된 문화를 가진 조선이 1910년부터 일본 제국의 압제하에 있다는 것이고, 더 나아가 조선이란 나라가 일본의 식민지로 간주되어 지도에서 사라졌다는 것이었다. 그리고 서영해는 그것에 저항해 글을 쓰는 것 외에 달리 할 수 있는 것이 없었다.

"왜 그렇게 어릴 때 조선을 떠났어요?" 엘리자베스 브라우어가 질문했다. "다음에 이야기해 줄게요." 서영해는 피하듯이 대답했다. 유럽 사람들에게 식민지 조선의 상황을 설명할 때, 이 사람들이 지루해할 만한 세부적인 것에 너무 매달리지 않고 요점만 전달하는 것이 얼마나 어려운 일인지 잘 알고 있기 때문이었다. 사람들은 질문은 하지만, 너무 자세히는 알고 싶어 하지 않았다. 그러나 서영해는 세세한 일에 몰두하는 경향이 있었다. 억압받고 있는 조국의 자유가 너무나도 마음에 걸렸기 때문이었다. 몇 년 전, 그는 『어느 한국인의 삶(Autour d'une Vie Coréenne)』*이라는 책을 큰 비용을 들여 자비로 출판했다. 프랑스 대중에게 일제의 식민 지배에 맞선 조선 민족의 자유 투쟁과 조선 문화의 일부를 소설 형식으로 소개하고자 하는 시도였다.

서영해는 먼저 자신의 무엇이 이 젊은 오스트리아 여성으로 하여금 호감을 갖게 했는지 알고 싶었다. 서영해는 자신과 눈을 맞추고, 호기심을 숨기지 않은 채 자신을 쳐다보는 꾸밈없는 이 여성이 마음에 들었다. 남자 앞에서는 순종적으로 눈을 내리깔고, 소리 내어 웃을 땐 손으로 입을 가리는 고향에 있는 어린 소녀들과 이 여성이 얼마나 다른지 알 수 있었다. 엘리자베스는 자신이 원하는 것이 무엇인지를 분명히 알고 있었다. 고향의 여성들은 사회적 지위가 있는 부유한 남자를 만나 결혼하고 아이를 낳는 것 외에는 다른 생각이 없는 것 같았는데, 남자를 붙잡아 두려고 하지도 않고, 남자를 붙잡아 두는 것에 집착하지 않는 이 젊은 여성에게 다가가는 것이 서영해는 즐거웠다. 그러한 과정은 그에게 자유를 주고, 부담감에서 벗어나게 해 주었다. 그의 삶이 어떻게 될지 어떻게 알겠는가? 언젠가는 그의 망명생활도 끝날 것이다. 그리고 유럽 여성이 그에게 매달린다면 어떻게 될까?

엘리자베스는 키가 작은 이 외국인 남자의 매끄러운 갈

---

* 2019년에 한국에서 번역 출간된 책(김성혜 번역, 역사공간)의 제목을 따른다.

색 피부가 마음에 들었다. 둥근 안경을 쓴 그의 근시인 눈은 매우 지적인 인상을 주었으며, 실제로도 그랬다. 그는 여섯 개의 언어를 구사한다고 밝혔다. 가슴 주머니에 하얀 손수건을 꽂고 꽉 끼는 양복을 입은 그를 보면 약간 뻣뻣해 보이기도 했지만, 바로 그 덕분에 엘리자베스는 그녀 자신의 도전적이면서도 비꼬기를 좋아하는 냉소적인 성격을 드러낼 수 있었다. 서영해는 이러한 엘리자베스의 성격에 맞장구쳐 주었다. 그 역시 나름의 유머 감각을 가지고 있었기 때문이다. 그는 항상 슬픈 표정을 하고 있었지만 그만의 유머 감각이 있었고, 엘리자베스는 곧 그의 유머 감각을 알아차렸다.

서영해와 엘리자베스, 두 사람은 이렇게 만났다. 일시적이지만 자발적으로 조국을 떠난 사람과 어쩔 수 없이 15년 이상 프랑스 망명생활에 갇혀 있는 피난민으로 말이다. 그리고 그들은 가까워졌다. 프랑스, 특히 파리에 대한 열정이 그들 두 사람이 가진 공통점이었다. 엘리자베스는 예술학교 근처에 있는 서블렛 룸, 즉 임차인이 재임대한 방에, 서영해는 팡테옹 근처에 있는 말브랑슈 거리 7번지의 맨 꼭대기 층에 있는, 통로에 화장실을 갖춘 작은 아파트에 살고 있었다. 그들은 분명 그곳에서 만났을 것이다. 책으로 가득 찬 그 좁은 공간에서 엘리자베스는 편안함을 느꼈다. 그리고 국립현대미술관 수위의 눈을 피해 콘스탄틴 브랑쿠시

(Constantin Brâncuși)*의 조각을 슬쩍 만졌던 것처럼, 엘리자베스는 그녀의 우울한 연인 서영해의 매끄러운 가슴을 쓰다듬는 것을 좋아했다.

서영해와 엘리자베스, 두 사람이 정확히 몇 년에 만났는지는 알 수 없다. 1937년 2월 11일 두 사람이 현재 수지 왕이 근무하고 있는 비엔나 시청의 슈타인 홀에서 엘리자베스의 부모님을 모시고 호적상의 결혼식을 올렸다는 것만이 확실하다. 결혼 증명서는 없지만, 비엔나 시 및 주 정부 기록 보관소의 결혼 기록에는 두 사람의 결혼 사실이 기록되어 있다. 아마도 결혼은 서영해의 요청으로 이루어졌을 것이다. 한국 문화는 예나 지금이나 도덕적으로 엄격했기 때문이다. 특히 당시 조선에서 혼외 관계는 극히 드문 일이었다. 이런 면에서 서영해는 매우 진지한 청년이었다.

엘리자베스 브라우어는 결혼 후 그녀의 이름에 남편의 성을 더해 엘리자베스 헤르미네 루이제 서(Elisabeth Hermine Luise Seu)가 되었다. 남편이 프랑스에서 서영해(Seu Ring-Hai)로 불렸기 때문이다. 서영해는 아내 엘리자베스의 가족이 있고, 1934년 미국 뉴욕에서 이승만과 결혼한 프란체스카 도너의 고향 비엔나가 마음에 들었다. 서영해와 이승만, 두 사람은 조국의 독립을 위해 썼고 둘 다 오스트리아 여성을 아내로 맞이했다. 서영해는 프랑스 보베에 있는 리세

---

* 1876~1957, 루마니아 출신으로 프랑스에서 활동한 조각가이자 화가. 현대 추상조각의 선구자이다.

(Lycée)학교에서 배웠던 독일어를 열정적으로 사용하기 시작했다. 그의 일곱 번째 언어였다.

서영해는 비엔나 시청에서 호적상의 결혼식을 올리면서 "아, 이 얼마나 단출한 결혼식인가!" 하면서 웃었다. 그는 어린 시절 경상도 양산에서 있었던 사촌누이의 결혼식을 회상했다. 신부는 17살이었고, 그녀는 결혼식 전에 미래의 남편을 만나 보지 못했다. 신부의 어머니는 딸에게 신랑이 잘생기고 똑똑하다고 확신시켜 줬다. 유럽인들이 이러한 결혼을 결코 상상할 수 없다는 것을 알고 있는 서영해는 그의 저서 『어느 한국인의 삶』에서 그의 사촌누이의 결혼식에 대해 자세히 묘사했다.

옛날 조선에서 젊은 아들을 둔 부모들은 적절한 시기에 결혼 적령기의 젊은 여성을 찾았다. 젊은 여성의 사회적 지위가 결혼시키고자 하는 아들의 지위에 걸맞는지가 가장 중요했다. 양가 부모가 자녀들의 결혼에 합의한 후엔 준비할 것이 많았다. 하지만 그 모든 준비 기간 동안에도 예비 신부는 자신의 남편이 될 사람이 누구인지 알지 못했다. 게다가 서영해의 어린 시절, 대부분의 소녀들은 다가올 결혼식에 대해 이야기하는 것만으로도 얼굴이 붉어질 정도로 수줍어했다.

서영해는 사촌누이의 집에 도착한 다음 날 아침을 기억한다. 이미 집 안 곳곳이 화려하고 예쁜 조화로 장식되어 있었고, 마당 한복판에 놓인 긴 탁자 위에는 꽃과 풍성한 음식이 차려져 있었다. 11시경 신랑이 도착했다. 신부의 친구들은 신랑을 환영하기 위해 양쪽으로 줄지어 서서 종을 울리며 소리를 높였다. 멋지게 차려입은 기수들이 탄 다섯 마리의 말이 입장을 시작했다. 선두에는 신랑의 아버지가 있었고, 쪽빛 비단으로 된 관복을 차려입은 새신랑이 뒤따랐다. 그는 두 개의 새 깃털로 장식된 봉이 높은 검은색 모자(사모)를 쓰고, 손에는 얼굴을 가리는 부채를 들고 있었다. 그는 마당에 있는 탁자의 한쪽 끝에 서서 기다려야 했다. 곧이어 가족 구성원 가운데 한 사람인 주례가 우렁찬 목소리로 외쳤다. "신부 입장!" 초록색 장옷을 입은 신부가 여성두 명의 부축을 받으며 입장했다. 신부는 탁자의 다른 한쪽 끝, 신랑의 맞은편에 섰다. 이어 신랑에게 술잔이 건네졌고, 신랑은 몇 모금을 마셨다. 그 후 신부에게도 잔이 건네졌고, 신부가 똑같이 따라 했다. 이렇게 해서 결혼식이 끝났다.

오후에 신랑은 신부를 데리고 자신의 집으로 떠났다. 신부는 네 명의 장정이 어깨에 멘 화려한 가마를 탔고, 신랑은 말을 타고 그 뒤를 따라갔다. 잔치는 친구들과 이웃들이 참석한 가운데 이틀 동안 계속되었다. 어린 서영해가 이해할 수 없는 신혼 첫날밤이 지난 다음 날 아침, 신랑 집에서는 소수의 사람들이 모인 잔치가 열렸다. 당시 미혼 소녀들은 등 뒤로 늘어뜨린 땋은 머리를 했는데, 아침에 신랑은 신부의 땋은 머리를 풀어 쪽머리를 해 주었다. 이제 두 사람은 모든 사람들이 보는 눈앞에서 부부가 되었다.

아, 이 얼마나 오래전 일인가! 얼마나 다른 세상인가! 하지만 서영해는 향수에 빠져들지 않았다. 중국 상하이에서 아직 학생이었던 때, 아버지 같은 스승 김구가 그에게 조선의 불공평한 전통에 대해 이야기한 적이 있었다. 아직 아이에 불과한 어린 소녀를 나중에 어떤 낯선 남자와 결혼시키겠다고 어른들끼리 미리 약속하는 것은 김구의 생각에 의하면 인권을 침해하는 것이었다. 김구는 30세가 넘은 나이에 18세의 최준례라는 여성과 결혼했다. 김구는 결혼하기 전에 최준례를 만나 대화를 나누었고, 최준례 역시 어릴 적 어머니가 선택한 남자를 거절하고 스스로 김구를 선택했다. 김구는 그 점이 마음에 들었지만, 신부의 어머니가 활동하던 교회와 교인들 사이에서는 딸의 독립적인 결정이 큰 혼란을 일으켰다. 김구의 주변 사람들도 이 결혼에 대해 만류했다. 그러나 두 사람은 흔들리지 않았고, 약혼 후 김구는 신부를 서울로 유학까지 보냈다. 선생이면서 교육 운동가였던 김구는 교육을 받은 여성과 결혼하고 싶었다. 서영해 역시 유럽 여성들의 자유에 어느 정도 준비가 되어 있었다.

서영해는 한반도뿐만 아니라 정치적으로 불안한 세계 정세도 주의 깊게 지켜보고 있었다. 나치 독일이 스스로 평화를 보증하겠다고 자처하는 동안, 스페인 말라가에서는 프랑코 군대가 10,000명을 학살했고, 수많은 사람들이 피난길에 올랐다. 한편 오스트리아에서는 베르사유 조약에 따라

설정된 국경에 한해서였지만 왕정 복고를 논의하고 있었다.

그러나 나치에 의한 오스트리아 '병합(Anschluss)'*까지 남은 시간은 그렇게 많지 않았다.

---

* 1938년 나치 독일이 오스트리아 연방국을 병합했다.

서영해의 유소년 시절

~

　시간을 거슬러 잔인했던 20세기 초로 돌아가 보자. 서영해는 1902년 1월 13일 당시 대한제국의 남쪽 도시인 부산에서 넷째 아들*로 태어났다. 유소년 시절의 본명은 희수였지만, 일본 경찰에 자신을 숨기기 위해 이름을 영해로 바꿨다. 편의상 이 책에서는 우리(유럽인)에게 기억하기 쉽지 않은 이름으로 인한 혼동을 막기 위해 그를 영해라고 부르기로 한다.

　서영해의 아버지 서석주는 한의학에 정통한 약사였다. 서석주는 부산의 차이나타운, 즉 당시 상해거리에서 '서약방'이라는 한약방을 운영했으며, 독성이 있는 부자(附子)**에서 추출해 만든 콜레라 치료약으로 유명해졌다. 일본에서는 1879년부터 콜레라가 창궐했으나, 좁은 해협을 사이에 두고 일본과 떨어져 있던 부산에는 1920년부디 진염병이 유

---

* 아버지 서석주의 8남 2녀의 넷째 아들로 태어났다.
** 바꽃의 어린 뿌리. 열이 많으며 맛은 맵고 독성이 강한 약으로, 특히 중풍 · 신경통 · 관절염 따위에 쓴다.

행하기 시작했다. 1920년 6월부터 11월까지 24,000명이 전염병에 걸렸고, 그중 절반 이상이 사망했다. 그 당시에는 콜레라 예방약이 없었고, 대부분의 조선 사람들은 병 치료를 주술과 민간요법에 의존했다. 당시 서석주의 한약방 앞에는 약을 사기 위해 사람들이 길게 줄을 섰다고 한다. 서석주는 또한 깊은 산속에 전염병 환자들을 위해 부산 최초로 격리 병동을 설치했다. 약초 요법에 근거한 치료로 서석주는 많은 부를 쌓았고, 덕분에 그의 대가족은 경제적으로 풍요로운 삶을 누릴 수 있게 되었다.

서영해의 어머니 김채봉에 대해 알려진 것은 별로 없다. 그녀는 여덟 명의 아들과 두 명의 딸을 낳았고, 분명 자녀들 양육만으로도 할 일이 많았을 것이다.

서영해는 세 살 때부터 서당에 다니기 시작했고, 네 살 때 이미 천자문을 읽을 수 있었다. 천자문은 정확히 1,000개의 한자로 쓰여진 중국의 시(詩)로, 아이들에게 글자 읽기를 가르치는 데 사용되었다. 서영해는 몇 년 동안 화교 학교에 다녔고, 그 후 부산공립보통학교*에 진학해 16세에 졸업했다.

서씨 가문은 한약방을 통해 많은 부를 쌓았음에도 신분이 낮은 계층인 '상놈' 계급—1894년 폐지되었지만, 당시 여전히 유효했던 수천 년 된 신분제도**　내에서—에 속했다. 상

---

* 현재 부산 봉래초등학교이다.
** 고종 31년, 1894년 갑오개혁 당시 입법기관인 군국기무처에 의해 공식 폐

놈은 결코 '양반' 계급에 올라갈 수 없었을 뿐만 아니라 관리가 될 수도 없었다. 이는 1894년 이전에는 상놈 계급이 상급학교에 다닐 권리가 없었기 때문이다.

소설 『어느 한국인의 삶』에서 서영해는 "왜 사람들 사이에는 이렇게 많은 불의와 불평등이 있어야 하지요? 사람은 누구나 똑같은 거 아닌가요?"라며 주인공 박선초라는 아이를 통해 묻는다. 소꿉놀이 친구들 가운데 양반집 아이들이 자신을 무시하자 10살짜리 똘똘한 박선초는 부유한 부모에게 묻는다. 박선초의 부모는 눈물을 흘리며 대답한다. "이 세상 사람에겐 두 계급이 있단다. 양반과 상놈이지. 우리는 양반들에게 영원히 굴욕을 당할 운명이란다." 박선초와 서영해는 이러한 세계관을 바꾸기로 결심했다.

한반도 남동쪽 끝에 위치한 부산은 서영해가 태어날 당시 동해 연안의 조그마한 항구 도시였다. 오늘날 인구가 약 400만 명에 달하는 부산은 서울 다음으로 대한민국에서 두 번째로 큰 도시이며, 도시 바로 앞에 해수욕장이 있어 인기 있는 관광지이기도 하다. 17세기 이후 부산은 일본과 무역하며 평화를 유지했으나, 19세기 들어 일본의 제국주의적 열망에 의해 그 평화가 깨지기 시작했다. 1910년 결국 조선은 '조선총독부'로서 일본 제국에 편입되었다. 일제 강점기 동안 오늘날 세계 최대 규모의 항구 가운데 하나인 부산항

지되었다.

이 건설되었고, 새로운 공장과 주거 지역이 생겨났다. 비록 식민지 억압의 대가를 치르긴 했지만, 도시는 크게 확장되었고 무역은 번성했다. 점점 더 많은 일본 기업가들이 식민지 조선으로 이주했다. 1935년에 도시 인구의 45%를 일본인이 차지했지만, 그렇다고 해서 부산이 일본인들에게 특별히 인기 있는 도시는 아니었다.

방학 동안 서영해는 노송이 우거진 산기슭 마을의 할아버지, 할머니 집에서 몇 주를 보내곤 했다. 특히 그는 할머니의 넓은 품에서 보호받는 느낌을 받아서인지 유독 할머니를 좋아했다. 할머니는 엄격했다. 식사 후에 밥풀 한 알, 보리쌀 한 톨도 바닥에 남지 않도록 주의시켰다. 마을은 주민이 천 명이 채 되지 않는 조그마한 곳으로, 사람들은 군데군데 흩어져 있는 초가집에서 살았다. 집들은 구불구불한 골목으로 연결되어 있었다. 마을에서 조금 떨어진 곳에 있는 학교에만 기와로 된 탑 모양의 지붕이 있었다. 마을의 노인들은 그곳에 모여 일상의 담소를 나누었다. 그리고 학교에서 멀리 떨어지지 않은 곳에 수양버들 그늘이 있는 샘이 있었다. 젊은 여성들은 그곳에서 물을 채운 물동이를 머리에 이고서 조심스럽게 집으로 향했다. 그 샘터는 또한 여성들이 즐겁게 수다를 떨 수 있는 장소이기도 했다. 왜냐하면 집에서 젊은 여성들은 입을 다물어야 했기 때문이다.

다른 집들처럼 서영해의 조부모님도 바깥에서 안을 바

로 들여다보지 못하게 담을 쌓은 초가집에 살았다. 마당을 중심으로 다섯 채의 초가로 이루어진 할아버지와 할머니의 집은 마을의 한가운데에 있었고, 털이 길고 커다란 개 두 마리가 지키고 있었다. 낯선 사람이 다가오면 맹렬하게 짖지만, 할아버지의 말 한마디에 금세 조용해지곤 했다. 집안의 가장은 남자들의 공간인 '사랑채'에 거주하고, 그의 아내는 '안채'의 여주인이었다. 집안과 허물없는 아주 친숙한 사람들이거나 친척인 경우에만 안채에 들어갈 수 있었고 외간 남자는 여주인의 동의를 받은 경우에만 들어갈 수 있었다. 안채에 들어선 사람은 신발을 벗어야 했다. 조선에서는 외출용 신발을 신은 채 방에 들어가지 않기 때문이다. 사람들은 단단하고 광택이 나는 바닥에 방석을 깔고 앉아 작은 식탁에서 음식을 먹었고 밤에는 두꺼운 이불을 덮고 잠을 잤다. 바닥은 나무 마루판이 아닌 돌과 점토로 만들어졌으며, 그 아래에는 석탄이나 장작으로 불을 피워 바닥의 온도를 적당하게 유지했다. 바닥 표면이 윤기가 나는 것은 기름칠을 한 얇고 두껑한 종이를 쌀풀을 이용해 바닥에 새지 않게 붙였기 때문이다.

흰 수염을 길게 기른 일흔 살이 거의 다 된 할아버지는 위엄이 있었지만, 도시에서 자란 어린 서영해에게는 디소우스꽝스러웠다. 할아버지의 대머리 정수리에 있는 조그마한 상투 때문이었다. 한때 조선인 남성성(男性性)의 상징이었던 이 상투는 19세기 말 일부 백성들의 격렬한 저항에도 불구하고 일본 제국에 의해 철폐되었다. 하지만 시골의 노인들은 여전히 오래된 이 전통을 자랑스럽게 고수했다. 훗날 대한민국 임시정부의 주석이 된 김구는 당시 평양의 거리에서 단발령*에 굴복하여 스스로 머리를 자른 하급 관리들과 마주치곤 했는데, 이들은 남몰래 잠복하고 있다가 머리를 잘라야 할 행인들이 지나가면 붙잡곤 했다고 회상했다. 몇몇 남자들은 머리카락이 잘리는 치욕을 피하기 위해 들판과 숲속에 숨어 지내기도 했다. 서영해의 어린 시절, 상투는 시골에서 아주 나이 많은 남자들의 머리에서만 볼 수 있었다. 서영해는 밥을 먹을 때 상투를 튼 할아버지를 보면서 가끔은 웃음을 참을 수 없어 낄낄거리기도 했다. 그러다가 부끄러워 옆에 앉아 있는 할머니의 커다란 가슴에 얼굴을 묻곤 했는데, 할머니는 어린 서영해가 밥을 먹을 때 대나무 젓가락으로 음식을 집어 주셨다.

아, 잔치 음식이다! 서영해의 가족이 도착한 날 잔치가 벌어졌다. 언제나 그렇듯이 물에 씻어 잘 지은 쌀밥은 기본이고 야채와 다진 고기를 넣은 국 한 그릇, 각종 야채 두 접시, 불고기 한 접시, 구운 생선 한 접시 등 모든 음식이 먹음직스럽게 차려져 있었고, 먹기 편한 크기로 썰어져 있었다. 국그릇을 비우자마자 따뜻한 차를 대접하기 위해 여종이 옆에 서 있었다. 여종은 모든 사람들의 접시를 치우고 사라

---

* 고종 32년 1895년 김홍집 내각이 공포한 고종의 칙령으로, 성년 남자의 상투를 자르고 서양식 머리를 하라는 내용이다.

졌다가 식사가 끝나자 다시 나타났다. 매일 세 끼의 식사가 있었는데, 가장 중요한 식사는 아침으로, 8시와 9시 사이에 먹었다. 점심으로는 보통 찬 음식을 먹었는데, 위(胃)에 약간의 음식 흔적을 느낄 정도로만 가볍게 먹었다.

서영해가 여덟 살이 되던 해, 할아버지가 돌아가셨다. 온 가족이 할아버지와 할머니가 사셨던 시골 마을로 향했다. 사흘 동안 가족과 친척들이 할아버지의 집으로 모여들었고, 할아버지의 죽음을 슬퍼하며 마치 노래하듯 곡을 했다. 할아버지 시신은 비단으로 수놓은 이부자리에 놓여 있었다. 가족과 친척들의 곡과 함께 할아버지의 시신은 마침내 임시 묘지에 안치되었다. 그 후 감여가는 주변의 산들을 돌아다니며 할아버지가 영면하기에 적합한 장소를 물색했다. 감여가는 보통 거리가 좀 떨어진 곳을 포함하여 다양한 곳에 적합한 묘지터를 알고 있었다. 중요한 것은 아무도 그 묘지터에 대해 알아서는 안 된다는 것이다. 묘지터가 결정되고 비용이 정해지면 고인의 가족은 마치 도둑 떼처럼 한밤중에 시신이 든 관을 미리 성해진 장소로 옮겼다. 때론 선택한 묘지터가 누군가의 사유지인 경우도 있었다. 이에 대해 땅 주인이 불쾌하게 여길 수 있었으나, 그럼에도 불구하고 고인을 공경하는 마음으로 정중하게 허락해 줬다. 이는 예나 지금이나 대한민국에서 죽음은 신성하고 침해할 수 없는 영역이기 때문이었다. 땅 주인의 친절에 대해 고인의 가족들은 선물로 감사의 마음을 전했고, 드물게는 금전적인 보상도 했다. 묘지터와 관련된 합의 후 고인의 가족과 땅 주인의 가족 간에는 세대를 걸쳐 긴밀한 우정이 형성되었고, 묘지는 깔끔하게 단장되었다. 고인의 집안에 여유가 있으면 묘를 웅장하게 짓고, 또 묘 주위에 나무를 심어 보기 좋게 꾸미기도 했다.

그러나 1910년, 서씨 가문과 모든 조선인들에게 엄청난 영향을 끼칠 또 다른 사건이 발생했다. 1910년 8월 29일, 대한제국이 일제에 합병되어 일본 제국의 행정 구역 가운데 하나로 강등되었다. 일본어가 공식 언어가 되었고, 부산은 일본어 발음으로 불렸다. 많은 학교와 대학에서는 조선어 사용이 금지되었고, 서영해는 중국 한자에 이어 두 번째 외국어를 배우게 되었다.

아이들이 학교에서 배워야 했던 첫 번째 단어는 호안덴(奉安殿)*이었다. 서영해가 다녔던 학교의 호안덴은 작은 회색 구조물로, 잘 가꾸어진 꽃밭에 마치 사당처럼 서 있었다. 학교에 들어갈 때와 학교에서 나갈 때, 그리고 그 앞을 지나갈 때마다 학생들은 선생님들에게 하는 것보다 더 몸을 굽혀 절을 함으로써 호안덴에 최고의 존경심을 보여야 했다. 호안덴에는 일본 천황의 교육칙어가 보관되어 있었다. 그 구조물에는 창문이 없었으며, 모든 학급이 의식에 참석해야 하는 국경일에만 문을 열었다. 호안덴에 연단이 설치되

---

* 호안덴은 일본 제국과 그 식민지의 학교에 천황과 황후의 초상과 교육칙어를 넣어 두었던 구조물이다.

고 강연대에는 금으로 장식된 검은 벨벳 천이 걸려 있었다. 학생들은 연단 양쪽에 서서 검은 양복에 흰 장갑을 긴 교장 선생님이 수행원들과 함께 입장할 때 자신들의 신발 앞쪽 끝부분만 보일 정도로 몸을 숙여 절을 해야 했다. 뒤이어 지루하기 짝이 없고, 특히 학생들이 전혀 이해할 수 없는 의식이 끝없이 이어졌다. 그럼에도 끝까지 참을 수 있었던 것은 의식 마지막에 일본식 떡 두 개를 보상으로 받을 수 있었기 때문이다.

학생들은 '화장실', '선생님', '학교', '교실', '학교 운동장', '친구'에 해당하는 일본어 단어와 학년 및 해당 학급을 일본어로 말하는 법을 배웠다. 한 달 동안 학생들은 학교 운동장에서 이 단어들을 반복해서 연습했다. 교사들은 학생들의 기억에 낯선 소리인 외국어를 심어 주기 위해 눈으로 볼 수 있는 모든 것의 일본식 명칭을 반복하고 교사들과 학생들이 하는 행동에 대한 일본식 어휘들을 반복했다.

식민지 조선에 대한 일본 제국의 관심사는 무엇보다 조선인들의 소요를 막는 것이었다. 모든 형태의 저항을 진압하고, 조선의 자주성을 회복하고자 하는 시도에 무자비한 탄압을 가했다. 그 결과 조선인들의 저항 투쟁은 지하로 숨어들었고, 수백만 명의 조선인들이 고향을 떠나 유랑민이 되었다. 하지만 조선을 장악하는 데 있어 유화책이 잔인한 탄압을 앞세운 강경책보다 더 효과적이었다. 금융 및 은행업의 변화, 통신 및 교통 시스템에 대한 투자, 학교 및 기술

훈련 센터 건설, 병원 및 의료 개선을 위한 기타 시설 건설 등이 그랬다. 또한 대규모의 부양 정책으로 수천 명의 공무원들과 엘리트들이 이러한 새로운 질서의 유용성에 혹하고 설득당했다. 서영해는 1933년 12월 좌파 지식인 저널 『에스프리(Esprit)』에 기고한 「한국 문제(Le Problème Coréen)」*에서 다음과 같이 물었다. "그렇지만 누구를 위한 진보이며, 한국은 어떻게 통치되고 있는가?"

소설 『어느 한국인의 삶』에서 서영해는 대한제국이 일제에 합병된 후 '명예를 소중히 여긴 많은 사람들'이 수치심을 감당하지 못해 스스로 목숨을 끊었다고 적었다. 그중에는 일본 제국에 대한 항의 각서에 유럽 국가들이 참여할 것을 외교적으로 설득하려 했으나 결국 뜻을 이루지 못했던 상트페테르부르크 주재 대한제국의 공사 이준(李儁)**도 포함되어 있었다. 많은 사람들이 말했다. "식민지인은 노예다. 노예가 되는 것보다 차라리 죽음을 택하는 것이 더 낫다."

---

* 조선 문제에 대한 서영해의 인식과 견해를 밝힌 기사였다.
** 1907년 네덜란드 헤이그 만국평화회의에 이상설, 이위종과 함께 고종의 밀사로 파견되어 맞서다가 순국했다. 러시아 주재 공사는 이준이 아니라 이위종이다.

조선의 독립을 위한 투쟁

❧

일본 점령군은 조선인을 노예 국민으로 만들기 위해 조선과 조선인의 문화에 잔혹한 탄압을 가했다. 일본이 승인하지 않은 책을 사용하여 역사를 가르치는 것이 금지되었으며, 조선에 대한 문화적 기억을 지우기 위해 20만 개 이상의 문서를 불태웠다. 일본에 비해 후진적이고 원시적이라는 조선에 대한 묘사는 학교 교과서, 박물관, 심지어 조선인의 마음속에까지 파고들었다. 강력한 조선 왕조가 1395년 당시 한성*에 건립한 왕궁은 일부 파괴되었다. 남아 있는 부분은 일본인 관광객을 위한 관광 명소로 바뀌었다. 원래 일본 점령군을 위해 지어진 신사는 점차 조선인들을 포함한 모든 사람의 공식적인 종교를 위한 장소가 되었다. 심지어 나무도 수백만 그루씩 베어져 나가고 외래종으로 바뀌면서 조선의 풍경은 형체를 알아볼 수 없을 정도로 변해 버렸다. 많은 사람들은 이 모든 것을 문화적 대학살로 여겼으나, 일

---

* 수도의 명칭은 조선 시대 1395년 한성부, 일제 강점기 1910년 경성부, 미군 정기 1946년 서울시, 대한민국 1949년 서울특별시로 개칭되었다.

본 점령군은 조선인을 일본 민족의 하나로 나타내기 위한 정책이라고 여겼다. 일본인들 약 10만 가구가 조선인들로부터 빼앗은 땅에 정착하였고, 수십만 명의 조선인들이 일제와 일제 식민지에서 강제 노동에 동원되었다.

제1차 세계대전이 진행되는 동안 일본은 나치의 독일 제국에 선전 포고를 했다. 전쟁 시작과 동시에 중요한 승리를 거두었고 마침내 독일군을 극동에서 몰아냈다. 경제적 측면에서 일본은 전쟁 중에 엄청난 호황을 누렸다. 조선인들은 전쟁의 진행 상황을 주의 깊게 지켜보며 인권과 정의가 승리하기를 바랐다. 한편 조선인 남자들은 일본 점령군에 저항하여 독립 선언을 준비했다. 하지만 쉽지 않았다. 일본군이 조선인이 4명 이상 모이는 것을 금지했기 때문이다.

하지만 서영해의 책에 따르면 조선인들은 결코 포기하지 않았다.

[중략] 모두가 예외 없이 독립을 향해 행진했다.
[중략] 모두가 죽어 버린 조국을 다시 살리는 명예로운 과업에 참여하기 위해 자신의 생명과 재산을 가장 먼저 희생하고자 했다. 정말 한이 서린 격렬한 사투(死鬪)였다.

제1차 세계대전(1914년 7월~1918년 11월)이 끝난 후 대한민국 임시정부의 대표단은 파리강화회의에 참석하기 위해 ─밝혀진 바에 따르면, 성과는 없었다─프랑스로 떠났다.

서영해는 "조선 땅 전체가 기쁨으로 진동했다."라고 썼다. 문인 최남선은 민족 대표 33인이 서명할 독립 선언서 초안 작성을 의뢰받았다. 독립 선언서는 1919년 3월 1일 당시 경성의 탑골 공원에서 공개적으로 낭독되었다. 그 후 평양, 진남포, 신천, 온정 등 전국의 여러 도시에서 낭독됐다.

독립 선언서는 다음과 같이 시작된다.

조선의 민족 대표인 우리는 세계 모든 민족 앞에 조선의 독립과 조선인의 자유를 선언하며, 우리의 후손들에게 숭고한 평등의 원칙과 스스로를 대표할 수 있는 민족의 영원한 권리를 선포한다.

일본 제국에 대해서는 다음과 같이 선언한다.

조선의 민족 대표인 우리는 1876년 강화도 조약 위반을 중국의 탓으로 돌린 일본의 신의 없음을 비난할 의도가 없다. 우리 조선인을 패배한 민족처럼 대한 일본 관료들의 오만함, 우리 소선인이 사랑하는 언어와 역사를 금지한 일본의 비열함, 온갖 정신적인 수단을 동원해 우리 문명의 기반이 되는 조선의 문화를 마비시킨 일본의 파렴치함, 야만인의 땅에서처럼 우리 땅에서 우리 조선인을 짓밟은 것에 우쭐대는 일본의 선박함을 꾸짖을 생각은 없다. 더 고귀한 과업 앞에서 우리는 다른 사람들을 비난하는 데 쏟을 시간과 허비할 시간이 없다. 우리에게 긴급히 필요한 것은 우리의 집을 재건하는 것이지, 우리의 집을 파괴한 자들에 대한 논의가 아니다. 우리의 임무는 인류의 양심이라는 이름으로 밝은 미래를 창조해 나가는 것이다. 우리는 과거의 불의를 원망하지 않는다.

독립 선언서는 공약 3장으로 끝난다.

I. 정의, 인도 그리고 존영의 이름으로 우리는 누구에게도 폭력을 가하지 않을 것을 다짐한다.
II. 우리는 최후의 한 사람까지 그리고 마지막 숨을 내쉬는 그 순간까지 이 정신에 충실할 것이다.
III. 우리가 하는 모든 일은 조선인의 성실성과 개방성에 따라 명예롭게 행해질 것이다.

독립 선언서를 공개적으로 낭독한 후 시위대는 경찰에 자진 신고하고 저항없이 연행되었다. 오늘날 대한민국에서 3월 1일은 나라의 독립을 선언한 3·1운동을 기념하는 법정 공휴일로 지켜지고 있다.

짧은 시간 안에 전국에서 수십만 명이 조선과 조선인의 자유를 위해 평화 시위를 벌였고, 그 유명한 만세를 외쳤다. 대한독립만세! 1919년 1월 21일 세상을 떠난 고종이 일본의 교사(敎唆)에 의해 독살됐다는 소문이 시위에 불을 지폈다. 이 시위에는 약 200만 명이 참가한 것으로 알려졌다. 시위대의 절반 이상이 농민으로, 이는 도시 지식인들만의 한

정된 행동이 아니라 모두가 함께한 진정한 민중 봉기임을 뜻한다. 이에 경찰과 일제 식민 통치 기관은 깜짝 놀랐고, 처음에는 상황을 통제하지 못할 정도였다.

서영해는 다음과 같이 기록했다.

'독립운동'은 [중략] 처음부터 평화적인 시위이자 소극적인 저항이었다. 지도자들은 시위를 지지하는 사람들과 마찬가지로 폭력을 사용하지 않았고, 체포에 저항하지 않겠다고 엄숙히 맹세를 했다. 그러나 일본 점령군은 다시 한번 조선인들에게 그들의 총검이 얼마나 날카로운지, 그들의 군도가 얼마나 예리한지를 보여줄 필요가 있다고 생각했다. 3주가 채 안 돼 32,000명의 남성과 여성이 투옥되었다. 노인, 어린 소녀 그리고 어린이를 포함하여 약 5,000명이 죽고 부상을 당했다!

여성들은 옷이 벗겨진 채 거리로 끌려 나갔으며, 군중 앞에서 채찍질을 당했다. 고문은 당시 수도였던 경성뿐만 아니라 농촌 지역의 감옥에서도 자행됐다. 1919년 4월 15일, 일본 점령군은 제암리 마을 39채의 가옥을 포위하고 총구를 겨누면서 사람들의 이탈을 막고 불을 질렀다. 이 같은 민간인 학살은 또 다른 두 마을에서도 자행됐다. 당시 조사에 따르면 사망 7,509명, 체포 46,303명 그리고 부상 15,849명이었다.

열일곱 살의 고등학생 서영해가 뜨거운 열정으로 3·1

독립운동에 동참한 것은 당연했다. 하지만 그의 부모는 그를 막으려고 했다. 희생자 통계에서 알 수 있듯이, 일본 점령군에 대한 저항은 생명을 위협했기 때문이다. 하지만 자유를 향한 청년 서영해의 열망 앞에 그 어떤 위험도 문제가 되지 않았다. 당시 부산에서는 주로 고등학생들이 중심이 되어 독립운동이 이루어졌다. 이 운동은 3월 1일 수도 경성에서 시작돼 점차 전국으로 확산되고 있었다. 부산에서는 3월 11일 사립 일신여학교* 학생들이 독립을 요구하며 거리로 나섰다. 일신여학교는 호주 장로교 선교회가 설립한 학교였다. 3월 초부터 부산지역 기독교 시민들을 통해 독립 선언서가 배포되기 시작했다.

서영해가 다녔던 동래공립보통학교의 학생들은 경성에서 독립 선언서를 가져온 학생 대표단과 만났다. 1919년 3월 13일 오후 2시가 조금 지난 시각, 지도자 중 한 명인 서영해는 한 무리의 학생들과 함께 동래부청으로 향했다. 그들은 '독립만세'를 외쳤다. 다른 사람들은 전단지를 나누고 뿌렸다. 3월 18일과 19일에는 고등학생들을 중심으로 농민과 상인 등 수천 명이 동래 거리를 행진했다. 곧 교사들도 시위에 참여했다. 비록 그들 가운데 34명이 체포되었음에도 불구하고, 학생들은 이 시위가 완전한 성공이라고 생각했다.

---

* 일신여학교는 1895년 10월 호주 장로교 선교회의 멘지스(Menzies)와 페리(Perry)에 의해 설립되었다. 현재 동래여자고등학교의 전신이다.

망명

～

    부산 동래 거리 시위 후 서영해는 가까스로 일본 경찰의 추적을 피하는 데 성공했지만, 그 순간부터 숨어 지내야 했다. 아버지와 상의한 뒤 서영해는 1919년 4월 말 가족을 떠나 기차를 타고 압록강을 건너 만주의 봉천, 지금의 심양으로 갔다. 압록강을 건너는 순간 이미 서영해는 중국 5대 명산 가운데 하나인 태산만큼이나 큰 엄청난 도전이 자신을 기다리고 있다는 것을 알고 있었다. 서영해는 아버지의 친구이지만 아버지보다 26살 어린 장건상에게 도움을 받았다. 두 사람은 같은 도시에 살았고 서로 잘 통했다. 장건상은 이미 1916년 상하이로 피신하였고, 만주를 거쳐 상하이로 들어오는 망명자들을 도와주고 있었다.

    일본 경찰에 알려진 서영해는 상하이로 가던 중 희수에서 영해로 이름을 바꿨다. 더분에 서영해는 갖가지 감시와 검열을 피할 수 있었다. 오늘날처럼 전산망이 잘 발달하지 않은 덕분이기도 했다. 또한 서영해가 중국어를 유창하게 구사하고, 키가 160cm에 불과해 마치 어린아이처럼 보였고, 위협적이거나 혁명적인 인상을 주지 않은 것이 도움이 됐다. 1945년 8월『스 수아(Ce Soir)』와의 인터뷰에서 서영해는 '위대한 이웃 나라 중국의 환대'에 대해 칭찬했다. 조선의 문화, 종교 그리고 전통은 중국과 밀접하게 연관되어 있던 반면, 조선에게 일본은 완전히 이질적인 나라였다. 서영해는 일제 강점기를 '거대한 감옥'이라고 불렀다. 그는 훗날 소설『어느 한국인의 삶』에서 다음과 같이 썼다. "필요하다면, 사람은 누구나 자신의 생명을 구하기 위해 모든 조치를 취해야 한다. 그 일을 계속하기 위해, 필요하다면 나라 밖에서라도 해야 한다."

그것은 서영해가 택한 길이었다. 그는 자필유고「해외에서 지낸 십오성상(十五星霜)을 돌아다보며」에서 해외 도피에 대한 자신의 결정에 대해 다음과 같이 썼다.

스무 살이 채 안 된 청소년들에게 이보다 더 크고, 더 어렵고, 더 위험한 일은 없을 것이다. 1919년, 식민지 조선 청소년들의 삶은 극도로 어려웠다. 당시 열일곱 살의 청소년이었던 나는 조금도 주저함 없이 사랑하는 부모님과 작별 인사를 했다. 젊고 순수한 야망을 가슴에 품고 세상을 정복하기 위해 용감하게 나섰다.

훗날 암살된 민족의 영웅 김구도 그랬다. 그가 살았던 안악(현 북한 지역) 사람들은 김구가 당연히 조선에 남아 저항 운동에 참여할 것이라고 기대했다. 하지만 김구는 망명을 결정했다. 3월 28일 그의 발표는 다음과 같다.

우리는 단지 선언문을 큰 소리로 외치는 것만으로는 조국을 해방시킬 수 없습니다. 나는 이제부터 내가 무엇에 도전하고 무엇을 해결해야 할지 결심했습니다. 내가 이곳에 남아 여러분들과 함께 저항 운동에 참여하는지 여부는 그렇게 중요하지 않습니다. 여러분은 이곳에서 저항 운동을 계속하십시오! 크고 분명한 목소리로 독립운동을 외치고 널리 퍼뜨리십시오!

그다음 날, 1919년 3월 29일 김구는 배를 타고 중국의 상하이로 망명의 길을 떠났다. 상하이는 1919년 4월 11일 대한민국 임시정부가 수립된 곳이었다.

몰락한 귀족 출신으로 학창 시절 감리교로 개종한 이승만은 1919년 9월 자신이 궐석한 상태에서 대한민국 임시정부의 초대 대통령에 선출됐다. 당시 이승만은 독립운동 자금을 마련하기 위해 워싱턴에 구미위원부*를 설치하고, 미국에 체류하고 있었다. 당시 그의 독단적인 행동은 비난을 받았다. 논란이 된 자신의 행동에 대해 해명을 요구받은 이승만은 1920년 12월 5일 상하이에 도착했다. 임시정부 내에는 처음부터 이승만에 대한 반대가 있었다. 그럼에

---

* 이승만이 한성정부의 집정관 총재 명의로 1919년 8월 미국 워싱턴에 설치하였으며, 미국과 유럽을 대상으로 외교 활동을 펼쳤다.

도 이승만을 통해 임시정부에 대한 국제적인 승인을 얻고
자 하는 희망도 있었다. 이승만은 1921년 5월 미국으로 돌
아갔지만, 그 후에도 그는 수년 동안 임시정부의 대통령직
을 유지했다.

상하이에 도착한 서영해는 곧바로 후견인이 되어 줄
장건상을 찾아가 도움을 청했다. 당시 상하이에는 아직 학
생이었던 그를 돌봐 줄 수 있는 부산 출신의 독립운동가들
이 여럿 있었다. 그 가운데 훗날 임시정부의 외무장관이 된
김규식은 서영해의 아버지와 절친한 친구였지만, 1919년 3
월 파리강화회의에 참석하기 위해 이미 프랑스로 떠난 상
태였다.

서영해는 1년 6개월 동안 상하이에 머물렀다. 피난민
공동체에서 아직 어린 학생에 불과했던 그는 보살핌을 받
았고, 때때로 걱정하는 부모님을 생각해서 고향으로 돌아가
라는 조언을 받기도 했다. 하지만 서영해는 고향으로 돌아
갈 생각을 하지 않았고, 오히려 어른들의 크고 작은 일들을
해결해 주면서 호감을 얻으려고 노력했다. 그리고 37세의
장건상이 그의 보호자가 되어 주었다. 당시 겨우 한 끼 식
사로 하루를 견뎌야 했던 1,000여 명의 독립운동가들에 비
해 서영해는 부유한 아버지가 정기적으로 보내 주는 생활비
덕분에 재정적으로 넉넉하게 생활할 수 있었다.

서영해는 장건상을 본보기 삼아 미국 유학을 생각하고
있었다. 장건상은 20세기 초 시베리아와 유럽을 거쳐 여권

도 없이 미국으로 건너가 1912년 발파라이소(Valparaiso)대학을 졸업했다. 하지만 사람들은 서영해에게 프랑스 유학을 권했고, 훗날 서영해는 파리에서 임시정부의 주프랑스 대표 역할을 했다. 당시 파리는 국제 외교 무대의 중심지였다. 파리강화회의에서 뚜렷한 성과를 거두지 못한 김규식은 프랑스에서 프랑스어를 유창하게 구사할 임시정부의 요원들이 필요하다고 임시정부 지도자들을 설득했다. 이에 따라 임시정부 지도자들은 서영해를 프랑스 파리로 보내기로 합의했다. 이는 임시정부가 당시 서영해에게 그 어떠한 재정적 지원도 할 수 없었지만, 그의 아버지가 대신 서영해의 학비와 생활비를 책임질 수 있었기 때문이기도 했다.

이에 대해 서영해는 별다른 이의를 제기하지 않았다. 그의 프랑스 유학은 임시정부의 전략적인 결정이었다. 서영해는 이 결정을 받아들였고, 훗날에도 결코 후회하지 않았다. 오랜 망명 기간 서영해는 프랑스 문화를 배웠고, 나치의 프랑스 점령 시기에는 '프랑스 국민의 용기 있는 투쟁'을 배웠다. 식민지 조선에 있는 일본 점령군처럼 서영해는 나치 독일 군인들을 침략자로 보았다. 그는 제2차 세계대전이 끝난 후 『스 수아(Ce Soir)』와의 인터뷰에서 다음과 같이 말했다. "나는 가까운 미래에 우리 조국이 *서양*에서 프랑스가 했던 것과 같은 역할을 극동에서 할 것이라고 확신한다. 정의, 자유 그리고 조국을 향한 사랑이 영감을 주었기 때문이다."

서영해가 프랑스에 가려면 여권과 비자가 필요했다. 당

시 중국 상하이는 일제 식민 정부와 공식적으로 아무런 연결고리가 없던 조선인 피난민들이 여권을 얻을 수 있던 유일한 곳이었다. 서영해는 중국 정부의 도움으로 중국인 부부에게 입양되었고, 1920년 11월 중국 국적과 중국 여권을 부여받았다. 공식적으로 중국인이 되는 것은 조선의 독립운동가에게 분명 어려운 결정이었고, 이는 훗날 서영해의 삶에 치명적인 결과를 낳게 된다. 그러나 당시 일제 강점기에는 조선 여권이 존재하지 않았다.

여기에는 중국이 제1차 세계대전 때 유럽에 군대가 아니라 학생들을 보냈다는 배경이 있다. 중국과 프랑스는 학문적으로 그리고 사회적으로 접촉을 강화하기 위해 중국 청소년들이 프랑스에서 일하고 공부할 수 있도록 했다. 목표는 '근공검학(勤工儉學)', 즉 근면하게 일하고 검약해서 공부하는 것이었다. 이 프로그램의 일환으로 저우언라이(1949~1976년 중화인민공화국 국무원 총리), 덩샤오핑(1981~1989년 중화인민공화국 중앙군사위원회 주석) 등 중국의 인재들이 파리로 유학을 떠났다. 그래서 상하이 임시정부는 중국 정부에 소수의 조선인 청소년들이 프랑스에서 유학할 수 있는 기회를 제공해 달라고 요청했다. 당시 상하이 프랑스 조계의 중불교육회가 비자 취득과 프랑스행 배편 마련에 도움을 주었다.

1920년 11월 6일, 약 21명의 조선인 청소년들을 태운

배*가 상하이를 떠났다. 돈 한 푼 없었던 대부분의 조선인들에게는 4등석 객실**이 배정되었다. 벌레가 들끓는 화물칸이었지만, 청소년들이 그럭저럭 머무를 수 있는 공간이었다. 인도양을 지날 무렵 바다가 잔잔해지자 그들은 배 위로 올라가 갑판 의자를 빌렸다. 긴 항해 중에 중국과 조선의 청소년들은 자본주의와 식민주의의 부당함에 대해 생각하고 이야기할 기회를 가졌다. 그들은 배가 항구에 정박할 때마다 그곳의 아이들이 배로 헤엄쳐 와서 승객들에게 돈과 음식을 구걸하는 모습을 보았다. 바다에 폭풍우가 몰아치면 모두가 뱃멀미에 시달렸다. 하지만 뱃멀미를 하지 않을 때에도 돈이 부족해 먹는 것을 아끼다 보니 프랑스에 도착했을 때 모두들 꽤 굶주리고 지친 상태였다. 여행은 39일 동안 계속되었다. 홍콩, 사이공, 싱가포르, 브리티시컬럼비아, 아라비아해, 지브롤터, 홍해, 수에즈 운하 및 이탈리아 반도를 거쳐 1920년 12월 13일 마침내 프랑스의 남부 마르세유에 도착했다. 조선인 청소년들은 대부분 중국 여권, 신분증, 여행 증명서를 가시고 있었다. 동아시아의 정치적인 상황을 어느 정도 알고 있던 유럽 당국은 일부 정확하지 않은 서류가 있었음에도 불구하고 받아 주었다. 독일 공식 문서에는 '중국

---

* 프랑스 선박 두메르호에 약 200명의 젊은이들이 승선하였는데, 그중 조선인 청소년이 21명이었다.
** 상하이에서 마르세유까지 뱃삯: 1등 선창 800원, 2등 선창 500원, 3등 선창 300원, 4등 선창 100원.

여권으로 증명된 신원(身元)'이라는 항목이 있었다.

서영해의 일행 가운데 일부는 독일로 여행을 계속했다. 20세기 초 베를린은 학문적 연구와 학술 교육의 중심지였다. 수많은 외국 유학생들이 그곳으로 갔다. 해방 후 북한과 남한의 정치와 문화를 결정하게 될 몇몇의 조선인 청소년들도 베를린으로 향했다. 서영해는 마르세유에서 파리로 이동해 다음 날 아침 기차역에서 파리에 거주하는 조선인들의 환영을 받았다. 해외에서의 첫날, 그는 익숙한 조선어를 들을 수 있어서 정말 기뻤다. 동포들은 그에게 한 호텔을 추천해 주었고, 서영해는 고된 긴 여정 끝에 마침내 침대에서 쉴 수 있었다. 서영해는 그들과 함께 며칠 동안 파리를 돌아다녔고, 잠시나마 여유를 즐겼다.

낯선 곳에서의 조선인 유학생

∾

대한민국 임시정부 파리 위원부* 서기장 황기환의 도움
으로 서영해는 부산에서 온 학교 친구 정석해와 함께 파리
에서 북쪽으로 79km 떨어진 보베(Beauvais)라는 작은 소도
시로 가게 되었고, 그곳 리세에서 초중등 과정을 마쳤다. 중
국의 덩샤오핑이 프랑스어를 배우기 위해 중국에서 2년간
예비 과정을 수료하는 동안 서영해는 프랑스어를 한마디도
못 해 본 상태에서 프랑스로 떠났다. 서영해는 1921년 12월
학교에서 공부를 시작했다. 프랑스에 도착한 후 학교에 입
학하기까지 1년 동안 프랑스어를 배우는 데 전념했다.

붉은 벽돌로 지어진 5층짜리 학교 건물은 서영해에게
인상적이었고 첫날부터 감탄을 자아내게 했다. 차분하고 진
지한 표정으로 커다란 사무실에 앉아서 "고개를 뒤로 젖힌
채 안경을 코끝에 얹어 놓은" 예순 살쯤 된 교장 선생님에게
자기 자신을 소개해야 했던 그 첫날의 인상에 대해 망명생

---

* 1919년 4월 대한민국 임시정부가 프랑스 파리에 설치한 외교부서이며, 김
규식이 초대 파리 위원부의 위원으로 활동했다.

활 첫 15년을 회고하면서 서영해는 이렇게 적었다.

> 문이 열리는 소리가 들리자 교장 선생님은 고개를 들고는 들어
> 오는 사람을 살펴보기 위해 안경을 고쳐 썼다. 그는 나를 향해
> 팔을 뻗어 한 손은 내 왼쪽 어깨에, 다른 한 손은 내 오른손에
> 얹고는 미소를 지으며 친절한 목소리로 말했다. 아, 참 이렇게
> 답답할 수가! 나는 한마디도 알아듣지 못하였다. 그것이 프랑
> 스인과의 첫 만남이었다.

서영해의 친구 정석해는 그의 자서전에 매일 프랑스어
를 2시간, 영어를 1시간씩 공부했다고 적었다. 정석해와 달
리 서영해는 아버지가 보내 준 돈 덕에 그렇게 풍족하지는
않았지만 그래도 생활할 수 있었다. 중국과 조선의 학생들
은 숙박비와 식비를 스스로 지불해야 했다. 덩샤오핑과 정
석해*는 5~6개월 동안 학교를 다니다 돈이 부족해 일을 해
야 했다. 반면 서영해는 온전히 공부에만 집중할 수 있었다.
정석해는 프랑스에 비해 생활비가 더 저렴한 독일에서 학업
을 계속하기 위해 약국에서 일을 했다. 이후 그는 조국의 해
방을 위한 무장 투쟁에 전념했다.
　서영해를 비롯하여 프랑스와 독일에서 공부하고 있던
조선과 중국 유학생들에게 당시 학업은 훗날 독립된 조국

---

* 덩샤오핑, 정석해, 서영해 등은 자비유학생이었다. 이들은 매달 기숙사비
244프랑 65상팀을 내야 했다.

에서 정치적으로, 사회적으로 그리고 문화적으로 맡게 될 역할을 준비하는 과정이었다. 하지만 서영해는 학생의 신분으로도 이미 프랑스에 있는 조선인 유학생들과 상하이 임시정부 사이에서 공식적인 연결고리로서 역할을 하고 있었다. 임시정부에 관한 모든 정보는 서영해를 통해 전해졌다. 정석해는 "내 친구 서영해가 김구와 연락을 주고받았기 때문에 조선인 유학생들은 서영해를 통해 임시정부와 소통했다."는 기록을 남겼다.

서영해는 그의 자서전에서 1897년 건축된 학교 건물, 당시 철조망에 둘러싸인 학교와 기숙학교 학생 시절의 생활을 아주 자세하게 묘사하고 있다. 1층에는 사무실과 학습 공간이 있었고, 2층과 3층에는 교실, 실험실, 도서관이 있었으며, 4층과 5층에는 기숙사 침실과 관리실이 있었다. 또한 천 명 이상을 수용할 수 있는 식당이 있었고, 후원에는 병원이 자리하고 있었다. 기숙사 학생들은 깨끗한 교복 두 벌(학교용 한 벌, 외출용 한 벌), 신발 두 켤레, 속옷 네 벌, 팬티 네 장, 손수건 여섯 장이 필요했다. 옷을 세탁하고 수선하는 일은 학교가 맡아 했다. 속옷은 매주 일요일마다 새것으로 교체해 줬고, 손수건은 일주일에 두 번, 침대시트와 이불은 한 달에 한 번 갈아 줬다. 목욕은 목요일 오전에 했고, 학생들이 아플 경우, 학교 후원에 있는 병원에서 진찰 및 치료를 받았다. 학생들이 정기적으로 약을 복용해야 할 경우 간호사가 학교를 방문해 약을 나눠 줬다. 매 학기에 한 번씩 국가에 소속된 의사가 방문하여 학생들을 검진했다.

학생들의 하루 일과는 거의 군대식이었다. 아침 5시 30분에 일어나 6시 정각 몸단장을 끝내야 했다. 그런 다음 침대를 정리하고, 옷을 세탁하고, 신발을 닦고, 머리를 빗는 등의 일을 했다. 이 모든 것을 점검한 뒤, 얼굴을 깨끗하게 씻지 않은 학생은 벌점을 받았다. 6시 30분 종이 울리면 학생들은 아침 운동을 위해 줄지어 마당으로 나갔다. 7시 20분부터 15분 동안 아침 식사 시간이 주어졌는데, 주로 차나 우유 그리고 빵이 제공되었다. 8시 정각 학생들은 교장 선생님의 감독하에 각자의 교실로 이동했다. 12시 종이 울리면 학생들은 손을 씻은 뒤 감독하에 식당으로 향했다. 30분 동안 진행되는 점심은 가벼운 전채 요리, 야채를 섞은 고기 요리, 디저트 또는 과일 한 조각으로 이루어져 있었다. 음식을 다 먹지 않고 남길 경우 학생들은 주의를 받았고 교장 선생님 또는 교감 선생님은 학생들의 상태를 살폈다. 학생들은 한 시간의 휴식 후에 숙제를 마쳐야 했다. 오후 7시, 통학 학생들은 각자의 집으로 돌아갔다.

저녁 8시 정각, 기숙사 학생들을 위해 수프, 고기 또는 생선과 야채, 과일이나 사탕으로 이루어진 저녁 식사가 제공되었다. 30분 후에 학생들은 침실로 들어가고, 밤 10시, 자정, 새벽 2시, 아침 5시 30분에 야간 경비원이 손전등을 사용하여 학생들의 침실을 확인했다.

서영해는 다음과 같이 썼다.

프랑스 학교에서는 매일 5시간의 수업과 5시간 30분간의 자율 학습이 있었다. 얼마 후, 어린 학생들에게 너무 긴 학습 시간으로 인해 체육 시간이 도입되었다. 그럼에도 체육 시간은 일주일에 2시간 이상 넘지 않았다.

토요일은 보통 수업이 있었고, 목요일에만 수업이 없었다. 목요일 오전에는 자율 학습이, 오후에는 체육 시간이 주어졌다. 하지만 성적이 좋지 않은 학생들은 벌칙으로 목요일 오후에도 숙제를 계속해야 했다. 고학년 학생들은 학비를 벌기 위해 야외 활동, 식당 또는 침실에서 저학년 학생들을 감독하는 등 다양한 일을 했다.

"프랑스어를 배우기 위해 처음 학교에 입학했을 때 나에게 보조 교사가 배정되었다. 나는 알파벳부터 배우기 시작했다." 서영해는 그의 어학 공부에 대해 다음과 같이 설명했다.

첫날부터 학생들은 마치 참새 떼처럼 소란스러웠고, 내가 외계인이라도 된 듯 나를 에워싸고, 손짓과 형용(形容)으로 나와 의사소통을 하려 했다. 나는 공부보다 프랑스 학생들과 섞여서 노는 것이 더 재미있었다. 나는 종종 학생들이 나에게 원하는 것이 무엇인지 이해하지 못했지만 함께 놀 때 재미있었고 말하지 않고도 서로 의사소통을 할 수 있었다. 학생들과 놀이

중에 귀에 맴돌던 단어들이 우연히 들렸다. 보조 교사가 가르쳐 준 단어들을 잊어버리면 선생님에게 혼나기도 했다. 놀이에서 학생들이 사용하는 단어들은 대부분 욕설이었다. 그들은 나에게 이러한 욕설을 가르쳐 주는 것을 재미있어 했고, 심지어 선생님에게 가서 그것이 무슨 뜻인지 물어보라고 요구하기도 했다. 그러면 선생님은 벌컥 화를 내며 그 단어들은 프랑스어가 아니라고 소리쳤다. 하지만 보조 교사한테 배운 단어들은 바로바로 사용하지 못하면서, 학생들이 가르쳐 준 단어는 유용하게 쓸 수 있었다.

서영해의 보조 교사는 서영해를 자신의 집에 초대해 식사를 하게 했고, 학창 시절 내내 친구로 지내는 등 세심하게 보살펴 주었다. 몇 달 후 교장은 서영해와 그의 보조 교사를 사무실로 불러 이제부터 언어 수업 외에 추가로 초등학교 과정인 10반과 9반의 공부를 그보다 예닐곱 살 어린 학생들과 함께해야 한다고 말했다. 서영해는 한 학기 동안 어린 학생들과 함께하며 그들과 같이 수를 헤아리며 운율을 암송했고, 8반과 7반으로 올라가 프랑스어, 수학, 역사 등의 과목을 함께 공부했다. 서영해는 1922년 가을 학기부터 라틴어 공부를 시작하면서 수업 준비에 점점 더 많은 시간을 쏟아부었다. "내 인생에서 처음으로 진지하게 공부했었다." 하지만 서영해는 여전히 13~14세의 학생들과는 견줄 수가 없었다. 때때로 수업 시간에 앞으로 불려 나갈 때, 그의 서투른 프랑스어로 인해 선생님과 학생들이 웃음을 터뜨리곤 했다. 서영해는 점점 더 부지런히 공부했다. 그는 더 높은 학년으로 올라가기 위해 따로 시험을 치르지 않아도 되었고, 대신 수업을 따라갈 수 있는 모든 학년에서 공부할 수 있었다. 그의 프랑스어 실력이 좋아질수록 해결해야 할 문제 역시 더욱 크고 많아졌다. 그러나 결국 서영해는 해냈다.

그러다 문제가 생겼다. 4년째 되던 해 서영해는 교과서에 있는 내용 때문에 분노를 터뜨렸다가 거의 퇴학을 당할 뻔했다. "인구 600만 명의 조선인은 매우 게으른 데다 자신들의 문화유산을 후세에 어떻게 물려주어야 할지조차 모른다."라고 교과서에 적혀 있었다. 순간 학생들의 얼굴은 서영해를 향했고 비웃듯이 웃었다. 서영해는 벌떡 일어나 교과서를 교실 바닥에 내던지고는 서툰 프랑스어로 외쳤다. "조선은 인구 2천만 명에 4천 년이 넘는 역사를 가진 나라이다! 이런 거짓말을 가르치는 교육은 미개하다!" 역사 신생님은 서영해의 소매를 잡아 교실 밖으로 내쫓았다. 이 사실을 알게 된 교장 선생님 역시 서영해를 학교에서 퇴학시키려 했다. 그러나 항상 서영해를 보호해 주던 어학 선생님이 교장 선생님을 설득해 서영해에게 조선에 대해 발표를 하도록 하게 했고, 서영해는 역사 선생님에게 사과했다. 지금까지 조선의 역사에 대해 아무것도 몰랐던 서영해는 4개월 동안 도서관에서 연구하고, 동시에 중국과 미국에 있는 조선인 사회에 자료를 요청하는 편지를 보냈다. 마침내 발표문을 완성한 서영해는 어학 선생님에게 교정을 받아 교장 선생님에게 제출했다. 이에 감동을 받은 교장 선생님은 다음 주 목요일 오후 6시에 고학년들과 교사들 앞에서 발표를 할 기회를 주었다. 서영해는 한 시간 동안 프랑스어로 그의 첫 번째 발표를 해냈다. 교장 선생님은 감격스러워하며 말했다.

해외에 나가 있는 우리 프랑스의 젊은이들도 조국에 대해 이 조선인 젊은이 같은 태도를 가져야 한다. 제1차 세계대전 이전에 출판된 교과서는 시대에 뒤떨어지고 모순으로 가득 차 있다. 우리 교과서에는 조선인들이 게으르다고 나와 있다. 이것은 사실이 아니다. 서영해의 개인적인 성과가 이를 증명하고 있다.

이날 학교에서의 경험이 훗날 서영해가 소설 『어느 한국인의 삶』을 쓰는 데 영감을 주었다. 프랑스 사람들은 조선과 조선인에 대해 너무 모르고 있었다.

프랑스에서 학교에 입학하기에 자신의 나이가 너무 많다고 생각한 서영해는 상하이에서 중국 여권을 신청할 때 두 살을 속였다. 그의 여권상 출생 연도는 1902년이 아닌 1904년이었다. 서영해는 잃어버린 시간을 따라잡기 위해 서

둘렀다. 그는 빠른 속도로 프랑스어를 배웠고, 바칼로레아*
까지 11년의 교육 과정을 단 6년 만에 마쳤다. 그중 5년 동
안 보베에 있는 학교에서 초중등 과정을 마쳤다. 그 후 그는
학교를 옮겨 공부를 계속하고자 했다.

나는 외국인 학생으로서 보베의 학교에서 많은 배려와 도움을
받았다. 처음에는 정말 필요한 도움이었지만, 시간이 지남에
따라 그 특별한 대우 때문에 내가 나태해지지 않을까 두려웠
다. 내가 열심히 공부한 것은 맞지만, 더 큰 어려움을 겪었더라
면 아마 더 많이 공부했을 것이다. 고등중학 과정의 마지막 학
년에 해당하는 1반이 특히 중요하다. 이제부터 나에 대해 모르
는 학교, 그리고 특별한 배려가 없는 학교, 오직 열심히 일해야
만 하는 학교에서 공부하고 싶다.

그래서 서영해는 파리에서 동쪽으로 88km 떨어진 샤르
트르에 있는 리세 마르소를 선택했다. 그리고 그곳에서 바
갈로레아를 통과했다.

---

* 프랑스 고등학교 교육과정 졸업 및 대학 입학 자격 취득 시험으로, 독일의
아비투어 또는 오스트리아의 마투라에 해당한다.

파리의 조선인 기자

～

    고등학교 졸업 후 소르본대학 철학과 입학 시험에 합격한 서영해는 파리로 이사했다. 그는 파리에서 조선인들이 많이 거주하는 15구의 한 아파트에 살았다. 하지만 그는 불과 두 학기 만에 한창 재미를 느끼기 시작한 대학 생활을 뒤로하고 학업을 중단해야 했다. 서영해의 아버지는 1925년에 세상을 떠났으나, 서영해는 한참이 지난 후에야 그 소식을 전해 들었다. 아버지의 장례식에 참석하지 못한 사실이 꽤 오랫동안 서영해를 고통스럽게 했다. 그동안 아버지로부터 받아 왔던 송금이 끊겼고, 이젠 스스로 생활비를 벌어야 했다. 그는 포도농장, 식당, 그리고 마지막에는 도서관에서 아르바이트를 했는데, 당시 도서관에서 일한 것이 그의 인생에 커다란 지표가 되었다. 그는 도서관에서 책과 잡지를 종류와 날짜별로 분류하고, 조선어로 쓰여진 기사를 프랑스어로 번역하는 일을 했다. 하루 일과가 끝나면 도서관을 가로지르며 책을 읽었다. 그는 훗날 "학교에서 배운 것보다 이런 방식으로 훨씬 더 뛰어난 지식을 얻게 되었다."고 썼다. 어느 날 그는 프랑스 언론인이 쓴 "조선인은 무식하고 야만적이다."라는 제목의 기사를 발견했다. 그러자 서영해는 도서관의 한쪽 구석에 웅크리고 앉아 분노와 열정이 담긴 반박의 글을 써 내려갔다. 도서관 사서가 그에게 무엇을 하고 있는지 묻자 서영해는 사서에게 자신이 쓴 글을 보여 주었다. 사서는 그의 반박 글을 칭찬하고, 그 글을 신문사에 보내 보라고 권유하면서 글에 대한 원고료를 받을 수 있을 것이라고 말했다.

서영해는 원고를 여러 신문사에 보냈으나 모두 거절당했다. 결국 잡지 『로리앙(L'Orient)』이 그의 기사를 게재했고, 그에게 더 많은 기사의 기고를 요청했다. 원고료는 한 학기 등록금을 낼 수 있을 정도였다. 하지만 이 기사가 게재된 다음 날 경찰이 서영해를 찾아왔다. 24시간 안에 프랑스를 떠나야 한다는 추방 소식이었다. 학생 비자로는 돈을 벌 수 없다는 이유에서였다. 이 소식을 전해 들은 잡지 『로리앙』의 편집장은 서영해를 기자로 채용하고 파리에서 합법적으로 체류할 수 있게 해 줬다.

서영해는 그렇게 우연한 기회에 기자가 되었지만, 언론이 강력한 무기가 될 수 있다는 사실을 금세 깨달았다. 기자로서 그는 식민지 조선의 독립운동과 일제의 점령하에 억압당하고 있는 조국의 상황을 전 세계에 알릴 수 있게 되었다. 1928년 서영해는 자신이 꾸던 기자로서의 꿈을 더 구체화했다. 그는 파리고등언론학교(École Supérieure de Journalisme)

에서 장학금을 받게 되었다.

1929년 서영해는 카르티에 라탱(Quartier Latin)의 말브랑슈 거리 7번지를 주소지로 경찰에 전입 신고했고, 파리에서 떠날 때까지 이 주소를 유지했다. 이승만이 미국에서 조선인 공동체로부터 독립 자금 지원을 기대할 수 있었던 것에 반해 파리에서 투쟁하는 서영해에 대한 재정 지원은 전무했다. 서영해는 그의 27년 파리 망명생활 동안 기고문과 강연 등으로 생계를 꾸려 나가야 했다. 1929년 9월 서영해는 고려통신사(Agence Korea)를 설립하고, 파리의 상업 등기부에 등록했다. 1934년 상하이 임시정부의 국무원은 서영해를 임시정부의 주불외무행서(駐佛外務行署) 외교특별위원으로 임명했고, 1945년 3월 25일 임시정부의 주프랑스 대표, 사실상 대사로 임명했다. 임시정부로부터 아무런 재정 지원이 없는 상태에서 서영해는 사실상 모든 책임을 떠맡게 된 것이다.

대부분의 경우 파리, 베를린 그리고 런던 주재 일본 대사관은 '중국' 국적을 소지한 사람들의 신원을 파악하고, 현지 조선인 공동체를 면밀히 감시하고 있었다. 파리 주재 일본 대사관은 1929년 7월 파리에서 열린 제2회 반제국주의 세계대회에 참가하면서 언론인 활동을 본격적으로 시작한 서영해를 주목했다. 반제국주의 세계대회의 주최 측, 즉 제국주의와 식민지 억압에 반대하는 연맹은 1927년 2월 벨기에 브뤼셀에서 전 세계 대표들이 참석한 가운데 결성되었다. 특히 37개 국가에서 온 대표들 가운데 참가자 107명이 식민지 지배하에 고통을 겪었다는 공통점을 가지고 있었다. 이 반제국주의 세계대회의 목표는 전 세계적인 '반제국주의 대중 운동'을 창설하는 것이었다. 하지만 서영해가 파리에서 열린 제2회 반제국주의 세계대회에 참석할 시점에 세계 정치가 급격하게 좌파로 개편되고 있었다. 이로 인해 사회당 당원들이 연맹에 남아 계속 활동하는 것이 어렵게 되었다. 식민지 조선 문제는 '태평양 지역 피억압민족들의 해방투쟁 현황'이라는 의제 안에서 다뤄졌다. 이 회의에서 서영해는 국제 무대에 독립운동가로 처음 데뷔했다.

고려통신사는 설립과 함께 상하이 임시정부와 연락하고, 프랑스 국민에게 식민지 조선의 상황을 알리고, 중국 상하이와 미국에 유럽의 최신 정보를 제공하고, 외교적 노력을 통해 유럽 국가들이 식민지 조선의 상황에 주의를 기울이게 하는 등 중요한 역할을 맡게 되었다. 서영해는 임시정부의 고위 관료인 김구, 장건상, 조소앙 등과 정기적으로 연락을 주고받았으며, 임시정부의 유럽 외교특파위원으로 임명되었다. 사실상 서영해는 대한민국 임시정부의 주프랑스 대사 역할을 수행했다.

고려통신사 설립과 동시에 서영해는 1929년 이미 학창 시절 때부터 쓰기 시작한 소설 『어느 한국인의 삶(Autour d'une Vie Coréenne)』을 프랑스어로 출간했다. 이 책은 자전적인 요소와 조선의 독립을 열렬히 지지하는 내용을 담고 있는 역사 소설로, 1919년의 대한독립선언서 전문이 포함되어 있다. 책에서 주목할 점은 사회적인 신분 상승이 거의 불가능했던 조선의 불공평한 신분 제도에 대한 서영해의 견해이다. 김구는 『백범일지』에서 자신 또한 상놈 계급에 속했기 때문에 자신의 낮은 사회적 신분에 맞지 않은 고위직을 요구할 권리가 없었다고 했다. 김구는 1919년 임시정부의 초대 경무국장직을 마지못해 수락했고, 그 후 내무총장과 국무총리 대리의 자리 역시 오랜 고민 끝에 받아들였다.

서영해의 소설은 프랑스 언론의 관심을 한몸에 받았고, 이 책은 1929년 12월 문예지 『누벨레 리테레르(Nouvelles Littéraires)』와, 1930년 1월 역사 잡지 『르뷔 이스토리크(Revue Historique)』에 소개되었다. 1930년 2월 18일 자 『르 쁘띠 쥐르날(Le Petit Journal)』에 작가이자 시인인 에르네스트 레이노(Ernest Raynaud)가 기고한 「파리, 망명의 수도」에서는 서영해를 식민지 조선의 독립운동 주요 인물 가운데 하나로, 심지어 그를 '그 어떤 음모도 꾸미지 않는 인물'로 묘사했고, 레이노는 파리의 말브랑슈 거리에 있는 자신의 아파트에서 서영해를 인터뷰했다. 레이노에게 왜소한 체격에 조용한 목소리를 가진 서영해의 첫인상은 마치 수줍은 중학생처럼 보였다. 그리고 이어진 반전! 서영해가 자신의 조국 조선에 대해 이야기를 시작하자마자 그의 목소리는 활기를 띠었고, 그의 얼굴 표정은 단호해졌다. 그는 갑자기 열정과 격정으로 가득 찬 열혈 웅변가가 되었다. 서영해는 소설 속의 인물인 박선초의 애국심과 영웅적인 삶을 이야기하면서 소설에서 다룬 내용이 역사적인 사실임을 강조했다. 사실 레이노는 서영해와 소설 『어느 한국인의 삶』에 대해 이야기를 나누려고 했지만, 점점 더 3·1 독립운동이 대화의 주된 내용이 되어 버렸다. 레이노는 서영해로부터 조선 민족의 비극적인 역사와 조선 민족의 톨스토이적인 절망에 대해 듣고는 다음과 같이 말했다. "서영해의 이야기에서 내가 얻은 결론은 2,300만 조선 민족의 가장 큰 적은 바로 극도로 온순한 그들의 성품이라는 것이다."

1930년 4월 2일 잡지 『랑트랑지앙(L'Intransigeant)』의 알린 보르고앙(Aline Bourgoin)과의 인터뷰에서 서영해는 전쟁과 평화에 대해 다음과 같이 말했다.

"다가올 미래에 전쟁을 막을 수 있는 최선의 방법은 민족과 민족, 국가와 국가 간의 상호 부족한 이해에서 발생하는 간극을 극복하는 것이에요. 그리고 '가장 좋은 방법은 문학이다'라는 당신의 말이 옳습니다."

보르고앙은 서영해에게 조선의 문학을 소개하기 위해 프랑스어를 선택한 이유가 무엇인지 물었다. 이에 대해 서영해는 자신에게 있어 파리는 제2의 제네바이기 때문이라고 답했다. "파리는 제네바 다음으로 유럽의 정치적 수도이기 때문입니다."

서영해는 세계 정세를 이해하는 데 어떤 나라가 가장 적합한지 파악하기 위해 유럽을 영국, 독일 그리고 프랑스 세 지역으로 나누었다. 그리고 미국을 추가했다. 서영해의 선택은 프랑스였다. 그 이유는 간단했다. "프랑스는 동양의 혼과 정신을 이해하는 데 필요한 정신적인 깊이와 솔직성 그리고 넓이를 가지고 있다." 그렇다면 다른 나라들은? "영국은 정신의 깊이는 있으나 넓이가 없다. 반대로 독일은 정신의 넓이는 있지만 솔직성이 부족하다." 그럼 미국은? "미국은 정신의 넓이와 솔직성은 있으나 깊이가 없다." 하지만 서영해는 대화를 마치면서 다음과 같이 말했다. "내가 단지 나의 조국 조선을 해외에 알리기 위해 프랑스에 왔다고 생각하지 마라. 나는 조선인들에게 프랑스의 진짜 모습을 보여 주고 있으며, 지난 8년 동안 이곳에 손님으로 와 있었던 사실이 자랑스럽다."

상하이 임시정부의 파리 특파위원 서영해는 미국 뉴욕에서 발행된 주간지 『신한민보(The New Korea)』 등 해외에 망명 중인 조선의 신문들을 위해 기사를 썼고, 이집트 카이로에서 발행된 상류층 여성들을 위한 프랑스어판 페미니스트 월간지 『이집트 여인(L'Egyptienne)』에 기고했다. 이 잡지는 1940년 제2차 세계대전 초기에 발행이 중단되었다.

서영해는 후원금으로 구입한 언더우드 타자기를 사용

해 소설 『어느 한국인의 삶』을 집필하고 출판했으며, 그의 소설은 권당 15프랑에 판매되었다. 책을 통해 서영해는 조선 민족의 자유 투쟁에 기여하고, 프랑스 독자들에게 조선의 문화를 소개하고자 했다. 이것은 일본의 관점이 아닌 조선인 서영해가 바라본 조선의 문화였다. 이 책은 조선인이 프랑스어로 쓴 최초의 소설이었고, 5판까지 인쇄되었다. 서영해는 프랑스의 지식인들과 그의 조국 식민지 조선을 위해 정치적으로, 언론적으로 지원해 줄 것을 기대했던 여러 나라의 정치인들에게 소설을 배포했다. 그중에는 체코슬로바키아, 유고슬라비아 그리고 아일랜드 등의 국제연맹 대표단 및 평화와 자유를 위한 국제여성연맹 등이 포함되어 있었다. 프랑스 국립도서관에는 『어느 한국인의 삶』의 저자 서명본 몇 권이 보관되어 있으며, 이 가운데 작가 조르주 뒤아멜(Georges Duhamel)에게 헌정된 사본도 있다.

　　서영해의 소설은 1982년 김재권 씨*가 파리에서 박사 학위 논문을 쓰던 중 우연히 발견했다. 그는 그 책을 구입했고, 1987년 『주간한국』에 소개했다. 3·1 독립운동 100주년을 기념해 2019년 발간된 『파리의 독립운동가 서영해』의 저자 정상천은 다음과 같이 회상했다. 서영해가 소설 『어느 한국인의 삶』을 썼던 때는 일제의 강력한 지배로 인해 식민지 조선에 대한 국제적인 관심이 점차 줄어들던 시기

---

* 김재권 씨는 1982년 당시 파리 8대학 미술대학 박사과정 중이었으며, 한 고서점에서 서영해의 책을 발견하고 구입하였다.

였다. 1910년 이전에는 조선 문학이 프랑스에 꽤 존재했지만, 1910년부터 해방까지는 사실상 거의 사라졌다. 서영해의 소설은 일제의 식민 통치가 막강해 식민지 조선의 상황을 전 세계에 알릴 수 있는 외교 채널이 전무하던 시기에 출판된 것이다. 정상천은 서영해의 자필유고 「해외에서 지낸 십오성상(十五星霜)을 돌아다보며」를 처음으로 소개하게 된 자신의 책이 파리에서 잊힌 독립운동가를 위한 레퀴엠(진혼곡)이 되기를 희망했으며, "서영해가 모든 형태의 전체주의와 독재에 대항하여 펜을 들었다."고 썼다.

1933년 12월 좌파 지식인의 잡지 『에스프리(Esprit)』에 발표한 기사 「한국 문제(Le Problème Coréen)」에서 서영해는 일본 점령군이 자행한 만행을 묘사하고 있다. 그는 일본 경찰이 어느 교회에서 37명을 총살한 사건을 설명한 후 이에 대한 일본 언론의 모순적인 반응으로 기사를 마무리했다.

일본 신문들은 일본 당국이 그 어떠한 잔혹 행위도 저지르지 않았다고 주장했다. 그러자 당시 조선에 있던 어느 병원의 원장이자 의사인 미국인이 자신이 일하는 병원으로 일본인 기자들을 초대하였다. 이는 **일본**인 기자들이 직접 일본 점령군들의 만행을 상상해 볼 수 있도록 하기 위해서였다. 하지만 일본인 기자들은 "우리는 진실을 아주 잘 알고 있다. 그러나 우리가 우리 신문에 발표할 수 있는 것은 오직 공식적인 것뿐이다."

라고 대답했다. 당시 일본인 기자들의 이 대답은 들불처럼 서울 전역으로 퍼져 나갔다.

대한민국 임시정부

~

3·1 독립운동에 참여한 후 일본 경찰을 피해 다니던 서영해는 1919년 12월 상하이에 도착했다. 김구는 『백범일지』에서 다음과 같이 썼다. "이제 막 상하이의 프랑스 조계지에 도착한 조선인들이 가장 먼저 본 것은 치마 대신 추측건대 바지를 입은 여성들과 노 젓는 작은 배로 승객을 실어 나르는 여성들의 모습이었다." 프랑스 조계지는 1849년부터 1943년까지 프랑스가 관리했던 곳으로, 오늘날까지도 중국적인 것과는 다른 유럽 특유의 분위기를 풍기는 흔적들이 남아 있다. 대한민국 임시정부는 프랑스 조계지 내 푸칭리 4호 2층 건물에 청사를 마련했다.

프랑스 조계는 무엇인가? 이를 설명하기 위해서는 상하이의 역사를 간략히 살펴볼 필요가 있다. 제1차 아편선생*(1839~1842년)이 끝난 후 영국은 난징 소약을 근거로 유럽 강대국과의 무역을 위해 상하이를 개방하도록 강

---

* 영국과 청나라 간의 전쟁으로 청나라가 영국 무역상으로부터 아편을 몰수하면서 시작된 전쟁이다.

제했다. 이 조약에 따라 영국은 상하이를 개항 항구로 선택했다. 이는 상하이가 1840년대 이후 동아시아에서 가장 중요한 시장이 되었기 때문이다. 무역과 함께 기독교 선교가 허용되었고, 특히 무역 상인들과 선교사들에게는 거주 및 이동의 자유와 형법상 면책권이 부여되었다. 영국에 이어 1847년 프랑스가 중국에 들어왔다. 이 두 강대국은 프랑스 선교사가 200년 전에 상하이에 세운 대성당 주변에 최초의 외국인 거주지인 조계를 설립했다. 그 후 상하이에는 더 큰 규모의 유대인 공동체가 형성되었다. 1863년 미국이, 1895년에 일본이 상하이에 들어왔다. 이들 나라들은 소위 '국제 거류지'로 확장된 영국 조계에 자신들의 지역을 통합했다. 무기한 임대가 보장된 지역, 특권이 보장된 지역에서 무역 상인들은 각자 출신 국가의 재판권 또는 혼합 법원의 관할권에 따라 재판을 받았으며, 자체 경찰력도 갖추고 있었다.

프랑스 조계지는 다른 곳보다 더 안전했기 때문에 조선인 망명자들이 머물기에 안성맞춤이었다. 일본 경찰은 프랑스 당국의 공식 허가 없이는 수색과 체포를 할 수 없었다. 프랑스 경찰은 조선의 독립운동가들에게 공공연히 지지를 표했으며, 일본 경찰이 일제 단속을 계획하거나 하면 사전에 알려 주었다.

1917년경 상하이에는 약 500명 정도의 조선인들이 살고 있었고, 그들 중 상당수는 학생들이었다. 3·1 독립운동

당시에는 그 수가 1,000명 이상으로 늘어났다. 이는 중국, 소비에트 연방 그리고 조선 등에서 망명한 조선인들 다수가 식민지 조선 독립운동의 중심지인 상하이로 몰려들었기 때문이다. 이들은 조선과 일본, 소비에트 연방, 중국의 다른 지역 그리고 만주와 연락을 주고받고 있었다.

김구는 대부분의 조선인들이 처음에는 일본 점령군의 의도를 파악하지 못했다고 했다. 그들은 프랑스와 영국이 각각 베트남과 인도에서 행했던 식민 정책을 일본 제국이 모방하고, 이를 조선에서 잔인하게 시행하려는 계획을 알아차리지 못했다. 그러나 1910년 한일 합방 이후 일본 점령군이 모든 애국지사들을 무자비하게 탄압하자 반일 감정은 대중적인 현상으로 발전했다. 제1차 세계대전이 끝난 후 파리강화회의에서 우드로 윌슨 미국 대통령은 모든 민족의 주권에 관한 선언,* 즉 민족자결주의를 발표했고 이에 힘입어 식민 지배하에 있던 나라들의 저항 또한 거세졌다. 1917년 1월 연설에서 윌슨 대통령은 전쟁은 '약소 민족과 그 국가의 권리를 무시한 결과'라고 말했다. 대한민국의 망명정부 수립을 요구하는 목소리가 점점 더 커졌다.

---

* 윌슨 대통령의 14개조 평화 원칙 제5조: 식민지에서 주권 같은 문제를 결정함에 있어서, 당사자인 주민들의 이해는 권리를 가진 정부의 정당한 요구와 동등한 비중을 가져야만 한다. 이 원칙을 엄격히 준수하는 기반 위에서 모든 식민지 문제는 자유롭고 열린 자세로, 절대적으로 공정하게 조정되어야 한다.

그 결과 1919년 4월 11일 상하이에 대한민국 임시정부가 수립되었고, 서영해는 임시정부의 구성원 가운데 최연소(그리고 키가 가장 작은) 위원이 되었다. 국호는 '대한민국'으로 정해졌다. 제1회 임시의정원 회의에서 대한제국 황실과의 우호적인 관계를 지지하는 세력의 뜻이 관철된 것이다.

임시정부의 내부 결속력을 강화하기 위해 그리고 이승만이 미국과 좋은 관계를 유지하고 있었기 때문에, 미국에 머물고 있던 이승만이 궐석 상태에서 임시정부의 초대 국무총리에 임명되었다. 이승만은 1890년대 후반 대한제국 당시 학생 지도자로서 보수적인 대한제국 정부를 폐지하고, 서구식 민주주의 수립에 찬성했다는 음모에 연루되었다. 그는 종신형을 선고받고 6개월 동안 매일 고문을 당했으나, 러일전쟁의 혼란 속에 1904년 석방되었다. 이후 워싱턴으로 도피한 그는 1910년 프린스턴대학교에서 박사 학위를 받았다. 같은 해 이승만은 잠시 조선으로 돌아와 일제의 점령에 대항하여 지하 운동을 시작했고, 일본 점령군은 이승만에게 거액의 현상금을 걸었다. 이승만은 또다시 도망쳐야 했다. 이번에는 하와이로 건너갔고, 그곳에서 감리교 학교를 운영했다. 1919년 5월 이승만은 한성 임시정부 집정관 총재의 자격으로 워싱턴 D.C.에 대미 외교 업무를 위한 집정관 총재 사무소를 설치하였다.

1919년 4월 23일, 한성 임시정부가 공식 수립됐다. 이날 수도 경성에는 전단지와 태극기가 배포되었고, 도시 곳곳에서는 식민지 조선의 독립, 국회 및 공화국에 대한 함성이 울려 퍼졌다. 이 과정에서 많은 사람들이 체포되었다.

　　1919년 9월 6일, 이승만은 상하이에서 실시된 기명투표를 통해 통합 임시정부의 초대 대통령에 선출되었다. 여러 곳에 흩어져 망명생활을 하던 조선인 피난민들이 상하이로 모여들기 시작했다. 이승만은 1920년 12월에 도착했다. 그러나 임시정부 내 의견 차이로 인해 이승만은 1921년 5월 다시 상하이를 떠났다. 1925년 그는 권력남용으로 임시의정원에 의해 탄핵되었고 대통령직에서 면직되었다.

　　제1차 세계대전 후 세계 재편을 논의할 파리강화회의에 임시정부 대표단을 파견하는 것과 관련하여, 1919년 이승만은 우드로 윌슨 미국 대통령에게 청원서를 보내 식민지 조선을 국제연맹의 위임 통치하에 둘 것과 훗날 조선의 완전한 독립을 보장해 줄 것을 제안했다. 이승만은 자유와 민주주의라는 미국의 이상을 신봉했고, 미국을 일본 제국에 대한 대항 세력으로 여겼다. 그러나 식민지 조선에 대한 위임 통치 제안은 임시정부 내에 격렬한 논쟁을 불러일으켰고, 이승만은 처음부터 논란의 인물이 되었다. 결국 김규식을 중심으로 한 임시정부 대표단은 파리강화회의에서 조선의 독립을 인정받고, 지원을 확답받으려 한 계획에 실패했다. 이는 회의에 참가한 일본을 포함한 국가들이 대표단의 요구를 받아들이는 데 관심이 없었기 때문이다. 이승만은 이 파리강화회의에 참석조차 할 수 없었다. 미국 국무부가 일본을 자극하지 않기 위해 이승만에게 여권을 발급해 주지 않았기 때문이다. 영국, 프랑스 그리고 기타 다른 서방 국가들은 모두 식민 통치 강대국들이었다. 이들 나라들에게 일본은 동등한 정치적 권리를 가진 파트너였다.

일본을 포함해 아홉 개 국가가 참가한 워싱턴회의(1921년 11월~1922년 2월)에 임시정부는 다시 한번 큰 희망을 품었다. 1921년 미국으로 돌아간 이승만은 임시정부 대표단의 단장으로 선출되었으나, 또다시 회의에 참가하는 데 실패했다. 임시정부와 임시정부 대표단의 외교적 노력은 이번에도 실패로 끝났다.

이 같은 결과로 인해 임시정부는 서방 국가들의 태도에 실망했고, 임시정부 내 다수가 당시 소비에트 연방으로 눈을 돌렸다. 그러자 공산주의와 민족주의에 각각 헌신한 사람들 사이에 긴장감은 더욱 고조되었고, 이는 임시정부의 관료들에게까지 영향을 끼쳤다. 심지어 관료들조차 두 개의 진영으로 나뉘었다. 국무총리 이동휘는 공산주의 혁명을 지지했고, 대통령 이승만은 서구식 민주주의 확립을 위해 노력했다. 국무회의에서도 거센 논쟁이 벌어졌다. 젊은 공산주의자들 사이에서는 해방 투쟁을 공산주의 혁명으로 전환하자는 요구가 터져 나왔다. 임시정부의 많은 구성원들이 물러났고, 이승만은 1921년 5월 내부 문제로 분열된 정부를 남겨 두고 상하이를 떠났다.

한편 소비에트 연방의 혁명가 레닌은 다음과 같이 선언했다. "식민지의 억압 상황에서는 민족의 해방 투쟁이 공산주의 혁명보다 우선시되어야 한다." 임시정부 내 공산주의자도 민족주의자도 모두 1920년대 중반부터 중국에서 일어난 사건에 영향을 받았다. 중국 국민당은 제1차 전국대표대회에서 중국통일전선을 결성했고, 모든 반제국주의 세력들을 대표하는 당이 되었다. 중국 혁명에서 국민당의 역할과 소비에트 연방 공산당의 지도력은 식민지 조선의 독립을 위해 투쟁하는 사람들에게 실제적인 예가 되었다. 하지만 조선의 독립운동을 위한 민족통일전선 결성 계획은 끊임없이 계속되는 내부의 권력 투쟁으로 인해 결국 1929년에 무산되고 말았다. 임시정부 내 공산주의자들과 민족주의자들이 함께할 수 있는 정치적인 노선을 마련하기 위해 많은 시도를 했음에도 합의에 이르지 못했고, 결국 민족주의 조직과 공산주의 조직이 각각 설립되어 각자의 길을 가게 되었다.

민족주의자들은 상하이에서 한국독립당 창당을 준비했다. 한국독립당과 임시정부 사이에는 긴밀한 관계가 형성되어 있었다. 독립 투쟁과 독립된 조선의 건설을 위한 이론적 토대로 조소앙이 체계화한 삼균주의가 한국독립당에 도입되었다. 이는 정치적 균등, 경제적 균등, 교육적 균등과 더불어 개인 간 균등, 민족 간 균등 그리고 국가 간 균등을 의

미했다. 이 원칙은 중국에서 식민지 조선의 독립운동을 기치로 내건 다른 정당들에게도 이념적 지침이 되었으며, 공산주의와 자본주의 사이에서 제3의 길을 모색하려는 시도이기도 했다.

1939년 공산주의와 민족주의 두 진영을 통합하려는 시도는 또다시 실패했다. 1941년 민족주의자인 김구는 양 진영의 통합 운동이 수년간 실패한 이유를 그의 시각에서 다음과 같이 정리했다. "통합 운동은 핵심 이론을 세우지 못했고, 스스로 봉건주의 이데올로기에서 벗어나지 못했다. 그래서 사람들은 우익과 좌익 사이에서 목적 없이 왔다 갔다 했다."

3·1 독립운동 직후 일본 점령군은 조선에 잔혹한 탄압을 가했다. 하지만 그들은 자신들의 통치 권력을 강화하려면 고삐를 더 느슨하게 해야 한다는 사실을 알아야 했다. 신임 총독 사이토 마코토는 행정과 경찰력을 강화하는 광범위한 개혁 프로그램을 도입했다. 그럼에도 조선인들은 조금씩 사회적으로, 경제적으로 그리고 문화적으로 자유롭게 움직일 수 있게 되었다. 이러한 변화에 많은 사람들이 적응해 간 결과 조선에 더 많은 기업들이 생겨나게 되었고, 이후 삼성, LG 등과 같은 대기업으로 발전하여 오늘날 대한민국의 경제를 지배하는 데까지 이르렀다.

점점 더 많은 농촌 인구가 도시로 이주하고, 많은 조선인들이 일제의 식민 지배에 동화되면서 사회 이동성이 급격히 증가했다. 그 결과 경직된 신분 제도에 근본적인 변화가 생겼고 이전에 멸시받던 집단의 구성원들도 사회적 계층 상승이 가능해졌다. 이러한 발전은 여성들에게도 물론 영향을 미쳤다. 농촌의 대다수 여성들은 여전히 전통적인 여성의 역할에서 벗어나지 못했지만, 도시에서는 '신여성', 즉 '현대 여성'이 등장했다. 일자리를 찾아 도시로 몰려들어 새로 지은 공장에 취직한 젊은 여성들은 아직 이 화려한 여성상에 어울리지는 못했지만, 빈약한 월급으로 새로운 경험과 어느 정도 독립된 삶을 누릴 수 있게 되었다.

일제의 식민지 시대, 현재 북한의 수도인 평양은 '동방의 예루살렘'으로 불렸다. 이것은 19세기 말 북미 선교사들이 한반도에 전파한 개신교의 중요한 역할을 나타냈다. 일제가 조선의 교육, 종교 그리고 의학 분야에서 서구의 영향력을 차단하려고 온갖 시도를 하고 있을 당시, 개신교는 일제의 식민 통치에 대한 저항과 동일시되었고, 이는 일반 대중이 개신교를 받아들이는 데 큰 기여를 했다. 3·1 독립 선언서에 서명한 33명 중 16명이 기독교도인이었다. 종교와 민족주의는 식민지 체제에 저항하는 집단적인 정체성으로 융합되었다.

시영해는 일본 제국의 지배하에 조선이 이룬 근대화를 그다지 경험하지 못했을 뿐만 아니라 임시정부 내의 격렬했던 이념적 갈등에 대해서도 인식하지 못했을 가능성이 크다. 그는 상하이에서 1년 반 동안 중국어를 공부한 후 1920

년 11월 6일, 18세의 나이로 습하고 더운 도시 상하이를 떠나 프랑스로 유학을 갔다. 프랑스 보베에서 리세에 다녔던 학창 시절 동안 그는 짧은 기간이나마 평온한 시간을 경험했을 것이다.

서영해와 국제 정세

～

　1930년대에 서영해는 그의 활동 영역을 다양한 방면으로 넓혀 나갔다. 그는 1926년 프랑스 샤르트르의 리세 마르소에서 놀라울 정도로 빠르게 졸업 시험에 합격한 후 파리에 정착했다. 처음에는 15구에, 나중에는 카르티에 라탱에 위치한 말브랑슈 거리 7번지에서 살았다.

　많은 조선인들에게 안창호는 20세기 가장 중요한 지도자이자 도덕적이고 철학적인 지도자로 여겨졌다. 그는 1932년 4월 29일 상하이 훙커우 공원에서 발생한 폭탄 테러와 관련하여 체포되었다. 이 테러로 행사장의 귀빈석에 앉아 있던 일본 제국의 몇몇 고위 인사늘이 사망하거나 부상을 당했다. 그중에는 중국 주둔 일본군 최고 사령관이 포함되어 있었다. 김구는 안창호에게 어느 특정한 시각부터는 디 이상 집에 머물러 있지 말라고 서면으로 주의를 줬지만 안창호는 이를 무시했다. 수류탄을 물병으로 위장했던 윤봉길은 도시락 안에 숨긴 두 번째 폭탄으로 자살을 시도하려고 했으나, 폭탄이 터지지 않았다. 윤봉길은 일본으로 압송되어 군사 법원에서 재판을 받았고, 12월 19일 총살형을 당했다.

　이 폭탄 테러는 해외 언론에서 큰 논란을 일으켰고, 비난의 목소리 또한 거셌다. 중국 주재 일본 대사는 이 사건으로 오른쪽 다리를 잃었고, 400통이 넘는 위로 전보를 받았다. 프랑스 언론은 '유감스러운 사건', '끔찍한 테러', '새로운 사라예보 사건' 등과 같은 표현으로 사건에 대한 부정적인 평가를 쏟아 냈다. 반면 이 사건은 식민지 조선의 독립운동에 대한 중국 민족주의자들의 지지를 강화하는 계기가 되었다. 중국 국민당 장제스 총통은 윤봉길의 의거를 칭찬하면서 "윤봉길은 수만 명의 중국 군인들이 감히 해내지 못한 일을 해낸 조선의 젊은이다."라고 말했다.

　이 사건은 조선인 망명자들에게 엄청난 환호를 불러일으켰다. 임시정부에 대한 후원금이 쏟아진 덕에 임시정부의 활동을 이전보다 훨씬 더 큰 규모로 진행할 수 있게 되었다. 윤봉길은 오늘날에도 여전히 대한민국의 국민적 영웅으로 추앙받고 있다. 1962년 윤봉길은 대한민국 정부로부터 건국훈장을 추서받았고, 서울, 상하이 그리고 일본 가나자와에 그를 기리는 기념비가 세워졌다.

　윤봉길의 폭탄 테러 이후 상하이 임시정부는 일본과 프랑스 경찰로부터 극심한 탄압을 받았다. 공식적으로 자신이 이번 폭탄 테러의 주동자라고 밝힌 김구는 프랑스 조계 안에서는 안전할 것이라고 여겼을지 모른다. 하지만 임시정부는 서둘러 상하이를 떠나 중국의 다른 지역으로 옮겨 가야 했다. 폭탄 테러 후 얼마 동안은 상하이 홍커우에 있다가, 1935년에는 자싱, 1937년에는 창사, 1938년에는 광저우와 류저우, 1939년에는 구이양과 치장, 그리고 1940년 마침내 충칭에 정착했다. 충칭은 중국에서 임시정부의 마지막 청사가 소재했던 곳으로, 1945년 12월 임시정부의 구성원들이 해방된 대한민국으로 환국할 때까지 유지되었다.

임시정부에 관한 문서는 여러 가지 이유로 많이 남아 있지 않다. 일제 당국의 탄압이 심해지면서 청사를 자주 옮겨야 했기 때문에 기록 보관에 신경 쓰는 것이 불가능했고, 홍커우 공원 의거 직후 일본 경찰이 임시정부 청사를 습격하여 모든 것을 압수해 갔기 때문이다. 그 후 임시정부는 분실된 문서를 다시 작성했고, 충칭 청사 기간의 새로운 문서도 추가했다. 1945년 12월 임시정부는 대한민국으로 환국할 때 상자 13개 분량의 기록 문서를 가져왔지만, 한국전쟁(1950~1953) 때 분실되고 말았다.

또한 김구는 1932년 1월 8일 도쿄에서 미수에 그친 일본 천황 암살 시도에 대해 자백했고, 일본은 그에게 현상금을 내걸었다. 김구는 상하이 서남쪽 저장성에 있는 자싱으로 피신하여 아내의 이름을 사용하며 지냈나.

안창호 역시 일본의 탄압에 시달렸다. 중국 국적을 취득한 그는 일본 경찰에 체포되어 조선으로 불법 송환되었고, 징역 5년 형을 선고받았다. 서영해는 안창호가 프랑스 조계지에서 체포된 데 대해 프랑스 당국에 항의했고, 프랑스 언론을 통해 '유럽의 자유 양심'에 호소했다. 그는 일본 식민 정부의 조선 민족 탄압을 보고하고, 안창호를 체포하여 일본군에게 넘겨준 것은 프랑스가 자랑스럽게 여기는 전통인 정치적 망명권을 침해하는 것이라고 비판했다. '인간과 시민의 권리 보호를 위한 프랑스 연맹'도 프랑스 외무장관에게 서한을 보냈다. 서영해는 안창호가 체포된 것을 되돌릴 수는 없었지만, 여론을 움직여 프랑스 외무성이 임시 정부에 직접 서한을 보내도록 하는 데는 성공했다. 안창호는 1937년 병환으로 감옥에서 풀려났고, 1938년 3월 사망했다. 안창호는 2012년 미국 조지아주 애틀랜타에 있는 마틴 루터 킹 주니어 국립 사적지 내 국제 민권 명예의 전당에 추서되었다.

1933년 이승만은 식민지 조선의 독립을 위한 외교 활동을 위해 스위스 제네바에 5개월 동안 머물렀고, 서영해가 늘 동행했다. 서영해는 이승만이 프랑스어를 구사하는 사람들과 대화할 때 통역사로서 도움을 줬고, 그에게 다양한 주요 인사들을 소개해 줬다. 그러나 두 사람은 매우 다른 사람이었다. 서영해보다 27살이 더 많은 이승만은 권위적이고 권력 지향적이었으며 고집이 셌다. 서영해는 마른 체격에 키가 160cm였고, 까무잡잡한 피부에 로이드 안경으로 파리 지앵의 멋을 물씬 풍겼다. 그는 내성적이었지만, 유머와 웅변으로 단숨에 사람들의 마음을 사로잡았다. 서영해는 능

통한 중국어로 이승만을 일제의 식민 치하에 있는 조선의 대표로 받아들이도록 중국 대표단을 설득하는 데 성공했다. 이승만의 연설은 국제 연맹 앞에서 한국어로 한 첫 연설이었다. 그는 만주, 중국, 조선에 거주하는 100만 명의 조선인들을 보호해 줄 것을 촉구했으며, 일본 제국이 이 국가들에 자행한 폭력을 세계 사회에 상기시켰다. 만주 침략 이후 일제는 국제 연맹에서 탈퇴했다.

서로 다른 두 사람, 서영해와 이승만은 영어와 프랑스어로 성명문을 작성했다. 서영해는 성명문에서 만주의 대부분이 한때 조선의 영토였다고 밝혔으나, 이승만은 그런 표현이 장제스 총통을 화나게 할 것이라며 이 부분을 삭제하고자 했다. 그들은 서로의 의견 차이를 이튿날 해결하기로 합의했지만, 이승만은 그 전에 영문 성명문에서 그 내용을 삭제했다. 화가 난 서영해는 영문 성명문을 찢어버렸다. 이 사건이 이후 서영해와 이승만 사이의—서영해가 결코 이길 수 없었던—갈등의 근거가 되었을 것이다.

이승만이 「만주의 조선인들」이라는 소책자를 집필할 때, 서영해는 기자로서 이승만의 작업을 도왔다. 책자는 국제연맹의 조사위원회가 일제의 점령지 만주에 거주하는 조선인들의 상황을 조사한 결과를 다룬 것으로, 본질석으로 만주에 거주하는 조선인들을 중립적인 국민으로 취급해 줄 것을 요구하는 내용이었다. 서영해는 사실상 이 책의 공동 저자로 간주될 수 있다. 서영해 역시 같은 시기에 1933

년 12월 발행된 프랑스 잡지 『에스프리』에 10쪽 분량의 기고문 「한국 문제(Le Problème Coréen)」를 게재했다. 그리고 1934년 이승만은 제네바에서 그의 미래의 아내인 오스트리아 여성 프란체스카 도너를 만났는데, 당시 그녀는 국제연맹에서 통역사로 일하고 있었다.

1934년 서영해는 조선의 민담 및 설화 모음집 『거울, 불행의 원인(Miroir, Cause de Malheur)』을 출간했다. 서문에서 서영해는 1443년 세종대왕이 창제한 단순하지만 완벽한 표음 문자인 한글은 중국어나 일본어 등 다른 아시아 언어와 구별된다는 점을 프랑스 독자들에게 설명했다. 또한 백성들의 이야기는 주로 그들의 이야기와 노래에서 발견되고, 지난 수 세기 동안 농촌 주민들의 기억을 통해 전해졌다고 썼다. 소박하고 꾸밈없는 농부들의 이야기는 수천 년의 역사를 가진 조선을 드러내고, 조선의 오랜 윤리적 가치, 신앙심, 예절과 관습, 정의에 대한 견고한 믿음을 펼쳐 보여 줄 것이다. 서영해는 가정에서 아버지의 권위는 왕의 권위처럼 절대적이지만, 아버지와 왕의 권위 너머에 신의 법이 있다고 썼다. 그가 쓴 이야기에서 신은 사람들을 보호하고 악한 사람들을 처벌하기 위해 끊임없이 개입한다. 신의 영향력은 신의 이름이 드러나지 않는 곳에서도 느낄 수 있다.

그는 "이 모음집은 오래전 나의 어린 시절 기억을 바탕으로 한 것이다."라고 서문에 적었다.

나의 이야기 모음집은 기록으로 전해 온 이야기가 아니다. 이유는 간단하다. 문자로 된 기록이 존재하지 않았기 때문이다. 이야기의 일부는 분명 문자적인 전통을 가지고 있었겠지만, 모음집에 있는 이야기의 대부분은 내 할머니의 입을 통해 전해진 것이다. 일부는 성격이 급하지만 우직했던 농부인 나의 삼촌이 말해 주었고, 엄격했던 나의 선생님에게서도 전해 들었다. 하지만 대부분의 흥미로운 이야기는 인생의 황혼기에 전국을 떠돌다 종종 아버지를 찾아와서 사랑채에 머물며 담소를 나눴던, 품위 있고 교양 있는 방랑객들에게서 나왔다.

민담집의 표제작인 「거울, 불행의 원인」은 거울을 통해 처음 자신의 모습을 본 사람들에 관한 이야기이다. 고려대학교 최정원 교수는 자신의 박사 학위 논문에서 거울은 인간의 광기에 맞서는 메시지를 전한다며 "확산되어 가는 불행을 경고하는 메시지다. 왜냐하면 우리는 우리 안에 있는 광기를 인지할 수 있는 능력이 없기 때문이다."라고 분석했다. 자기 인식을 풍자적으로 표현한 것 외에도, 이 이야기는 거울이 가지는 자기 인식과 자기 비판의 수단으로서의 역할을 되찾아야 한다는 것으로 이해할 수 있다. 아마도 식민지 조선 민족에게 자신들의 비참한 현실을 깨닫게 하려는 간접적인 의도가 있었을 것이다.

이 민담집의 발간 의도를 서영해는 동양과 서양의 상호 이해를 도모하기 위함이라고 하였다.

나는 이 나라의 영광스러운 과거와 현재를 전 세계 사람들에게 알림으로써 서양과 동양을 상호 이해하는 데 최선을 다했다. 한 민족의 역사가 그 나라의 민담과 노래의 역사인 만큼, 조선의 민담과 노래 역시 조선인의 삶을 잘 반영하고 있다.

이 민담집은 1934년 10월 10일 자 월간정보지 『프랑스-일본(France-Japon)』에 다음과 같이 소개되었다.

작가 서영해가 어린 시절의 기억에서 모아 엮은 이 이야기들은 출처가 다양하며, 서로 다른 영감에서 만들어졌다. 유머가 가득한 다수의 짧은 동화 같은 작품들은 조선의 땅에서 생겨난 것 같다. 다른 작품들은 불교적 정서에서 비롯된 것으로 토속 전통과 인물에 관한 것이다. 모든 이야기는 어느 정도 광범위한 문학적 각색을 거쳤고, 다른 언어, 즉 프랑스어로 옮겼음에도 그 특성을 유지하고 있다. 또한 이야기는 보편적인 가치를 가진 민족 문화의 표현이다. 이 외에도 더 많은 이야기들이 소개되기를 바란다.

1930년대 서영해는 국제회의를 오가며 수집한 정보를 파리 주재 중국대사관을 통해 상하이에 있는 임시정부에 보고했다. 그는 임시정부의 국무위원이자 외무부장이었던 조소앙 그리고 김구와도 자주 서신을 주고받아 '백범의 파리 특파원'이라는 별명을 얻었다. 조소앙과 함께 김구와 서영해는 1935년 창당된 조선민족혁명당의 당원이었다. 서영해는 전 세계 여러 신문과 잡지에 글을 기고하며 생계를 유지했다. 미국 뉴욕의 『코리아 내셔널리스트 위클리』는 서영해가 파리에 고려통신사를 설립한 것을 축하하며, 이와 관련하여 가능하면 짧은 기사를 보내 달라고 요청했다. 장문의 기사는 연재물로 인쇄될 수 있다고 했다.

1935년 6월, 제1회 '문화 수호를 위한 반파시스트 국제 작가 회의'가 파리에서 개최되었다. 서영해는 두말할 것도 없이 파리의 팔레 드 라 뮤추얼리테(Palais de la Mutualité)에서 열린 국제 작가 회의에 참석했다. 이곳은 말브랑슈 거리에 있는 서영해의 아파트에서 아주 가까웠다. 국가사회주의의 위협에도 불구하고 38개 유럽 국가의 작가들이 파리에 모였다. 회의 주최자들인 일리야 에렌부르크(Ilja Ehrenburg), 앙드레 지드(André Gide), 폴 니장(Paul Nizan), 로맹 롤랑(Romain Rolland), 앙드레 말로(André Malraux)를 비롯하여 독일에서는 하인리히 만(Heinrich Mann), 안나 제거스(Anna Seghers), 베르톨트 브레히트(Bertolt Brecht), 에곤 에르빈 키쉬(Egon Erwin Kisch), 리온 포이히트방거(Lion Feuchtwanger)와 같은 작가들이 참석했고, 정치에 관심이 없었던 오스트리아 작가 로베르트 무질(Robert Musil)도 함께했다. 회의 관련 사진은 사진작가 지젤 프로인트(Gisèle Freund)가 찍었다. 소련 역시 대표단을 파견했는데, 20명의 유명 작가들이 포함되어 있었다.

러시아의 문호 보리스 파스테르나크(Boris Pasternak)는 병환 중 스탈린으로부터 국제 작가 회의에 참석하라는 개인적인 요청을 받았는데, 그의 연설은 소련 문화 이데올로기의 정치적 개념에 어울리지 않았다. 전쟁이 끝난 후 그는 영국 철학자이자 슬라브 학자인 이사야 벌린(Isaiah Berlin)에게 다음과 같이 말했다.

나는 이 작가 회의가 파시즘에 대한 저항을 조직하기 위해 함께 모인 작가들의 모임이라는 것을 알고 있습니다. 나는 여러분들에게 단지 한 가지만 말할 수 있습니다. 조직하지 마십시오! 조직하는 것은 예술에 있어 죽음일 뿐입니다. 중요한 것은 단지 개인의 독립성입니다. 1789년, 1848년 그리고 1917년에 작가들은 그 어떤 것을 방어하거나 대항하기 위해 스스로를 조직하지 않았습니다. 여러분에게 호소합니다. 단체를 만들지 마십시오!

그의 말은 분명 서양 작가들에게도 혼란을 불러일으켰을 것이다. 예상대로 파스테르나크의 연설은 상당히 축약된 형식으로만 출판되었다. 파리에 있었던 소련 작가들 가운데 다섯 명은 그 후 몇 년 동안 스탈린 폭정의 희생자가 되었다.

회의에 참석한 작가들은 5일 동안 문화유산, 인본주의,

사회에 대한 작가들의 역할 그리고 작가들에게 주어진 역사의 흐름에 영향을 미칠 수 있는 제한된 기회와 가능성 등 핫한 이슈들에 대해 논의했다. 뮤추얼리테의 큰 홀은 꽉 찼다. 자유주의적 견해, 마르크스주의적 견해, 이상주의적 견해 등 다양한 정치적 입장을 가진 작가들은 강연을 듣기 위해 몰려든 수많은 노동자 계층과 그들의 운명을 건 긴밀한 연대를 강화했다. 모든 사람들을 하나되게 만든 것은 파시즘이 문화와 사상에 가하는 치명적인 위협에 대한 공포였다.

독일 작가 하인리히 만은 "1935년 작가 모임에서 사고의 자유를 요구했다는 것은 상당히 주의할 만하다."고 열정적으로 호소했다.

1535년 당시에는 아마 새로웠을 것이다. 개인적인 사고의 획득이 근대 세계의 시작이었고, 지금은 그 세계의 해체가 가까워 보인다. 그 결과, 모든 것에 다시 의문이 제기되었다. 심지어 수 세기 동안 이미 해결된 것으로 여겨졌던 것들에 대해서도. 양심의 자유, 수많은 세대가 그 자유를 위해 싸워 왔지만 이제는 더 이상 확실하지 않다. 사고(思考) 그 자체는 위험에 처해 있지만, 사고는 우리가 여전히 살고 있는 이 세상의 창조자이다. 네가 특정 국가에 대해 언급히지 않는 것은 단지 전략적인 이유 때문만은 아니다. 이러한 의식적인 경향은 일반적이다. 적어도 서양에서는 그렇다. [중략] 확실한 것은 생각하는 자유는 존재한다는 것이다. 그렇지 않았다면 우리는 결코 함께 모일 수 없었을 것이다. 하지만 생각의 자유가 아직 존재하는 곳에서는 불행하게도 그것이 삶에 필수적인 것으로 여겨지지 않고 있다. 반면, 이미 사상을 억압했던 나라는 사상을 억압하는 것이 삶에 필수적이라고 믿고 있다. [중략] 저항이 필요하다. 인내심이 아니라 확고한 신념으로 우리 스스로 무장해야 한다. 본보기를 따르고 무엇을 해야 할지에 합의해야 한다. 우리는 이 불행이 돌이킬 수 없을 때까지, 그리고 더 많은 서양의 문명 국가로 퍼질 때까지 기다려서는 안 된다. 우리에게는 지켜야 할 영광스러운 과거와 그 과거로부터 물려받은 것, 즉 생각할 자유와 그 인식에 따라 행동할 자유가 있다. 우리는 빛나는 본보기를 따라야 한다. 우리는 위대한 전통의 계승자이자 수호자이다. 우리는 사상을 억압하는 사람들을 돕거나 그들의 행동에 동조하는 그런 부류의 사람들이 아니다. 억압자들이 그들의 편에서 무언가를 수호하는 것처럼 자랑질해댄다면, 우리는 그것이 무엇인지 알고 싶다. 서구 문명? 그들은 콧방귀를 뀌고 속이는 것을 입버릇처럼 한다. 그들은 자신의 이익에 위협이 되거나 개인적으로 폐가 된다면 주저 없이 사고를 버린다. 이미 그들은 그렇게 하고 있다. 불태우고, 시민권을 박탈하고, 그들 자신의 정신 높이에 상응하는 다른 수단을 가지고서 말이다.

서영해는 이에 대해 무슨 생각을 했을까? 그는 분명 작가 회의에 참석한 사람들 중 유일한 아시아인이었다. 그러나 그의 조국의 문화 상황은 유럽에서 파시즘이 계획하고 있던 것과 크게 다르지 않았다. 그는 보리스 파스테르나크의 의견에 동의하지 않았을 것이다. 오히려 그는 마르크스주의 작가들의 그룹에 더 끌렸을 것이다.

대한민국 임시정부의 주프랑스 외교특별위원으로 임명된 서영해는 1936년 다음과 같이 정치외교 선언문을 썼다.

지금 우리 민족이 택한 길은 국내외 혁명 동지들과 조선인들의 희생정신을 바탕으로 한 것이 아니다. 우리는 비폭력적인 방법을 통해 일본 제국주의로부터 조국의 해방을 위해 노력할 것이다. 우리나라의 약함을 감안하여, 우리는 국제 정세를 고려하고, 강력한 적들에 맞서 싸울 기회를 포착해야 한다. 이를 위해 임시정부를 중심으로 한 외교 정책이 필요하다.

서영해는 임시정부의 외교적 중점을 다음과 같이 정의했다.

1. 우리는 몇몇 국가들이 태평양 지역에 큰 관심을 가지고 있는 현 상황에서 일본 제국으로부터의 위험을 강조하고, 일본 제국에 맞설 동력을 만든다.
2. 우리는 세계 평화의 틀 안에서 동아시아 평화의 기반으로서 식민지 조선의 독립이 갖는 중요성을 강조하고, 세계 각국의 공감을 구한다.

3. 우리는 만주국 합병을 목표로 만주에 대한 투자를 장려하는 일본의 강력한 선전활동을 비판하고, 그러한 투자의 위험성을 지적한다.

4. 우리는 일본 제품이 유럽 영토에 유입됨으로 인해 유럽 국가들이 입게 될 상당한 경제적 손실을 심리적으로 이용하고, 우리의 목적인 독립을 이뤄 간다.

5. 우리는 파리와 제네바에서 활동하고 있는 국제적인 신문들과 접촉하고 공감을 얻어 식민지 조선의 독립이 전 세계 신문에 실릴 수 있도록 노력한다.

프랑스의 이웃 나라인 벨기에에서는 최악의 상황을 막으려는 또 다른 필사적인 시도가 있었다. 1936년 9월, 서영해는 만국평화회의에 참석하기 위해 브뤼셀로 갔다. 이 회의에는 세계 각국에서 약 5,500명의 다양한 정치적인 성향을 가진 대표들이 참석했다. 회의가 열린 계기는 아비시니아 전쟁(제2차 이탈리아-에티오피아 전쟁)이었다. 이 전쟁은 1935년 10월 2일 이탈리아의 선전포고와 그다음 날 이탈리아군의 침공으로 시작되어 1936년 5월 9일 파시스트 이탈리아의 에티오피아 합병으로 끝났다. 그 결과 점령된 아비시니아는 6월 1일 이탈리아령 소말릴란드, 에리트레아와 합병되어 이탈리아령 동아프리카 식민지가 되었다. 아비시니아 전쟁은 제1차 세계대전 이후 유럽 강대국에 의해 시작된 최초의 주요 분쟁이자 파시스트 국가에 의해 야기된 최초의 전쟁이었다.

대한민국 임시정부의 외교특파위원 서영해는 40개 국가의 대표단 및 기자들과 만나 끊임없이 세계와 아시아 평화에 대한 한반도의 중요성을 설명하고 식민지 조선의 독립운동을 지원해 줄 것을 호소했다. 그는 우리 민족이 바라는 평화는 결코 노예적 평화가 아니며, 자신이 마지막 숨을 거두는 그 순간까지 일본 제국에 맞서 싸울 것이라고 거듭 강조했다. 오직 힘과 폭력만을 앞세우는 일본 제국은 정의와 인간애가 전혀 없기 때문에 진정으로 평화에 관심이 있는 사람들은 조선의 독립을 정신적으로 지지하고, 물질적으로 지원해야 한다고 호소했다. 하지만 서영해는 그 당시 유럽의 관심이 1936년 7월부터 격렬해지기 시작한 스페인 내전에 쏠려 있다는 사실 역시 알고 있었다.

대한민국 임시정부의 외교 임무를 가지고 서영해는 스칸디나비아, 발칸반도 그리고 근동을 순방했고 강연, 기자회견 그리고 기고문 등을 통해 로비 활동을 벌였다. 서영해가 런던과 체코에 고려통신사의 지사를 운영했다는 기록이 있지만, 그 지사의 책임자가 누구였는지, 운영 자금이 어떻게 조달되었는지는 분명하지 않다. 아마도 서영해는 현지에 살고 있는 사람을 고용해 고려통신사의 업무를 하게 했을 것이다. 당시 서영해와 임시정부, 특히 서영해는 조선의 독립 지지를 얻기 위해 대규모 선전 활동을 할 자금이 부족했다. 따라서 프랑스 언론사 및 출판사의 특파원 자격으로 유럽의 여러 도시를 방문할 기회를 적극 활용했다.

1936년 4월, 서영해는 대한민국 임시정부의 주불특파위원으로 공식 임명되었고, 김구, 조소앙 등과 정기적으로 연락을 주고받았다. 1936년 4월 1일 김구는 서영해에게 다음과 같이 썼다.

"나와 나의 동료들은 당신과 함께 일하게 된 것에 대해 기쁘게 생각합니다. 우리는 당신과 함께 자유를 위한 투쟁의 목표를 달성할 것이라고 확신합니다. [중략] 당신에게 다양한 업무를 위임하고 관련 문서를 보내드립니다. [중략] 우리는 유럽 전역에 걸쳐 군사적, 정치적 그리고 문화적 접촉을 구축하려고 노력하고 있으며, 이에 대한 당신의 의견을 구합니다."

1937년 12월 3일, 서영해는 김구에게 보낸 편지에서 자신이 재정적인 문제를 겪고 있으며, 유럽 화교항일연맹회 선전위원회의 일원으로 활동하고 있다고 했다. 1938년 12월 3일, 김구는 서영해가 두 달 전에 보낸 편지에 대한 답장에서 일본군의 폭격 때문에 임시정부가 9월 말 광저우를 떠나야 했다며 편지를 늦게 쓴 이유를 설명했다. 임시정부 청사는 현재 중국 북서부에 위치한 충칭에 있다고 했다. 편지에서 김구는 자신이 한국국민당을 창당했다고 밝히면서, 조선과 중국의 연대를 강조했다. 그리고 그는 중국어로 된 월간 뉴스레터를 계획하고 있는데, 이를 위해 파리로부터 정보가 필요하다고 했다.

1940년 6월 2일, 조소앙은 편지에 다음과 같이 썼다. 민족진영 3당*이 통합하여 한국독립당을 창당했으며, 유럽과의 외교 관계가 시급하다고 했다. 조선은 지금 혁명적인 분위기에 휩싸여 있으며, 사람들은 일본군의 점령에 대해 더 이상 참을 수 없는 상태고, 모두 싸울 준비가 되어 있다고 했다. 이에 대해 일본 점령군은 불안해하고 있다고 전했다. 조소앙은 편지에서 대한민국 임시정부가 수립된 1919년 4월 11일을 원년으로 한 달력을 사용했다.

1937년 11월, 서영해는 다시 벨기에의 수도인 브뤼셀로 향했다. 브뤼셀은 1922년 체결된 9개국 협정**의 서명국 대표들이 만난 곳이기도 했다. 이 협정은 일본 제국이 중국의 주권을 계속해서 제한하는 것을 막기 위한 것이었다. 하지만 일본군이 1931년 만주를 침공하면서 협정을 위반했다. 1937년 일본군이 중화민국을 침공했고, 이와 관련한 회의에서 미국은 단지 형식적인 항의만 했을 뿐이었다. 그리고 제2차 세계대전이 시작되면서 협정은 사실상 무효가 되었다.

1937년 8월 5일, 서영해는 '베를린-로마-도쿄 축'에 관한 글을 발표했다. 프랑스 『르가르(Regards)』지의 편집팀

---

* 한국국민당, 한국독립당, 조선혁명당.
** 1922년 워싱턴에서 미국, 영국, 네덜란드, 이탈리아, 프랑스, 벨기에, 포르투갈, 일본, 중화민국 간에 체결된 조약이다.

은 글의 서문에 "오늘날 극동에서 벌어지고 있는 비극은 전 세계에 영향을 미치고 있다."고 썼다. 하지만 안타까운 사실은 전 세계가 1937년 12월 일본 제국 군대가 난징에서 저지른 끔찍한 학살을 외면했다는 것이다. 서영해는 일본 제국주의, 1904년 러일전쟁, 1910년 한일합방, 1931년 만주점령에 대해 썼다. 그리고 당시 중일전쟁이 임박해 있었다. 서영해는 내전으로 약해진 중국이 전쟁을 할 준비가 되어 있지 않다고 생각했다. 중국은 국가 동원 프로젝트를 완성하기 위해 국내 안정과 평화가 필요했다. 하지만 서영해는 중국이 풍부한 자원과 동원 가능한 엄청난 수의 인적 자원을 무기로 결국 지칠 대로 지친 일본군을 물리칠 수 있다고 확신했다.

서영해의 기사가 발표된 날, 일본군과 중국군은 중국 베이징에 있는 마르코 폴로 다리에서 총격전을 벌였다. 이 '사건'은 제2차 중일전쟁의 시작으로 간주된다. 일본군의 예상과는 달리 장제스 휘하의 국민당 지도부는 일본군의 위협에 굴복하지 않았고, 장기간의 방어전을 준비했다. 1937년 12월 8일부터 일본군이 국민당의 수도 난징을 점령하면서 자행한 수 주간의 학살은 분명 서영해에게 엄청난 충격이었을 것이다. 일본군의 만행은 너무 끔찍해서 그 자세한 내용을 모두 기록할 수 없을 정도였다. 그러나 결국 서영해의 말이 맞았다. 일본군은 온갖 만행으로 난징을 신속하게 굴복시킬 수 있었지만, 중국의 항복이라는 목표는 달성하지 못했다. 하지만 일본 제국의 중국 침략은 오늘날까지 일본에서 제대로 규명되지 않고 있으며, 당시 사망자는 약 1,500만 명에 달했다.

1937년 7월, 제2회 '문화 수호를 위한 반파시스트 국제 작가 회의'가 스페인에서 개최되었다. 이는 프란시스코 프랑코 장군 휘하의 우익 세력이 민주적으로 선출된 스페인의 제2공화국을 무너뜨리기 위해 쿠데타를 시도한 1년 후였다. 이 쿠데타는 1939년 4월 최종적으로 성공했다. 작가 회의는 1937년 7월 4일 당시 스페인 정부 청사 소재지였던 발렌시아에서 약 200여 명이 참가한 가운데 개막했다. 회의는 7월 6일부터 8일까지 마드리드에서, 그리고 10일에 다시 발렌시아로 돌아가서 추가 논의를 진행했으며, 11일에 바르셀로나에서 열린 회의를 마지막으로 모든 일정을 마쳤다.

당시 많은 유럽 작가들은 이미 파리에 도착해 있었고, 일부는 망명생활을 하고 있었다. 또한 옥타비오 파스(Octavio Paz)와 파블로 네루다(Pablo Neruda)처럼 다른 대륙에서 온 작가들도 있었다. 두 가지 중요한 질문이 작가 회의에 제기됐다. 바로 문화 수호와 작가 조합의 역할이었다. 참가자들은 문화를 수호하는 것이 곧 스페인을 수호하는 것이라는 데 동의했다. 20세기 늘어 스페인 문학을 대표하는 가장 중요한 작가들 가운데 한 명인 페데리코 가르시아 로르카(Federico García Lorca)가 회의에 참석하지 못했다. 작가 회의에 참석하기로 했던 그는 1936년 8월 18일 스페인 남부 안달루시아의 그라나다 근처에서 총에 맞아 숨졌다.

독일 출신의 유명한 참가자는 작가 안나 제거스였다. 1938년 7월 그녀는 친구에게 "오늘은 우리가 스페인에 간 지 1년이 되는 날이다."라면서 다음과 같이 썼다.

그곳에서 보낸 시간은 잠깐이었지만, 나에게는 결정적인 순간이었다. 달리 어떻게 표현할 수 없을 정도였다. 때때로 스페인에서의 모든 것이 너무 열렬하고 강렬해서 다시 일상생활에 익숙해지는 것이 어렵고, 뒤이어 일어나는 모든 것이 생기가 없고 맥이 빠져 보인다고 느꼈다.

게오르그 피클러는 자신의 에세이에 작가 회의에서 만난 안나 제거스에 대해 썼다. 제거스는 편지에서뿐만 아니라 다른 글과 발표에서도 스페인에서의 짧은 체류가 그녀에게 '깊은 인상'을 주었다고 오랫동안 몇 번이나 강조했다고 했다. 사실 제거스는 1937년 6월까지만 해도 스페인에서 과연 작가 회의가 개최될 수 있을지 의문을 품고 있었다.

작가 회의가 열리게 되자 제거스는 대부분의 국가별 대표자들처럼 망명지 파리를 떠나 스페인으로 향했다. 정부로부터 여권을 받지 못한 영국인 참가자들, 불법적으로 국경을 넘어야 했던 '몇몇 독일인 망명자들'도 있었다. 덴마크의 마르틴 안데르센-넥쇠(Martin Andersen-Nexö), 네덜란드의 요한 브라우어(Johan Brouwer), 니코 로스트(Nico Rost) 그

리고 '중국인 친구' 서영해와 함께 제거스는 코스타 브라바
(Costa Brava)의 포르부(Portbou)로 야간열차를 타고 간 다음
그곳에서 계속 바르셀로나로 향했다. 그런 다음 발렌시아로
갔고 마침내 마드리드에 도착했다. 스페인 출신의 알프레
도가 자동차를 운전해 줬다. 알프레도는 나중에 프랑스 수
용소를 거쳐 독일 뮌헨의 다하우 강제 수용소에 갇히게 된
다. 파리에서 바르셀로나까지의 여행은 분명 꽤 힘들었을
것이다. 기차에는 잠을 잘 수 있는 객실도, 음식을 사서 먹
을 수 있는 식당도 없었기 때문이다. 작가 알베르토 로메로
(Alberto Romero)는 1938년에 출간된 자신의 책『스페인은
별로다(España está un poco mal)』에서 페루의 세사르 발레호
(César Vallejo), 멕시코의 유헨니오 이마즈(Eugenio Imaz) 그리
고 '작은 중국인' 서영해의 이름을 언급했다. 제거스 일행
은 누구 하나 할 것 없이 모두 창백하고 지친 상태에서 바
르셀로나 기차역에 도착해 내렸다. 하지만 이후 제거스는
회의 장소로 향하는 기차 여행을 "우리는 마치 소풍을 떠
난 학생들처럼 걱정도 없었고 천진난만 그 자체였다."라고
회고했다.

　'유일한 중국인'으로 작가 회의에 참석한 서영해는 작
가 유시양에게 수수께끼를 남겨 주었다. 유시양은 2010
년 5월 학술지『악타스 델 콩그레소 인터나시오날(Actas del
Congreso Internacional)』에 발표한 자신의 논문「그 어디에도
갈 곳이 없는 망명(Exile to Nowhere)?」에서도 서영해 관련 수

수께끼를 풀 수 없었다. 그는 논문의 서문에서 작가 회의와 관련된 다양한 문서에 중국식 표기인 서영해(Sei Ring-Hai)란 이름의 중국인 참가자가 언급되고 있다고 썼다. 서영해가 직접 언론과 다른 작가들에게 말한 바에 따르면, 그는 오랫동안 공산주의 지지자였으며, 중국을 떠나 파리에서 붉은 군대를 위해 일할 생각이었다고 했다.

오늘날 중국인민해방군으로 불리는 붉은 군대*는 1927년 창설되었다. 1937년 중일전쟁이 시작될 때까지 붉은 군대는 국민당 통일전선을 상대로 게릴라전을 벌였으나, 일본 제국이 중국을 침공하면서 중단했다. 1934년 10월, 공산당 당원들과 붉은 군대 소속의 병사들은 국민당 군대를 피하기 위해 대장정을 시작했고, 마오쩌둥은 중국 공산당의 정치적인 지도자가 되었다.

유시양과 마찬가지로 나와 수지 역시 서영해가 왜 붉은 군대를 위해 일한다고 주장했는지 파악할 수 없었다. 그러는 사이 유시양은 그 정체불명의 중국인 서영해(Sei Ring-Hai)가 의도적으로 중국 국적을 취득한 조선인 서영해라는 사실을 알게 됐다. 유시양은 서영해가 망명생활을 하면서도 조국에서 일어나고 있는 상황을 정확하게 관찰하고 있었고, 항상 자유를 위한 투쟁을 지지했으며 모든 전체주의 정권

---

* 붉은 군대는 중국공산당의 옛 당군(黨軍)으로, 공식 명칭은 중국공농홍군 또는 홍군이다. 영어 표기는 Chinese Red Army이다. 일반적으로 붉은 군대 또는 적군은 소비에트 연방의 정규군을 지칭한다.

에 반대하는 글을 썼다고 정확하게 밝혔다. 서영해는 결코 평화주의의 길에서 벗어나지 않았으며, 실종되어 죽음을 맞이할 때까지 고수했던 유교 사상에 충실했다. 그렇다면 이 '중국인'은 과연 누구였을까?

유시양은 계속해서 "우리는 1937년 7월 8일 자『라 보즈(La Voz)』잡지에서 서영해와 관련된 기사를 발견할 수 있었다."라고 말했다. 저널리스트 안토니오 오테로 세코(Antonio Otero Seco)는 '반파시스트 중국인 작가' 서영해에 대해 다음과 같이 썼다.

여기 서(Seu)가 있다. 그는 회의 중간 휴식 시간에 프랑스어로 유창하게 말했다. "나는 오래전에 중국에서 떠나왔다. 그 이후 파리에서 살고 있다. 하지만 나는 나의 조국 식민지 조선과 계속 연락을 취하고 있다. 프랑스의 수도 파리에서 나는 붉은 군대와 내 조국의 다양한 정치적인 세력 및 진영을 대표하고 있다. 붉은 군대는 중국 공산주의의 정통적인 세력이고, 살아있는 세력이다. 파리에서 우리는 우리의 혁명적 사상을 나타내는 보고서를 우리 언어로 출판하고 있다. 왜냐하면 중국에서는 이러한 사상을 자유롭게 표현할 수 없기 때문이다."

오테로 세코는 글의 서문에서 당시 서영해에 대해 잘 알지 못했음에도 불구하고, 인터뷰에 응한 그를 "어쩌면 중국 신세대 작가들 가운데 최고일 것이다."라고 칭찬했다. 인터뷰 말미에서 오테로 세코는 '중국에 있는 혁명적인 지식인들의 과업'에 대해 설명하는 서영해의 말을 인용했다. 그는 그 지식인들을 대신해 한문 자필 서명으로 독자들에게 인사를 전했다. 서영해는 단순히 농담을 한 걸까? 어쨌든 그것은 그에게 어울리지 않은 행동이었다.

2007년 7월 5일, 발렌시아에서 국제 작가 회의의 자료를 소개하는 전시회가 열렸다. 전시된 자료에는 특히 칠레의 파블로 네루다(Pablo Neruda), 프랑스의 쥘리앵 방다(Julien Benda), 대한민국의 서영해(Sei Ring-Hai)의 사진들이 포함되어 있었으며 이후 유시양은 다른 방향으로 연구를 하다가 서영해의 실제 이력을 접하게 됐다. 유시양은 "서(Sei)는 다국어 구사자로 중국어를 포함하여 7개 언어를 능숙하게 했다."라고 썼다.

그러나 서영해는 자신을 중국인이라고 느끼는 것이 불가능해 보였다. 조선들인은 매우 공동체주의적이고 민족주의적인 종족이기 때문이다. 그리고 '붉은 군대의 대표' 서영해를 둘러싼 모든 것이 한층 더 복잡해졌다. 다음 두 가지 이유에서 그는 중국 공산당의 친구가 될 수 없었기 때문이다. 첫째, 1927년부터 1937년까지 10년 동안 공산주의자들은 중국 국민당에 맞서 싸웠던 농촌의 게릴라였다. 당시 대한민국 임시정부는 대체로 중국 국민당을 지지했기 때문에 자신을 국민당원들과 동일시한 서영해는 분명 공산당원들에 대해서는 반대했을 것이다. 둘째, 우리는 서영해와 황순조 부부가 파리로 가는 도중 상하이에서 헤어졌다는 것을 이미 알고 있다. (저자 주석: 서영해는 전쟁이 끝난 후 부산 출신 중학교 교사인 조선인 여성 황순조와 결혼했다.) 당시 서영해가 중국 공산당과 가까웠더라면 아마 공산당으로부터 다른 대우를 받았을 것이다. 따라서 잡지 『라 보즈(La Voz)』와의 인터뷰에서 통역사가 서영해의 말을 제대로 전달했다면, 서영해가 중국에 대해 말한 모든 것이 의심스러워 보였을 것이다. 기자와 알베르토 로메로 같은 회의 참가자들이 자신의 말을 오해하지 않았다는 가정하에, 서영해는 우리가 여기서 더 이상 파헤칠 수 없는 몇몇의 역사적인 사실, 정치적인 사실을 감추기 위해 스스로 자신을 '중국의 혁명적 공산주의자'라고 명확하게 말했을 것이다.

어쩌면 서영해는 자신이 조선인으로서 왜 중국 국적을 취득했는지 그 이유를 설명하는 것이 너무 복잡하다고 느꼈을지도 모른다. 당시 중국으로 이주한 조선인들 대부분, 특히 상하이에 거주했던 조선인들은 일본 경찰의 감시를 피하기 위해 중국으로 귀화했다. 그리고 서영해처럼 프랑스로 여행할 수 있기 위해서는 중국 여권이나 다른 외국 여권이 필요했다. 일제 상섬기에는 더 이상 조선의 여권이 존재하지 않았기 때문이다.

이진명(전 프랑스 리옹3대학 교수)은 대한민국 임시정부에 관한 기사에서 "프랑스 조계지에 살고 있던 많은 조선인 망명자들은 혁명적이고 볼셰비키적으로 간주되었다."고 썼다. 그럼에도 조선인 망명자들과 중국 국민당 사이의 관계는 좋았다. 특히 장제스가 일본 제국의 침략에 맞서 싸우기 위해 공산당 당원들과 동맹을 맺기로 선언한 이후 더욱 그랬다. 국민당과 붉은 군대 사이의 내전은 제2차 중일전쟁 동안 중단되었다. 1940년부터 대한민국 임시정부 청사는 1938년 중국이 수도로 정한 충칭에 자리하고 있었다. 1939년 장제스는 대한민국 임시정부를 공식 인정했고 1940년 9월 17일 한국광복군이 충칭에서 창설되었다. 하지만 단지 339명으로 구성된 한국광복군은 사실상 중국군의 일부였다. 중국 국민당은 조선의 독립운동을 위한 모델이 되었으며, 이후 국민당 정부는 임시정부의 '한국광복군'을 지원했다. 이 모든 것이 서영해가 왜 중국인으로 자처했는지를 이해하기 위한 요소들이다. 그럼에도 붉은 군대와 중국 공산주의에 대한 그의 전략적인 발언들은 여전히 수수께끼로 남아 있다.

또한 고려해야 할 것은 1920년대와 1930년대 초반 공산주의 사상이 매우 인기가 있었고, 1940년 전쟁 중에 서영해가 조소앙에게 보낸 편지에 소비에트 연맹에 대한 그의 호감이 나타나 있다는 점이다. 하지만 정치적 성향을 떠나 모든 사람의 목표는 조선의 독립을 되찾는 것이었다. 서영해는 1945년 8월 프랑스 잡지 『스 수아(Ce Soir)』와의 인터뷰에서 40만 명이 조국 조선을 떠나 중국과 함께 일제의 점령에 맞서 투쟁을 계속했다고 강조했다.

유시양은 그의 글을 다음과 같이 마무리했다.

서영해는 지식인들에게 과학적 진보를 공자의 도덕 철학과 결합할 것을 촉구하며 인터뷰를 마무리했다. 분명한 것은 서영해는 회의에 참석한 다른 참가자들만큼 그렇게 열정적이지 않았고, 무분별한 폭력을 지지하지도 않았다. 그럼에도 불구하고 그의 글은 망명과 언어의 장벽으로 인해 전체적으로 받아들여지지 못했다. 영구적인 망명생활에서 그의 영혼은 세계 어느 나라에도 적합하지 않았다. 우리는 단지 서영해가 그의 두꺼운 안경 뒤에서 그리고 역사의 망각 속에서 그가 바라는 평화를 찾기 바랄 뿐이다.

서영해의 평화를 방해할지라도, 수지와 나, 우리는 '역사의 망각'에서 서영해를 구해 보려고 한다.

앞서 언급한 칠레의 작가이자 칠레작가협회의 부회장인 알베르토 로메로는 그의 책 『스페인은 별로다』에서 서영해를 여러 차례 언급했다. 로메로가 하룻밤 묵을 곳이 없다는 사실을 깨달았을 때 한 청년이 로메로를 자신의 방으로 데리고 갔다. 그 청년은 로메로에게 침대를 내주고 자신은 소파에서 잤다. 이 일화에 대해 그는 "서(Seu), 온화한 미소와 예리한 관찰력을 지닌 상냥한 서영해(Seu Ring-Hai)"라며 멘트를 남겼다. "대단하다. 정말 대단하다. 이 스페인 사람들이여!"

또 한번은 젊은 스페인 군인 한 명이 서영해에게 중국은 어떻고, 사람들이 무엇을 생각하는지 물었다. 서영해는 통역을 통해 한 자유로운 중국인이 일본 점령군에 의해 억압당하고 있는 자신의 조국에 대해 말할 수 있는 모든 것을 설명했다. 젊은 민병대원은 서영해의 말을 듣고 나서, 잠시 생각하더니 웃었다. 그리고 그는 멕시코 과달라하라에서 희생된 6,000명의 사망자가 없었다는 듯이 서영해를 안심시켰다. "그렇게 나쁘지는 않다. 우리는 파시스트들과 함께 그곳에 가서 일본인들을 제대로 응징해 줄 것이다."

조선의 동화 '우림',
서영해가 다시 이야기하다

~

우림은 전설적인 산, 백두산 기슭에 있는 그림같이 아름다운 호수이다. 북한 땅에 있는 이 신비로운 화산산은 중국과 국경을 이루고 있는 장백산맥의 중심에 위치한 가장 높은 봉우리이다. 몇천 년 전, 이 호숫가에 한 젊은 은둔자가 살고 있었다. 그 청년은 호수의 이름과 같은 우림이란 이름을 가지고 있었고, 열정적으로 피리를 불면서 살았다. 그의 연주는 너무나 아름다웠고, 그는 피리 연주자로서 이루 말로 다할 수 없는 명성을 얻었다. 그의 피리에서 흘러나오는 선율이 너무나 매혹적이어서 옥황상제의 분노조차 진정시킬 수 있을 정도였다.

음력 8월 15일의 어느 날 밤, 보름달이 우주를 하얀 빛으로 물들였다. 한껏 들뜬 바람이 고요한 호수 표면을 쓰다듬듯이 불었다. 농화 같은 대자연의 상관에 취한 우림은 그날 밤 물가에 갔다. 바위 위에 웅크리고 앉아 자신을 잊은 채 그는 피리 연주에 몰두했다. 피리 소리가 너무나 달콤해서 호수 물가 근처에 있는 모든 물고기가 곧 우림의 발치에 모여들었다.

그때 갑자기 호수 한가운데서 거칠고 사나운 소리가 터져 나오고, 밝은 빛이 번개처럼 물 위를 휩쓸었다. 놀랍게도 우림은 자신 앞에 무릎을 꿇고 있는 어리고 아름다운 소녀를 보았다.

소녀는 "나는 전능한 신에게 죄를 지어 추방된 하늘의 선녀입니다."라고 말했다. "당신의 피리 연주에 이끌려 여기에 왔습니다. 제발 나를 불쌍히 여겨 당신의 아내로 삼아 주세요!"라고 소녀는 애원했다.

아직 한 번도 여자의 애정을 받아 본 적이 없었던 우림은 이 소녀의 간절한 말에 깊이 감동했다. 그는 기꺼이 그녀의 간청을 받아들였다. 그리고 그날 이후, 이 젊은 부부의 삶에는 완전한 행복만이 있었다.

초여름이었다. 계속되는 가뭄에 사람들은 곳곳에서 불평을 했다. 샘에는 더 이상 마실 수 있는 물이 없었고, 논은 완전히 말라 버렸으며, 식물은 말 그대로 탄 상태로 죽어 갔다. 심지어 호수의 물도 눈에 띄게 줄어들어 불쌍한 물고기들이 허우적거리는 바닥이 훤히 드러나 보였다. 사람들은 밤낮으로 자비로운 신 옥황상제에게 기도를 올렸다. 자연을 자신보다 더 사랑했던 우림은 이 끔찍한 불행을 가슴 깊이 새겼다. 그의 아내는 처음부터 이 가뭄으로 인해 힘들어했고, 식욕을 잃었다. 그녀의 건강은 너무 악화되어 더 이상 침상에서 일어날 수조차 없게 되었다. 어느 날 저녁, 우림은 그녀의 침대 모서리에 앉았다. 아내를 밤 동안 지켜보기 위해서였다. 아내가 아프기 시작한 이후 매일 밤 그렇게 하고 있었다. 하지만 피로에 지친 그는 깊은 잠에 빠져들었다.

다음 날 아침 일찍, 우림은 그의 아내가 사라진 것을 알아차렸다. 놀라서 아내를 찾으러 집을 나서려던 순간, 그는 탁자에서 무언가를 발견했다. 아내가 남긴 편지였다.

"용서해 주세요, 오, 저를 용서해 주세요! 저는 호수를 지키는 물고기입니다. 오래전 저는 당신의 매혹적인 피리 소리에 매료되어 지상에 있는 당신을 만나기로 결심했습니다. 전능하신 신께서는 황송하게도 보름달이 열여덟 번 뜰 동안 제가 지상에 머물 수 있도록 허락해 주셨습니다. 그러나 그 기간이 지나도 저는 호수로 돌아가지 않았습니다. 저를 벌하기 위해 우주의 주인이 이 끔찍한 재난을 지상에 내리셨습니다. 죄 없는 백성들을 사랑하기에 그리고 당신과 저의 생명을 구하기 위해, 저는 오늘 밤 슬픈 마음으로 호수로 돌아갑니다. 보름달이 뜨고 하늘이 진한 푸른빛을 띨 때, 그리고 한껏 들뜬 바람이 고요한 호수 표면을 쓰다듬으면, 피리를 들고 호숫가에 와서 당신의 훌륭한 연주를 들려주세요. 아침 첫 햇살에 장미가 빛날 때, 당신의 사랑스러운 얼굴을 호수의 부드러운 물결에 비춰 주세요. 이것이 제가 진심으로 바라는 유일한 것입니다."

이 놀랍고 믿을 수 없는 편지를 읽자마자 우림은 절망에 빠져 흐느껴 울었다. 그의 탄식의 메아리는 온 나라에 퍼졌으며, 곧 온 나라에 비가 내리기 시작했다. 이후 우림은 슬픔에 잠긴 채 항상 호수 주변을 배회하며, 그의 사랑스런 아내를 보길 바랐다.

어느 날 밤 다시 보름달이 떠올랐다. 공기는 향기로운 내음을 가득 품고 있었고, 부드러운 산들바람이 호숫가의 갈대를 간지럽히고 있었다. 우림은 우울한 기분에 빠져 들었다. 슬픔에 가득 찬 채 그는 물가를 걷고 있었다. 우림은 피리를 불고 싶어졌다. 그의 연주는 슬픔의 탄식으로 가득했다. 그 소리가 너무나 천상적이어서 우림 자신도 그 소리에 취했다. 바로 그 순간, 우림은 호수 한가운데서 그의 아름다운 아내가 자신을 부르는 목소리를 들었다.

그날 밤 호숫가에는 한없이 슬픈 사랑의 드라마가 펼쳐졌다.

다음 날 아침 일찍 일어난 목동들은 호숫가에서 우림의 피리와 그의 신발을 발견했다. 그 슬픈 소식을 전해 들은 주변 마을 사람들이 몰려와 피리의 신 같았던 우림을 찾기 위해 호수를 샅샅이 뒤졌다. 하지만 우림은 보이지 않았다.

그날 이후 보름달이 뜨면 호수에서는 아름다운 피리 소리가 들렸고, 가뭄이 닥치면 호숫가에서 자비로운 신께 비를 내려 달라고 간청해야 했다. 그리고 위대한 우림에 대한 기억을 간직하기 위해 더 이상 그 누구도 이 호수에서 물고기를 잡지 않았다.

이별

～

　어느 저녁 시간, 모처럼 서영해는 정치적인 업무가 없이 여유로웠다. 엘리자베스는 남편 서영해에게 『거울, 불행의 원인』에 나오는 동화를 들려 달라고 했다. 그녀는 외국인 억양으로 말하는 남편의 부드러운 프랑스어를 좋아했다. 서영해는 책에 소개된 이야기들을 통해 아내에게 자신의 조국의 역사적 그리고 문화적인 배경을 설명할 수 있었다. 엘리자베스는 특히 청년 우림과 황량한 화산에 둘러싸인 호수 우림, 사랑했던 여자가 솟아오른 호수, 하지만 다시 돌아갈 수밖에 없었던 호수에 관한 애틋한 동화를 좋아했다.

　때때로 엘리자베스는 이 동화가 그녀 자신과 남편 서영해와 어떤 관련이 있는 것같이 느껴지기도 했다. 두 사람 다 아름답지만 냉혹한 도시 파리에 있는 이방인이었고 격동적인 세계사의 한가운데 놓여 있었다. 서영해가 엘리자베스에게 그의 조국에 관한 동화를 읽어 줄 때, 그녀는 남편의 눈에 서린 슬픔을 잘 이해할 수 있었다. 그녀 역시 친숙함 속에서 느끼는 편안함이 못내 그리웠기 때문이다. 비엔나의 친숙한 언어와 친숙한 문화가 물론 현재 어느 정도 훼손되었다 할지라도 말이었다. 엘리자베스는 우림이 사랑했던 여자처럼 그녀도 곧 자신의 고향인 오스트리아로 돌아가야 함을 느꼈지만, 그렇다고 자신이 사랑하는 사람을 나치의 소용돌이 속으로 끌어들일 수는 없었다. 어떻게 그러겠는가? 아시아인은 나치-오스트리아의 인종 규준에 맞지 않았다.

프랑스 파리에 있는 두 사람은 점령당한 자신들의 조국을 경악 속에 바라보았다. 언제든지 폭발할 수 있는 화산과 그 잔해가 떨어져 홍수를 일으킬 수 있는 호수의 고요한 물결을 숨죽이며 바라보는 것은 분명 그들 사이에 하나의 끈을 만들어 주었다. 그러나 그것만으로는 충분하지 않았다. 그들은 같은 처지가 아니었다. 엘리자베스는 언제든지 돌아갈 수 있었지만, 서영해는 갇혀서 아무 데도 갈 수 없는 처지였다. 그녀가 본질적으로 비정치적이고, 주로 예술에만 관심이 있었음에도, 자신의 조국 오스트리아에서 벌어지고 있는 일에 대해서는 서영해와 상반된 감정을 가지고 있었다. 사실 오스트리아가 나치에게 무고하게 침공을 당했다고 할 수만은 없었다. 정말 많은 사람들이 나치 독일을 기쁘게 두 손 들고 환영했다. 이와 달리 서영해는 애국심에 불탔고, 오스트리아와 달리 식민지 조선은 실제로 무고한 희생자였다. 비록 일부 조선 사람들은 일본 점령군에게 순응해 목숨을 부지하고 있음에도 말이다. 현재 조선에서 순응하고 살거나 망명하는 것 외에 달리 무엇을 할 수 있겠는가?

결국 엘리자베스와 서영해는 헤어졌다. 추측건대 엘리자베스가 일방적으로 오스트리아에서 이혼을 신청했을 것이다. 왜 헤어졌는지, 그 이유는 영원히 알 수 없다. 조선에서 벌어지는 일에 집착하는 서영해에게 짜증이 났을까? 서영해가 엘리자베스의 예술 세계에 충분한 관심을 보이지 않았기 때문일까? 서영해가 볼 때 그녀는 너무 비정치적이고, 세상 일에 관심이 없는 것 같았을까? 그녀는 자신이 결코 그의 세상의 일부가 될 수 없다는 것을 깨달았을까? 그 반대는?

엘리자베스는 시국이 몰아세우는 곳이면 어디든지 이승만을 따라 나섰던 프란체스카 도너와 성격이 달라도 너무 달랐다. 그녀는 전쟁이 다가오고 있음을 직감하고, 오스트리아인으로서 적국의 땅에 갇혔을 때의 두려움에 미리 떨었던 걸까? 아니면 사랑과 낯선 것에 대한 매력이 일순간 사라져 버렸던 것일까? 그것은 아주 평범하면서도 결코 흔하지 않은 이야기에 대한 설명일 것이다. 서영해의 유품에 엘리자베스 브라우어와 찍은 결혼 사진이나 그녀의 사진이 한 장도 없었다는 것이 눈에 띈다. 엘리자베스의 유품에도 마찬가지였다. 두 사람은 서로의 삶에서 흔적도 없이 사라졌다. 하지만 엘리자베스 브라우어는 분명한 흔적 하나를 지닌 채 오스트리아로 되돌아갔다. 바로 아들 스테판이었다.

2019년 봄, 나와 수지는 엘리자(엘리자베스의 애칭)의 슬로베니아 친구들 가운데 한 사람을 만났다. 그 친구와 나눈 대화에서 엘리자가 조선의 독립 투쟁을 위한 서영해의 열정에 함께할 수 없었고, 또 그와 함께 있는 것이 그녀에게 "지루할 뿐이었다"는 것을 확인했다. 엘리자는 친구들에게 조선인 남편이나 아들의 존재에 대해 언급하지 않았다. 이 부분에 대해 그녀는 매번 애매모호하게 얼버무렸다. 때때로 그녀는 베트남 출신의 남자에 대해 이야기했다. 슬로베니아의 수도 류블랴나에서 온 예술가 친구들은 엘리자를 카리스마 넘치는 드라마틱한 인물로 묘사했다. 그녀는 특출나게 아름답지는 않았지만 항상 모든 사람의 시선을 끌었다. 아마 그녀의 다정하고 내성적인 남편 서영해 역시 이러한 엘리자와 계속해서 잘 지내는 것이 쉽지 않았으리라.

두 사람이 헤어진 것은 늦어도 1939년 봄이 틀림없을 것이다. 왜냐하면 서영해는 엘리자베스가 임신했다는 사실을 그때까지 모르고 있었기 때문이다. 부모님이 있는 오스트리아의 비엔나로 돌아온 엘리자베스는 그해 9월에 아들을 낳았다. 그녀가 남은 삶을 아들의 생부 서영해와 함께하지 않겠다고 결심한 것은 분명하다. 그리고 서영해는 그에게 아들이 있다는 사실을 전혀 알지 못했다.

2019년 서영해에 관한 책을 출판한 작가 정상천은 서영해와 엘리자, 두 사람의 관계에 로맨틱한 조명을 비추면서 한 편의 드라마 시리즈처럼 묘사했다.

오스트리아에서 파리로 유학 온 엘리자는 프랑스 파리에서 외
롭게 자비로 근근히 생활하면서 독립운동을 하고 있던 노총각
서영해에게 잠시나마 삶의 행복을 맛보게 해준 여인이었다.
[중략] 세계사의 풍랑에 휩쓸려 서영해와 엘리자베스의 결혼
생활은 한여름 밤의 꿈처럼 끝나버렸다.

디디

～

    스테판 칼 알로이스 솔가시 서(Stefan Karl Alois Solgasi Seu)는 1939년 9월 20일 오스트리아의 비엔나에서 태어났다. 제2차 세계대전이 발발한 지 20일째 된 날이었다. 비엔나시의 가족관계등록부가 발행한 출생증명서에 따르면, 스테판의 어머니는 엘리자베스 서(브라우어), 아버지는 영해 서(Ring-Hai Seu)로, 두 사람은 1937년 2월 11일 비엔나에서 결혼한 것으로 등재되어 있다. 비엔나시의 가족관계등록부는 1939년 1월 1일부터 혼인뿐만 아니라 종교청으로부터 넘겨받은 출생과 사망에 관한 기록도 담당하고 있었다. 스테판의 출생과 관련된 모든 행정 절차는 엘리자베스의 어머니, 즉 스테판의 외할머니가 맡아 처리했다. 딸이 아이의 아버지와 헤어진 것에 대해 엘리자베스의 부모가 어떻게 반응했는지 알 수 없지만, 분명 딸을 다시 곁에 두게 되어 기뻤을 것이다. 머지않아 '오스트마르크'*와 프랑스 사이에 전쟁

---

* 오스트마르크는 1938년 나치 독일이 오스트리아를 병합한 이후 나치 지배 하에 1942년까지 사용한 오스트리아의 명칭이다.

이 임박했다는 점에서 더 그랬다.

　1939년 5월 1일, 이른바 오스트마르크 법이 통과되었다. 이 법에 따라 오스트리아 수상의 권한이 오스트리아 나치당의 국가대리관에게 넘어갔다. 나치가 권력을 장악한 후 비엔나는 수도로서의 지위를 박탈당했고, 그 결과 나치 독일의 행정 구역상 대관구 및 국가대관구라고 불리는 지역에 위치한 나라들과의 관계 역시 끊어졌다. 수도는 오로지 베를린이었다. 케른트너 출신의 오딜로 글로보츠닉이 비엔나 나치 대관구의 첫 번째 지도자이자 수상으로 임명되었으나, 같은 해에 친위대(SS) 경찰 사령관으로서 폴란드 루블린으로 전속되었다. 이어 요셉 뷔르켈이 글로보츠닉의 뒤를 이었고, 1940년 발두르 폰 쉬라흐가 뷔르켈을 대신하여 전쟁이 끝날 때까지 수상의 자리를 지켰다. 국가보안본부 본부장 라인하르트 하이드리히는 안슐루스(나치 독일의 오스트리아 병합) 직후 프란츠-요셉-카이에 위치한 메트로폴 호텔을 압수하여 나치의 비밀국가경찰인 게슈타포의 본부로 삼았다. 게슈타포 비엔나 지국은 1938년 이전 나치 독일 출신의 장교들을 주축으로 이뤄졌고, 약 900명의 대원으로 프라하에 있는 게슈타포 본부와 거의 같은 규모의 인력을 보유하고 있었다. 나치 독일 지도부가 도나우강 연안 지역의 주민들을 완전히 신뢰하지 못했기 때문이었다.

　1938년 3월 11일, 안슐루스 이후 오스트리아 전역에 나치의 야만적인 아리아화(化) 조치가 광범위하게 행해졌다.

유대인 소유의 상점은 급작스럽게 조직된 특별 징발대에 의해 약탈당했고, 기업과 주택은 그럴듯한 구실을 내세워 빼앗거나, 유대인 소유주를 추방한 후 곧바로 넘겨받았다. 약탈 행위가 심각해지자 결국 나치 정부는 이를 제재하기 시작했고, 오직 법에 따라서만 유대인 소유 재산 몰수를 허용했다. 하지만 피해자들에게는 아무런 차이가 없었다. 이후 국가 주도의 사유재산 몰수와 최저 가격에 따른 강제 매각은 오스트리아에 살고 있는 유대인들과 반체제 인사들에 대한 약탈이 합법적으로 행해지게 했고, 나치 정권은 그로부터 막대한 이익을 얻었다. 특히 국가는 지역과 상관없이 경제적으로 중요한 기업에 영향력을 행사할 수 있는 곳이면 어디에서나 개입할 수 있었다.

이른바 아리아화 과정에서 가구에서 예술품에 이르기까지 이동 가능한 재산은 자유롭게 판매되거나 경매를 통해 매각되었다. 비엔나 도로테움(Dorotheum)이 경매에 중요한 역할을 했다. 특별히 귀중한 물건은 대부분 박물관이나 대학에 기증되었지만, 종종 나치 정권과 친분이 있는 개인이나 정권 관리들이 싼값에 구입하기도 했다. 비엔나의 유대인 공동체는 오스트리아 수상 슈쉬니크가 계획한 국민투표, 즉 오스트리아의 독립 유지를 지시한 것에 대한 '빌'로서 50만 제국마르크(RM, 독일 제국 화폐)를 지불하도록 강요당했다. 이 금액은 모든 아리아화 수익과 마찬가지로 즉시 베를린으로 보내졌다.

1939~1940년 겨울, 나치 독일군의 징집과 집중적인 군수물자 생산을 위한 동원령으로 인해 오스트리아에 노동 인력 부족 현상이 나타났다. 이미 나치 독일군이 점령한 폴란드와 체코슬로바키아에서 온 사람들 그리고 국가 간의 협약에 따라 슬로바키아, 이탈리아, 유고슬라비아에서 온 사람들이 '외국인 노동자'로서 농업에 강제로 투입되었다.

스테판이 태어난 지 약 3개월이 지났을 때, 비엔나 뮤직 협회(Musikverein)의 황금빛으로 빛나는 홀에서 첫 신년 콘서트가 열렸다. 오늘날 이 신년 콘서트는 전 세계에서 4천만 명의 음악 애호가들이 매년 TV를 통해 시청하고 있는데 당시에는 신년 이브 콘서트(New Year's Eve Concert)라고 불렸다. 클레멘스 크라우스가 지휘한 이 콘서트의 수익금은 나치 독일의 전쟁겨울구호단체에 전액 기부되었다. 요한 슈트라우스는 새로운 권력자, 즉 나치 정권에 의해 독일의 위대한 작곡가로 칭송받았다. 유대인인 그의 출신 배경은 의도적으로 '간과'되었으며, '왈츠의 왕' 요한 슈트라우스는 비엔나 시민들에게 많은 인기를 누렸다. 비엔나 필하모닉 오케스트라에는 유대인 음악가들을 위한 자리가 더 이상 없었다. 1938년 이전에 이미 오케스트라 단원의 20%가 나치 당원이었는데, 1942년에는 거의 절반에 달했다. 신년 이브 콘서트는 비엔나 특유의 음악적 색채를 발전시키려는 목표 하에 문화 정책의 일환으로 기획되었다. 하지만 전통적으로 고급 문화적 특성을 지닌 레퍼토리에 '가벼운 음악'을 점점 더 많이 들이는 것에 대해 많은 논란이 있었고, 비엔나 필하모닉 오케스트라가 추구하는 음악에도 결코 맞지 않았다.

디디라는 별명을 가진 스테판은 젝스하우저슈트라세 19번지에 있는 외조부모님 집에서 어머니 엘리자베스와 함께 그의 어린 시절을 보냈다. 외조부모인 브라우어 부부가 스테판을 사랑으로 돌보는 동안, 엘리자베스는 비엔나 쉴러광장에 있는 조형예술 아카데미에서 무대 디자인 공부를 했고, 전쟁 후에는 로마에서 공부를 계속했다. 스테판에게 많은 영향을 끼친 중요한 사람은 외할아버지와 요리사 안나였다. 안나는 스테판의 이야기에 자주 등장했고, 그녀의 요리 솜씨는 그 어떤 여성들과 비할 수 없을 정도로 뛰어났다. 외할머니 루이제 브라우어는 1949년에 사망해서 스테판에게 있어 안나는 마치 외할머니 같았다. 1972년 외할아버지 칼 브라우어가 사망할 때까지 안나는 일찍 홀아비가 된 칼 브라우어 곁에 남아 그를 '건축가님'이라고 부르며 돌보아주었다. 칼 브라우어의 시력이 점점 나빠져 결국 그림멘슈타인에 있는 후천성 시각 장애인을 위한 요양원으로 가게 되었을 때, 안나는 그를 따라갔다. 칼 브라우어가 사망한 지 1년 후에 그녀도 사망했다.

칼 브라우어는 큰 규모의 건축 관련 발주가 없었던 세2차 세계대전 동안 생활을 겨우 유지하며 살아남았다. 1940년 그는 칼 게일링(Carl Geyling)이 남긴 유산에 대해 서명 권한이 없는 네 번째 조합원이 되었고, 8분의 1 지분으로 회사에 참여했다. 전쟁이 끝난 후 그는 바이트호펜 안 데어 타야 (Waidhofen an der Thaya) 시의 건축 감독관이 되었으며, 니더 외스터라이히(Niederösterreich) 주정부의 건축 관련 업무에 도 참여했다.

비엔나는 오스트리아의 다른 지역과 함께 오랫동안 '독 일 제국의 방공호'로 여겨졌다. '국가대관구 광역도시-비엔 나(Reichsgau Groß-Wien)' 구역이 1943년까지 연합군의 폭격 을 받지 않았기 때문에, 보다 정확히 말하면 영국군과 미군 의 장거리 폭격기 사정거리의 경계에 위치해 있었기 때문이 다. 하지만 1943년 8월 13일 비엔나 인근의 비너노이슈타트 (Wiener Neustadt)에 위치한 항공기 공장이 전혀 예상치 못한 기습 공격을 받으면서 상황이 바뀌었다. 비엔나가 처음으로 폭격을 받은 것은 1944년 3월 17일이었고, 공격의 목표는 플로리스도르프(Floridsdorf)에 있는 정유공장이었다. 1944 년 비엔나 세 지역에 대공포탑이 세워졌지만 군사적인 효용 성은 그렇게 크지 않았다. 대공포탑은 오늘날까지도 도시를 흉물스럽게 만드는 괴물로 남아 있으며, 전쟁을 잊지 않도 록 하는 기념물로 보존되고 있다. 1944년 9월 10일 비엔나 에 대한 첫 대규모 공습이 있었다. 약 350대의 미국 폭격기 가 폭탄을 투하했고, 비엔나의 행정구역 가운데 아홉 개 구 가 공격을 받아 791명이 사망했다. 10월 17일 브라우어 가 족이 살고 있던 15구 역시 폭격을 받았다. 특히 1945년 2월 19일의 공습이 잘 알려져 있는데 쇤부른(Schönbrunn) 궁전과 인근 동물원이 공격받았기 때문이다. 이 공격으로 쇤부른 동물원에 있던 3,500마리 동물 가운데 1,500마리만이 겨우 살아남았다.

하지만 독일과는 달리 오스트리아의 도시들은 재래식 폭탄과 소이탄에 의한 융단 폭격으로부터 피해를 거의 입지 않았다. 게다가 오스트리아 지역에는 독일 지역보다 훨씬 자주 항복을 촉구하는 전단지가 투하되었다. 연합군은 오스트리아를 히틀러 나치 독일에 희생된 나라로 분류하였고, 나치의 국가사회주의로부터 해방시켜야 할 나라로 생각했다. 그럼에도 1945년 3월 12일 나치 독일에 의한 오스트리아 합병 7주년 기념일에 비엔나 도심이 공격을 받았다. 비엔나 국립 오페라하우스가 불탔고, 궁정 극장, 알베르티나 전시관 및 박람회장 등이 폭격으로 심각한 피해를 입었다. 또한 예술사박물관, 호프부르크, 슈테판대성당, 폴크스테아터(국민 극장) 그리고 도시 철도 역시 큰 피해를 입었다. 나치의 게슈타포 본부, 모르친 광장에 위치한 메트로폴 호텔 그리고 비엔나 시내 수로에 있는 건물들이 파괴되었다. 원래 연합군의 공습 계획은 비엔나의 북쪽에서부터 비행해 21구 플로리스도르프 정유공장을 폭격하는 것이었다. 오늘날 군사 전문가들은 당시 폭탄이 단순히 잘못 두하되있거나, 폭격기가 이미 남쪽으로 방향을 틀고 있을 때 폭탄이 투하되었을 것이라고 생각하고 있다. 전쟁 중 비엔나에서 8,769명이 목숨을 잃었다.

추측건대 전쟁이 끝나기 전 마지막 해에 엘리자베스는 아들 스테판 디디와 함께 오버외스터라이히주의 잘츠캄머구트 지역에 있는 몬트제로 이사했을 것이다. 물자가 부족한 비엔나를 벗어나기 위해서였다. 1945년의 혹독한 겨울, 옷과 신발 그리고 비누 같은 일상 용품뿐만 아니라 난방 재료도 턱없이 부족했다. 가장 큰 문제는 식량 조달이었다. 1945년 3월과 4월 소련군이 비엔나를 점령한 이후, 시민들에게 배급되어야 할 식량이 규정대로 공급되지 않았다. 소련군이 내린 첫 번째 명령 중 하나가 식량 배급 중단이었기 때문이다. 사실 이 명령은 식량의 자유로운 거래를 다시 허용해 시민들이 스스로 식량 문제를 해결하게 하기 위한 조치였다. 그러나 시민들은 오히려 식량을 비축했고, 결국 돈으로 살 수 있는 것은 아무것도 없었다. 게다가 나치 독일군이 비엔나에서 철수할 때 대부분의 식량을 폐기하거나 약탈했다. 비엔나 시민들은 연합군, 국제 공공 및 민간 조직, 그리고 다른 국가들의 원조에 의존해야만 했다.

연합군의 점령 구역 관할 협정에 따라 비엔나가 점령 지구로 각각 분할될 때까지 비엔나 시민들에 대한 식량 공급은 소련군의 책임이었다. 1945년 5월 1일, 소련군은 압수한 식량을 다시 시민들에게 제공했다. '옥수수 기부', '스탈린 기부', 또는 '완두콩 기부'라고 불렀던 이 이벤트성 기부는 비엔나 시민들의 부족한 식량을 해결할 수 없었다. 1945년 5월 6일, 소련군은 다시 식량 배급을 시작했고, 같은 해

6월 1일부터 소련군은 비엔나 시민들에게 3개월치 식량을 확보할 수 있는 배급을 실시했다. 하지만 더 이상 무상 기부가 아니었고, 나중에 오스트리아가 되갚아야 하는 식량, 즉 '완두콩 빚'이었다. 식량은 '중노동자', '노동자', '사무원', '기타 등등'으로 나뉘어 각각 정해진 양만큼 배분되었다. 엘리자베스와 그녀의 부모 같은 사람들은 아마도 매우 적은 양만 받았을 것이다.

비엔나가 점령 구역 4개로 분할됨에 따라 브라우어 가족이 살았던 퓐프하우스(Fünfhaus)는 프랑스군의 관할 구역인 15구에 속하게 되었다. 소련군이 1945년 4월 비엔나를 점령해 주둔한 반면, 서방 연합군은 1945년 9월 1일 비엔나에 입성하였고, 연합군의 본부 역시 수도인 비엔나로 옮겼다. 분할 초기 점령 구역은 서로 엄격하게 분리되어 관리되었다. 이는 오스트리아 국민의 이동의 자유와 구역 간의 상품 및 물자 교류를 크게 제한했다. 예를 들어, 1946년 8월 16일까지 오스트리아 내 분할된 구역을 넘어 이동하기 위해서는 '연합군의 여행 허가증'이 필요했다. 또한 비엔나 내의 개별 구역은 1946년 가을까지 분리되어 있었다. 소련군 관할 구역의 경우 이러한 분리는 부분적이었지만 무려 1953년까지 유지되었다.

1946년, 오스트리아에 주둔하는 프랑스군의 규모*가 약

---

* 프랑스군의 규모는 미국군과 영국군의 약 1/7, 소련군의 1/35에 해당하는 수치였다. 1945년 말~1946년 초 오스트리아 주둔 연합군 병력은 소련

7,000명으로 줄어들었음에도 불구하고 프랑스군의 점령은 비엔나에 지속적인 영향을 미쳤다. 특히 프랑스의 문화 정책을 무엇보다 중요하게 여긴 프랑스군은 오스트리아에 프랑스 문화를 보급할 수 있는 다양한 기관을 비엔나에 설립했다. 1947년 3월에 체결된 프랑스-오스트리아 문화 협정에 따르면, 비엔나와 인스부르크에 프랑스 문화원을 설립하고 이 문화원은 파리 대학교가 운영하며 오스트리아로부터 독립된 기관임이 명시되어 있다. 이에 따라 프랑스 문화원은 1947년 11월 10일 비엔나에 문을 연 이후 오늘날까지 오스트리아에서 가장 중요한 프랑스 문화 사업 기관 중 하나로 자리 잡고 있다. 비엔나에 세워진 프랑스의 또 다른 기관은 프랑스의 8년제 중·고등학교였다. 이 학교 역시 오늘날까지 존재하며 비엔나에서 인기 있는 사립 학교 가운데 하나로 꼽힌다. (불행히도 영국으로 망명을 떠났다가 다시 비엔나로 돌아온 나의 부모님은 이 학교의 학비를 감당할 수 없었다.) 그 밖에 연합군의 비엔나 점령 기간 동안 프랑스 관할 구역에서는 이미 1945년 9월 중순부터 여러 콘서트가 개최되고 있었다. 프랑스군 군정이 콘서트를 기획하였고, 프랑스 예술가들을 오스트리아로 불러들여 무대에 세웠다.

미군이 점령한 구역은 잘츠부르크 인근 초승달 모양의 아름다운 호수 마을인 몬트제였다. 엘리자베스는 한 지인을

군 150,000명, 영국군 55,000명, 미군 40,000명, 프랑스군 15,000명이었다.

통해 그곳에 거처를 구했다. 엘리자는 아들 스테판과 함께 어느 한 성에서 살았다고 말했다. 실제로 몬트제에는 알메이다 가문이 소유한 화려한 성이 있었다. 하지만 엘리자가 허구의 이야기를 좋아하고 부풀려 말하는 경향이 있었기 때문에, 그녀와 그녀의 아들 스테판이 몬트제에서 살았던 곳은 그녀의 삶의 많은 부분과 마찬가지로 여전히 미스터리로 남아 있다. 어쨌든 나와 수지는 엘리자의 거처에 대해 더 자세히 알 수 있는 사람을 찾을 수는 없었다.

스테판은 몬트제에서 초등학교에 다녔다. 그는 어머니 엘리자로부터 거의 방치된 채 무서울 것 없는 길거리 불량 소년으로 성장했다. 그는 시골을 돌아다니며 당시 많은 아이들이 해방자로 환영했던 미군 병사들과 친하게 지냈다. 스테판은 미군 병사들이 특히 적대적인 몬트제 주민들 속에서 나름 적응할 수 있게 도와주었고, 그 보답으로 미군 병사들은 스테판에게 캐드버리 초콜릿과 미키 마우스 잡지를 선물해 주었다. 그들로부터 스테판은 처음 영어 단어들을 배웠다. 디디뿐만 아니라 엘리자베스 역시 미군 병사들과 친하게 지냈다고 스테판이 말했다. 아마 엘리자베스는 이러한 친분을 통해 식량 공급을 손쉽게 했을 것이다.

스테판의 어린 시절 친구인 롤란드 스포니는 스테판이 몬트제에서 항상 디디로 불렸다고 회상했다. 그는 또한 스테판의 어머니를 '리즐 이모'라고 부르며 다음과 같이 기억했다.

리즐 이모는 재미있었다. 이야기를 잘하고, 그림을 잘 그렸다. 그녀는 주로 중국의 용을 그렸다. 나는 엄마에게 우리 집이 리즐 이모의 집만큼 그렇게 재미있지 않다고 불평을 했다. 그러자 엄마는 화를 내며 "엘리자베스는 평생 동안 일을 하지 않았어!"라고 말했다.

몬트제에서 디디가 좋아했던 거주민들 중 한 사람은 고철상이었다. 반면에 디디가 싫어했던 사람은 몬트제에서 유일하게 자동차를 소유한, 하지만 오만하기 짝이 없던 의사였다. 디디는 새총으로 그 의사의 자동차 앞 유리를 몇 번 깨뜨렸다. 자동차 주인인 의사는 누가 범인인지 정확히 알고 있었지만, 증거가 없었다. 디디는 개구쟁이일 뿐만 아니라 인종 차별의 희생자이기도 했다. 디디의 어머니 엘리자베스는 마치 전시장의 진열품처럼 검은 머리에 검은 눈을 가진 아이를 중국인 아이처럼 꾸미는 것을 좋아했다. 그녀는 스테판의 머리를 여자애같이 앞머리를 각지게 잘라 늘어뜨린 포니 머리 스타일로 깎았고, 중국풍 재킷을 입혔다. 그 결과 스테판은 나치식으로 교육받은 시골 소년들에게 조롱받기 일쑤였고, 매번 쫓겨 다녔다. 스테판은 거의 매일 목숨을 걸고 달려야 했다. 그의 외모가 다른 소년들과 달랐기 때문이다.

1946년 3월 14일, '건축학 석사 학위를 소지한 엘리자베스 왕'은 몬트제에서 그녀의 미성년 자녀인 스테판의 '후견인'으로 선임되었다. 그녀의 어머니 루이제 브라우어가 '공동 후견인'으로 추가 선임되었다.

공동 후견인 선임은 필요했다. 엘리자베스가 아들 스테판을 거의 돌보지 않았기 때문이다. 스테판의 고통스러운 기억 중 하나는 그가 어떻게 방치된 채 자랐는지를 잘 보여주었다. 그가 여덟 살 또는 아홉 살 때, 아니 어쩌면 나이가 더 들었을 때, 그는 비엔나에서 학교를 다녔다. 크리스마스가 다가오자 크리스마스 트리 아래에는 그를 위한 선물과 편지가 놓여 있었다. "사랑하는 스테판, 나는 로마에 있어. 곧 돌아갈게. 뽀뽀, 엄마가." 하지만 '곧'은 2년이나 걸렸다. 결국, 스테판은 엄마 없이 혼자가 되었다. 이런 스테판을 불쌍히 여긴 외할아버지 브라우어는 외손자에게 돈을 쥐여 주면서 로마로 향하는 기차에 태웠다. 하지만 스테판은 로마의 테르미니역에서 그의 어머니를 만나지 못했다. 어렸을 때부터 어려운 상황에 익숙했던 스테판은 기차역에서 밤을 보냈고, 다음 날에야 어머니 엘리자베스가 나타났다. 하지만 그녀는 스테판을 그녀의 친구들에게 데려갔다. 일주일 후 친구들한테서 스테판을 다시 데려온 엘리자베스는 아들 스테판을 비엔나로 향하는 기차에 태웠다. 그전에 엘리자베스는 스테판에게서 아버지 브라우어가 외손자한테 쥐여 준 돈을 빼앗았다.

외할아버지와 외할머니의 집에서 스테판은 예술에 대

한 사랑을 키웠다. 그의 일상에는 비엔나 공방 스타일의 고급 가구와 예술품도 있었고, 1950년대 초 외할아버지와 외할머니의 집을 자주 드나들었던 유명한 예술가들도 있었다. 그중에는 어머니 엘리자베스의 친구인 화가이자 조각가 그리고 무대 디자이너 허버트 아라튐(Hubert Aratym) 이 있었고, H. C. 아트만과 프리덴스라이히 훈데르트바서 도 있었다. 훈데르트바서는 전쟁이 끝나고 배고프고 굶주 렸던 시대에 자신의 그림을 영양가 있는 수프 한 그릇과 맞바꾸기도 했다.

어린 시절을 힘들게 보낸 스테판이 반항적인 청소년이 된 것은 당연한 결과였다. 사춘기가 되자 스테판은 가족과 함께 식사하는 것을 거부하고, 음식 접시를 들고는 자기 방 으로 들어가 버렸다. 그는 비엔나시의 행정구역 가운데 노 동자 계층이 많이 살고 있던 오타크링구와 헤르날스구를 전전하던 청소년 갱단에 가입했다. 스테판이 가입한 갱단이 어느 술집에서 또 다른 경쟁 갱단과 마주칠 때, 누군가 "뭐 야, 왜 그렇게 멍청하게 쳐다봐?"라고 말하면, 그들은 함께 술집을 부수고 또 서로를 공격했다.

몬트제에서 초등학교를 졸업한 후, 스테판은 비엔나에 서 여러 학교를 다녔고, 프랑스 고등학교에도 얼마간 다녔 다. 아마 그가 살았던 젝스하우저슈트라세가 프랑스군의 관할 구역에 위치해 있었기 때문이었을 것이다. 하지만 그 는 프랑스어를 한마디도 할 줄 모르는 상태에서 이 엘리트

사립 학교에 보내졌다. 스테판은 비슷한 처지의 또래 학생과 함께 뒷자리에 앉았고, 그가 이해한 것은 오직 기차역이란 단어뿐이었다. 그의 성적표는 점수 대신 평가가 기록되는 프랑스 방식이었는데, 그가 나쁜 학생이었고, 특히 교사들 사이에서는 인기가 그렇게 좋지 않았음을 보여 주었다. 오직 역사 선생님만이 그를 좋아해 줬고, 그의 성적표에 좋은 평가를 써 주었다.

오스트리아 국민들은 1955년까지 미국으로부터 구호 물품 패키지를 받았다. 오스트리아에 제공된 구호 물품 패키지는 총 100만 개로 999만 달러에 달했다. 비엔나가 전쟁이 끝난 직후 유럽에서 가장 굶주린 대도시로 분류되었기 때문이다. 당시 1인당 평균 식량 공급량은 980칼로리였고, 사망률은 1930년보다 세 배나 더 높았다. 구호 물품 패키지에 포함된 계란은 분말 형태로 제공되었다. 이런 상황에서 요리사 안나는 브라우어 가족에게 제대로 된 음식을 차려 주기 위해 농부들에게서 힘겹게 계란을 구했다. 하지만 엘리자베스는 다른 계획을 가지고 있었다. 그녀는 계란을 슬쩍 훔쳐, 자신의 머리카락에 발랐다. 머리에 윤기를 내기 위해서였다. 결국 브라우어 가족은 계속해서 분말 계란에 만족해야 했다.

스테판이 16살이 되었을 때, 엘리자베스는 다른 사람들에게 아들 스테판을 자신의 약혼자라고 소개했다. 스테판이 얼마나 곤혹스러웠을지 상상이나 할 수 있을까? 나중에 그녀는 아들 스테판과 같은 해에 태어난 화가와 함께 살았다.

고등학교 졸업시험 마투라와 관련된 스테판의 어리석은 행동이 엘리자베스를 화나게 했다. 그녀는 유언장에서 아들 스테판의 상속권을 박탈한 이유 가운데 하나로 이 사건을 언급했다. 스테판은 어머니 엘리자베스에게 롤란트 마투라슐레(Maturaschule Roland)*에서 고등학교 졸업시험 마투라에 합격했다고 거짓말을 했다. 엘리자베스는 크게 기뻐하면서 스테판을 위해 축하 파티를 열어 줬다. 그 파티에서 스테판은 고등학교 졸업시험 합격은 말할 것도 없고, 그 시험에 응시조차 하지 않았다는 것에 대해 단 한마디도 하지 않았다. 아무것도 모르는 엘리자베스는 스테판이 운전면허 시험에 합격했을 때, 자동차 뷰익**을 선물했다. 꽉 끼는 바지, 뾰족한 구두, 포마드 머리 스타일, 그리고 이 자동차와 함께 그는 틀림없이 소녀들에게 꽤 멋져 보였을 것이다. 그가 실내 디자인을 공부했던 응용예술대학에서는 아마 다르게 옷을 입었을 것이다. 당시 스테판이 공부했던 과정은 고등학교 졸업장이 필요하지 않았지만 그는 학업을 끝내지 못했고, 학위 역시 받지 못했다.

엘리자베스가 스테판에 대해 지속적으로 분노했던 두 번째 이유는 스테판의 이혼이었다. 그녀는 아들 스테판의

---

* 오스트리아의 사설 교육 기관으로 고등학교 졸업시험 또는 대학 입학 자격 시험을 준비하기 위한 과정을 제공한다.
** Buick, 미국 제너럴 모터스(GM)의 고급 브랜드 자동차이다.

결혼을 막으려고 애를 썼지만 스테판은 결혼을 고집했다. 22세의 나이에 스테판은 어느 남성 의류점에서 경리로 일하는 에타 쾨니히(Etha König)라는 여성과 결혼했다. 스테판은 어머니 엘리자베스에 대한 반항심에서 그리고 젝스하우저 슈트라세에서 벗어나기 위해서 결혼을 한 것이 아닐까.

수지의 여동생 스테파니(Stefanie)의 다락방에서 에타가 디디에게 보냈던 많은 편지가 발견됐다. 사랑했던 디디에게 보냈던 편지들, "견디기 힘들게 했던 스테판"에게 보냈던 편지들이었다. 스테판은 에타를 '계집애', '작은 인어', '갓난애', '위키', '메디' 등의 애칭으로 불렀다. 그 편지들은 에타가 주로 가족과 함께 오스트리아, 이탈리아 그리고 유고슬라비아에서 휴가를 보낼 때 쓰여졌다. 너무 어렸고 아마 서로에게 잘 맞지 않았던 두 사람이 사랑의 행복과 고통으로 가득 채운 편지들이었다. "우리 사이에는 처음부터 싸움이 있었다." 에타가 쓴 편지들 가운데 한 편지는 시어머니 엘리자베스가 며느리 에타에게 어떤 파괴적인 영향을 끼쳤는지 보여 주고 있다. 엘리자베스가 에타에게 소녀들이 스테판의 뒤꽁무니를 쫓아다닌다고 말하면서, 스테판의 수첩에 소녀들의 주소가 60개나 적혀 있다고 했다. 질투에 시달린 에타는 화가 나서 그녀 자신이 아마도 61번째 여자가 틀림없을 것이라고 편지에서 결론지었다.

결혼 약 7년 후 에타의 요리 실력이 안나의 요리 실력 못지않게 좋아졌음에도 스테판은 에타의 돌봄에 싫증이

났다. 결국 1967년 6월 7일, 스테판은 짐을 싸서 이사했다. 이혼 문서에는 스테판이 "가정으로 돌아오라는 에타의 반복적인 요구를 무조건 거부했다"고 하면서, 그가 지금 "낯선 곳으로 향하고 있다"고 명시하고 있다. 스테판은 이혼 재판에서 패했고, 에타에게 위자료 12,000실링을 지불해야 했다. 불쌍한 에타는 자살을 시도했다.

하지만 그러는 사이 스테판의 삶에는 이미 다그마 (Dagmar)라는 여성이 들어와 있었다.

중국과 연결되다

~

　　엘리자베스가 중국의 모든 것에 그렇게 열광하는 이유
는 아마도 한 중국인 남성과의 관계 때문이었을 것이다. 그
남성은 오스트리아 니더외스터라이히주의 조그만 마을 그
림멘슈타인에 있는 재활센터 호흐에그(Hochegg)에서 어시
스턴트 의사로 일하고 있던 폐질환 전문의였다. 1945년 10
월 10일 엘리자베스는 벨스(Wels)시에서 중국인 식닝 왕(Sik
Ning Wong)과 호적상 결혼을 했다. 당시 31세로 결핵 말기
였던 그는 병원에서 감염되었으나, 나치 의사들로부터 적절
한 치료를 받지 못했던 것 같다. 외국인이라는 이유로 그는
페니실린 처방을 받지 못했을 것이다. 스테판은 이후 성인
이 되었을 때도 중국 광저우 출신의 이 남성을 생생하게 기
억했다. 그는 스테판이 어렸을 때 양아버지 역할을 하려고
노력했었다. 스테판은 흰 가운을 입은 날씬했던 그 남성의
사진을 평생 소중히 간직했다.

　　1945년 10월 23일, 식닝 왕과 엘리자베스 왕은 스테판
의 이름 변경을 다음과 같이 신청했다.

"나, 엘리자베스 왕은 1945년 10월 10일 식닝 왕 박사와 결혼했습니다. 1939년 9월 20일 첫 번째 남편 영해 서(Ring Hai Seu)와의 사이에서 스테판 칼 알로이스 서(Stefan Karl Alois Seu)라는 아들이 태어났습니다. 그는 현재 6살입니다. 그의 친아버지는 아들 스테판을 돌보고 있지 않고 있습니다. 그리고 나, 식닝 왕 박사는 내 아내의 아들에게 나의 성(姓)을 물려주고, 그를 친자식처럼 키우고 싶습니다. 오스트리아 법에 따르면, 나는 아직 40세가 되지 않았기 때문에 입양이 불가능합니다. 나는 중국 국적자이며, 중국의 관습에 따라 상속인이 될 이 아이는 유언자인 나의 성을 따라야 합니다. 나는 현재 심각한 폐질환을 앓고 있으며, 40세까지 살아남지 못할 것을 우려하고 있습니다. 우리 두 사람, 식닝 왕 박사와 엘리자베스 왕은 미성년 자녀인 스테판 서의 이름을 스테판 한 닝 왕으로 변경하는 것에 합의했습니다. 이에 따라 이름 역시 바뀌어야 합니다. 왜냐하면 이름을 바꾸는 것 역시 중국 관습에 따른 것이기 때문입니다. [중략] 나, 식닝 왕 박사가 심각한 질병으로 인해 가까운 시일 내 사망할 위험이 있으므로, 이 신청서가 최대한 신속하게 처리되기를 바랍니다."

식닝 왕 박사는 1945년 11월 14일 사망했다. 1946년 4월 12일 자 서한을 통해 오스트리아 오버외스터라이히 주정부는 엘리자베스 왕에게 아들의 성을 사망한 남편 가족의 성인 한 닝 왕으로 변경하는 것을 승인했다고 알렸다. "아이가 현재 미성년자로 수입이 없기 때문에 수수료는 면제입니다." 그 순간부터 엘리자베스의 아들은 스테판 칼 알로이스 한 닝 왕이라는 이름으로 불리게 되었고, 나이 15세가 될 때까지 중국 국적을 가졌다. 1954년 5월 3일, '상속인이자 미망인' 엘리자베스 왕은 "미성년 자녀인 아들의 후견인 자격으로 스테판을 위해 오스트리아 국적 획득을 신청했다." 스테판은 오스트리아 사람이 되었고, 1975년에 비로소 자신의 이름을 스테판 왕으로 줄여 사용했다.

아버지 서영해도 그리고 그의 아들 스테판도 모두 '여권 서류상 중국인'이었다는 것은 분명 아이러니하다. 스테판의 초록색 중국 여권은 1945년 당시 오스트리아에 중국 영사관이 없었기 때문에 프랑스 파리에서 발급되었다. 따라서 서영해와 스테판의 부자상봉은 파리, 바로 그곳에서 서류상으로나마 이뤄졌을 것이다. 스테판은 청소년 관람 불가 영화관에 들어가기 위해 이 여권을 사용했다. 신분증을 제시해야 할 때 중국 여권을 기분 좋게 제시하면서 통과하곤 했다.

식닝 왕 박사의 시신은 화장되었다. 엘리자베스의 친구들은 엘리자가 비엔나로 놀아온 후 식닝 왕 박사의 유골함이 젝스하우저슈트라세에 있는 집 선반에 놓여 있었다고 했다. 당초 엘리자베스의 계획대로, 그녀가 사망한 남편 왕 박사의 부모님이 있는 중국으로 갈 방법을 찾았는지에 대해서는 알려진 것이 없다. 식닝 왕의 부모는 부유했다. 아마도 은행가 집안이었을 것이며, 이것이 엘리자베스가 병으로 죽어가는 식닝 왕 박사와 성급하게 결혼을 서둘렀던 이유가 될 수 있을 것이다. 결국 스테판은 식닝 왕 박사의 상속인으로 지정되었다.

중국의 왕씨 가족은 엘리자베스가 식닝 왕 박사와 결혼한 것을 매우 진지하게 받아들였고, 엘리자베스와 그녀의 아들 스테판(한 닝 왕)을 그들의 대가족에 받아들였다. 1946년 10월 홍콩의 왕씨 가족으로부터 받은 첫 번째 편지가 있었다. 스테판에게 자신들을 '삼촌'이라고 밝힌 식닝 왕의 형제들은 식닝 왕이 죽기 직전에 전보를 받았다. 그 전보에서 중병에 걸린 식닝 왕이 형제들에게 자신의 임박한 죽음을 알렸다. 식닝 왕은 형제들에게 필요할 경우 아내 엘리자베스와 아들 스테판을 재정적으로 도와 달라고 부탁했다.

'삼촌'들은 편지에서 1월에 국제적십자를 통해 스테판의 어머니에게 1,600달러를 송금했다면서, 그녀가 돈을 받았다고 알려주지 않은 것에 대해 '실망'했다고 적었다. 그러면서 앞으로는 송금한 돈을 받은 즉시 항공 우편으로 알려 달라고 요청했다. 그들은 또한 몇 달 전에 스테판의 사진을 받았는데, 편지가 들어 있지 않아 '실망했다'고 썼다.

1949년 9월 스테판에게 보낸 편지에서 삼촌들은 홍콩에서의 사업이 잘 안 되고 있어서 스테판과 그의 어머니를 도와줄 수 없다고 했다. "우리와 너희 두 사람이 서로 멀리 떨어져 있어도 언제나 너와 너의 어머니를 생각할 것을 약속할게. 그리고 우리 사업이 좋아지면 곧 너와 너의 어머니를 다시 도와주도록 할게." 중국 공산당이 권력을 잡은 이후, 미국과 미국의 동맹국들이 중화인민공화국에 대해 경제제재를 가했고, 그 결과 홍콩의 무역과 경제 부흥에도 부정적인 영향을 끼쳤다.

스테판 역시 중국의 왕씨 가족에게 편지를 쓰기 시작했다. 그는 삼촌에게 중국의 아동용 책을 요청했다. 1950년 삼촌은 스테판에게 공부하는 데 재정적인 도움이 필요할 경우 할아버지의 형제(종조부와 종조모)에게 연락하라고 권했다. 그러면서 홍콩에 있는 윙청은행(Wing Cheung Bank)에서 일하고 있는 종조부모의 주소를 알려줬다. 이는 부유한 배경을 말하고 있는 것 같기도 했지만, 그들 역시 경제적으로 좋아 보이지 않았다. 삼촌들은 자신들도 어려워서 도와줄 수가 없다면서 수차례 미안해했다.

스테판은 그의 '사촌 형' 소-센 왕(So-Sen Wong)과 편지를 주고받았다. 사촌 형은 자신을 스테펜이라고 부르면서, 1954년 스테판에게 다음부터는 프랑스어가 아닌 영어로 편지를 써 달라고 부탁했다. 그가 프랑스어를 못했기 때문이다. 그의 동생은 챔밍 왕(Cham Ming Wong)이었나. 스테판과 왕씨 형제는 서로 우표와 작은 선물을 교환했다. 스테판이 합격했다고 주장하는 고등학교 졸업시험에 대해 사촌 형제는 진심으로 축하해 줬다. 그러는 사이 대만에 살고 있는 스테펜은 스테판에게 보낸 편지에서 "이제 네가 성인이 되었구나."라고 썼다.

엘리자베스가 얼마나 자주 중국의 왕씨 가족에게 편지를 보냈는지 우리는 알 수 없지만, 확실한 것은 그녀는 돈을 요청할 때마다 편지를 썼을 것이다. 이것에 대해 성인이 되어 가고 있는 스테판은 점차 양심적으로 부끄러움을 느끼기 시작했다. 1953년 10월 식닝 왕의 형제, 즉 중국의 시아주버니가 엘리자베스에게 보낸 답신에서, 그녀가 폭풍으로 인한 집 피해를 복구하기 위해 재정 지원을 요청했고, 20파운드 스털링(Pound Sterling)을 받았다는 것을 알 수 있었다.

어머니 엘리자베스가 중국의 왕씨 가족들에게 자신의 친아버지가 누구인지 분명하게 밝히지 않자, 성인이 된 스테판은 자신의 출생과 관련된 모든 사실을 밝히기로 결심했다. 1957년 6월 그는 중국에 있는 사촌 형제들에게 편지를 썼고, 사촌들은 크게 당황했다. 챔밍 왕은 1957년 6월 28일 스테판에게 다음과 같이 냉정하게 답장했다.

나는 방금 받은 너의 편지를 읽고 놀랐고 충격을 받았다. 너는 식닝 왕이 너의 아버지가 아니고, 엘리자베스 왕이 결코 그와 결혼한 적이 없다고 썼다. 식닝 왕이 1944년 우리에게 쓴 편지에서 자신이 죽어 가고 있고, 아내와 5살 된 아들이 있다고 했기 때문에 이 모든 사실이 매우 의아하다. 식닝 왕은 유언장에서 우리에게 자신이 죽은 후 아내와 아들을 도와 달라고 부탁했다. 그리고 그는 유언장 끝에 네가 보낸 봉투 뒷면에 있는 것과 같은 주소를 덧붙였다. 그때부터 우리는 엘리자베스 왕이 요청할 때마다 항상 재정적으로 지원했다. 더 자세한 내용을 알려 주면 정말 고맙겠다. 식닝 왕의 진짜 아내는 누구였고, 식닝 왕이 아들을 남겼는가? 엘리자베스 왕은 너의 어머니인가? 식닝 왕, 엘리자베스 그리고 너 셋 사이에는 어떤 관계가 있는가? 너의 외할머니는 아직 살아 계신가? 식닝 왕은 편지에서 그의 아내에게 어머니가 있고, 아내가 외동딸이라고 말했다. 위 질문에 대한 너의 답변과 너의 아버지에 대한 정보를 기다린다.

1957년 7월 12일 자 편지에서 스테펜은 마음을 가라앉히고 다음과 같이 썼다.

네가 보낸 편지를 받고 우리는 큰 충격을 받았단다. 네 편지에 대해 내가 얼마나 혼란스러워했는지 적합한 말로 표현할 수 있으면 좋겠다. 하지만 일주일이 지나면서 처음 불쾌했던 마음이 조금씩 가라앉았고, 이제 다시 편안해졌단다. 한 닝(스테판의 중국 이름), 우리가 신 외에 누구를 신뢰해야 할까? 대답은 네가 사랑하는 너의 어머니이다. 선생 중에 모두가 고통을 겪었단다. 바로 그 한가운데 어린아이를 둔 젊은 여성이 있었고 말이야. 그들에게 무슨 일이 일어났을까? 제2차 세계대전 당시 생계를 유지하는 것은 결코 쉬운 일이 아니었단다. 네가 쓴 내용이 사실이라면, 너의 어머니는 왜 너에게 그 사실을 말하지 않았을까? 너의 외할아버지가 너에게 이 사실을 말해 줬니? 아니면 안나가? 왜 너는 네 어머니보다 다른 사람들의 말을 더 믿는 거니?

나는 삼촌과 고모로부터 식닝 삼촌에 대해 많은 것을 들어 알고 있단다. 그는 유명한 의사였고 많은 업적을 남겼다고 하셨지. 나는 삼촌이 오스트리아 비엔나에 가서 네 어머니를 만났다는 것을 알고 있었다. [중략] 네 어머니가 보낸 편지에는 식닝 삼촌이 스테판 네가 태어난 날 같은 시간에 사망했다고 쓰여 있었다. 참 이상한 일이지. 그렇지 않아? 또 네 어머니가 보낸 편지에는 "하루도 삼촌을 생각하지 않은 날이 없다."고 쓰여 있었다. 네 어머니가 삼촌을 얼마나 사랑했던가. 나는 네게 단 하나만 묻고 싶다. 네가 왕씨 가족의 일원이 아니라면 어떻게 왕이라는 성을 가지게 되었는가? 나는 네가 아직 아기였을 때 찍은 사진을 가지고 있단다. 고모 이메이는 오래전에 너에 대해 많은 이야기를 해 줬었다. 약 10년 전 네 어머니가 너와 함께 이곳 중국으로 오려고 했었다는 말을 들은 적도 있다. 도대체 왜였을까? 너는 지난 과거에 무슨 일이 있었는지 알 만큼 충분한 나이가 되었단다. 어떤 어머니가 자기 아들에게 이렇게 중요한 사실을 숨길 수 있단 말인가? 나는 상상할 수가 없다. 네 어머니가 더 이상 결혼하지 않았으니, 네가 알게 된 것이 사실이라면, 네 어머니가 더 이상 너를 속일 필요가 없을 것이다.

나는 '영해 서(Ring Hai Seu)'가 일본식 이름이라고 생각하지
않는다. 오히려 나에게는 중국식 이름 같아 보인다.

너는 왜 네 어머니에게 그냥 물어보지 않았니?

거의 불가능해 보이지만, 그래도 그것이 사실이라면, 너의 죄
도, 나의 죄도 아니란다. 왜냐하면 우리 둘 다 그 사실에 대해
몰랐기 때문이다. 하지만 우리 사이에는 친척 관계는 아니더
라도 진정한 우정이 존재한단다. 그렇지 않아? 나는 이것을 꼭
알아야 한단다. 그리고 네가 나를 그렇게 냉정하게 대하거나
나를 아저씨라고 부르지 않았으면 좋겠다.

스테판이 볼 때 어머니 엘리자베스와 식닝 왕 그리고
자신과의 관계가 중국의 왕씨 가족에게 충분히 설명이 된
것 같았다. 스테판과 왕씨 가족의 편지 교환이 1960년대 초
까지 쭉 이어졌기 때문이었다. 스테판이 결혼한 후 에타도
중국 왕씨 가족의 일원이 되었다. 스테펜은 에타를 "사랑하
는 자매"라고 불렀다. 그들은 엘리자베스를 '어머니', 또 가
끔은 '사랑하는 어머니'라고 불렀다. 중국이나 비엔나에서
만날 가능성에 대한 이야기가 종종 오갔지만, 결국 실현되
지는 않았다. 심지어 스테펜은 독일어를 배우기 시작했고,
오스트리아에 성착할 생각까지 했다. 이와는 반내로 엘리사
베스 역시 중국에서의 삶을 꿈꾸었다. 1958년 3월, 스테펜
은 '숙모 엘리자베스'에게 보낸 편지에서 고급 서양 의류를
대만으로 수출하는 것을 생각해 볼 수 있다고 썼다. 또한 대

만에 양복점을 설립하는 것도 고려하고 있다고 했다. 스테펜은 엘리자베스에게 대만 사람들이 그녀를 따뜻하게 맞이해 줄 것이라고 확신시켜 줬다. 그는 많은 외국인들이 대만에서 편안하게 느끼고 있으며, 현대 중국은 더 이상 과거의 중국과 같지 않다고 말했다. 그리고 릴리(Lilly), 추측건대 챔밍 왕의 아내가 보낸 편지에 "시아버지께서 말씀하셨어요. 당신이 여기에 오시면 사립 가정경제 학교에서 의상 디자인 선생님으로 일하실 수 있다고요. 왜냐하면 그 학교 교장이 전에 시아버님의 선생님이셨기 때문입니다."라고 썼다.

스테판은 기묘한 이야기를 기억한다. 그 기억이 사실이 아니라면 상상일 것이다. 스테판이 아직 어렸을 때, 어느 날 엘리자베스는 중국으로 이민을 가기로 결심하고 옷가방을 챙겼다. 몬트제에서 그들은 중국으로 가기 위해 기차에 올랐다. 엘리자베스를 배웅하기 위해 모인 친구들은 기차역에서 울고 있었다. 그다음에 일어난 일은 스테판의 기억에서 사라졌다. 그는 나중에 자신이 그날 밤 다시 몬트제에 있는 그의 침대에 누워 있었다는 것만 알았다.

분명한 것은, 중국 국적의 스테판이 한 번도 중국을 방문한 적이 없었다는 것이다.

다그마

~

    독일 하노버 출신으로 열여덟 살인 다그마 스텝케 비센더는 양부모와 함께 쾰른에서 살았다. 그녀는 응용예술대학에서 건축학을 공부하기 위해 오스트리아 비엔나로 왔다. 스테판과 다그마는 실내건축가 소울렉 교수의 수업을 같이 들었다. 다그마는 벨베데레 궁전 근처에 있는 나이 든 아랍인 집의 재임대된 방에서 살았다. 그 방에 들어가기 위해서 그녀는 거리에서 창문 위로 올라간 다음 집주인의 침실을 살금살금 지나가야 했다.

    다그마와 스테판은 독일 쾰른으로 가면서 서로를 좀 더 알게 되었다. 스톡홀름 가구 박람회에 가는 길이었던 스테판과 스테판의 학과 친구는 다그마에게 독일 쾰른까지 시트로엥의 소형차 2CV를 함께 타고 가자고 제안했다. 자동차의 떨어지는 성능 때문에 여행은 느렸지민 그민큼 더 재미있었다. 피크닉 바구니에 있던 먹을거리는 이미 니더외스터라이히의 남서쪽 도시 암슈테텐에서 다 먹어 치웠고, 이제 남은 것이라곤 팝콘뿐이었다. 그들은 다음 날 새벽 이른 시간에 쾰른에 도착했고, 다그마의 이모이자 양어머니는 피곤에 지친 세 사람을 위해 서둘러 아침 식사를 준비했다. 흥분한 다그마는 칼과 포크를 집어 들고 잼을 바른 빵을 입에 넣었다. 다그마의 양어머니는 스테판이 입은 검은 가죽 재킷 때문이었는지 '와일드 왕'보다는 스테판과 같이 온 학과 친구가 다그마에게 더 잘 어울리고, 사윗감으로 더 적합할 것 같다고 생각했다. 그러나 곧 자신이 나서서 할 수 있는 일이 없음을 알아챘다. 스테판의 학과 친구 역시 예측할 수 없게 시작된 두 사람의 관계가 적절하지 않다고 생각했다. 당시 다그마는 다른 사람과 연애를 하고 있었기 때문이다. 충격을 받은 스테판의 학과 친구는 두 사람과 교우 관계를 끊었고, 이후 스테판의 장례식에서야 당시 자신의 엄격했던 고집스러움에 대해 사과했다. 그때는 1968년 이전이었고, 비엔나에서는 아직 모든 것이 더디게 흘러가고 있었다.

학창 시절 스테판은 생계를 위해 다양한 학생 아르바이트를 했다. 그는 코카콜라 회사에서 운전사로, 도심 호텔에서 야간 수위로, 소시지 공장에서 운전사로 일했다. 그 결과 스테판은 나중에 가족들이 정육점에서 소시지를 사지 못하게 했다. 자신이 소시지 공장에서 봤던 것을 결코 잊을 수 없었기 때문이다.

1969년 '와일드 왕(스테판)'과 '무츨(다그마의 애칭)'은 관례에 따라 결혼했다. 비엔나 시청의 가족관계등록부에서 호적상으로 결혼하고, 먼 친척 베르타 빈더스가 살고 있는 소도시 필젠의 성 파이트(St. Veit) 가톨릭 교회에서 결혼식을 올렸다. 사실 이 결혼식은 앞뒤가 맞지 않았다. 신부는 개신교도였고, 스테판은 가톨릭 교회에서 탈퇴했기 때문이다. 하지만 스테판과 먼 친척 관계인 베르타는 이 결혼식으로 나름 기쁨을 누려야 했다. 베르타의 부모님은 조각가였는데, 1930년대에 니더외스터라이히주 필젠의 성 파이트로 이주하였다. 그곳에서 대농장을 사들인 베르타의 부모는 세계 대공황*의 여파로 힘들었던 시기에 농사를 지으며 어렵사리 살았다.

미혼인 막내딸 베르타는 고양이, 개, 닭, 거위, 당나귀 한 마리, 그리고 각각 이름이 붙여진 여덟 마리의 소를 키우며 사는 농부였다. 또한 그녀는 다양한 나이대의 위탁 아동들을 돌보았는데, 그 아이들 가운데 스테판도 있었다. 당시 청소년이었던 스테판은 단지 베르타와 시간을 보내기 위해 비엔나에서 성 파이트까지 자전거를 타고 긴 거리를 다녔다. 베르타는 그녀가 소유하고 있던 성 파이트 땅을 스테판에게 선물했다. 1980년대에 스테판과 다그마는 그 토지 위에서 믿을 수 없을 만큼 놀라운 일을 해냈다. 바로 300년 된 농가를 다시 짓는 일이었다. 두 사람은 슈타이어마르크 주의 바이춰에서 이 오래된 농가를 보고 반한 나머지 구입했고, 필젠의 성 파이트에서 다시 짓기 위해 낡은 농가를 조

각조각 분해해 옮겼다. 숲속 한가운데 자리한 이 목조 가옥은 그야말로 보석이었다. 농촌의 최고급 골동품으로 가득 차서 마치 동화 속에 나오는 집 같았다. 벽돌 바닥, 요리와 난방을 위해 석재로 쌓아 올린 화덕, 그리고 이 층 위에까지 걸쳐 있는 타일 벽난로 2개가 있었다. 스테판의 가족은 이곳에서 많은 주말을 보냈고 휴가를 즐겼다. 아직 그 누구도 '유기농'에 관해 이야기하지 않았던 시절, 스테판과 다그마 가족은 과즙을 만들기 위해 몇 주 동안 나무에서 떨어진 과일을 주워 모았고, 소시지도 직접 만들었다. 그리고 베르타를 도와 건초를 만들고, 소 축사의 일을 도왔다.

1969년 말, 스테판은 다그마가 임신했다는 소식을 들었을 때 어쩔 줄 몰라 하며 말했다. "어이쿠, 무슬, 이제 내 인생은 끝났구나!" 하지만 그는 정말 헌신적인 아빠가 되었다. 반면, 아들로서 스테판은 1970년 5월 12일 딸 수지가 태어나기 전에 이미 어머니 엘리자베스와 연락을 끊기로 결심했다. 그는 어머니의 끊임없는 이간질에 힘들어했다. 엘리자로 불린 엘리자베스는 다그마에게 스테판의 불행했던 전부인 에타에 관한 이야기를 끊임없이 속삭여 스테판과 다그마 사이에 불화를 부추겼다. 이전에는 세 사람이 온전히 함께하는 일도 있었다. 하지만 엘리자베스는 이미 에타 때와 마찬가지로 다그마와 스테판을 이간질하기 위해 애쓰는 것처럼 보였다. 아들 스테판이 어렸을 때 그리고 청소년 때는 거의 방치하다시피 돌보지 않았으면서 말이다. 다그마는 비엔나에서 유명한 예술 갤러리 타오를 운영하고 있는 시어머니 엘리자베스의 말을 믿었다. 그녀 역시 엘리자베스의 현혹적인 영향력에서 벗어나지 못했다.

엘리자베스는 그녀의 아버지 칼 브라우어로부터 젝스하우저슈트라세에 있는 건물을 물려받았다. 그 건물에는 비어 있는 아파트가 있었다. 스테판과 다그마가 아파트를 찾고 있을 때에도, 엘리자는 아들 부부에게 비어 있는 아파트 가운데 하나를 제공하는 것에 관심이 없었다. 오히려 엘리자는 "너희는 똑똑하고 젊은 사람들이다. 너희는 분명 살 집을 찾을 수 있을 거다."라고 말하며 거절했다. 스테판은 다시 한번 어머니에게 화를 냈다. 어떻게 어머니가 이럴 수 있는가!

수지가 태어난 직후, 스테판과 다그마 부부는 커다란 아틀리에 창문으로 비엔나 주택가의 지붕들이 다 보이는 오타크링구의 다락방 아파트를 구했다. 다그마는 그들의 상상력에 따라 집을 바꾸고 파리의 분위기를 더했다. 그들은 오래된 가구와 현대적인 가구를 섞어 조화롭게 했다. 1970년대에 유행했던 것처럼, 주황색 카펫을 깔고 원시림 무늬의 특이한 커튼을 달았다. 물론 몇 달 후 도저히 감당할 수 없어서 결국 떼 내고 말았지만 말이다. 당시 오타크링은 전형적인 교외 지역이었다. 왕씨 가족이 살았던 세기 말 건물은 전쟁으로 심하게 파손되었다. 하지만 계단과 바닥 타일은 옛 모습을 어렴풋이나마 짐작게 했다. 7층까지 올라가

면 방과 부엌 그리고 조그만 별실로 된 원룸이 있었고 복도
에 화장실과 손을 씻을 수 있는 곳이 있었다. 그리고 그 지
역에는 음식점과 술집이 있었다. 2007년까지도 건물 안에
있는 한 아파트에는 수돗물이 공급되지 않았다.

　이 건물에 사는 거주자들은 다양했다. 1층에는 90세의
하우스너 부인이 살고 있었다. 그녀는 은퇴한 매춘부였고,
수지에게 초콜릿을 슬쩍 쥐여 주곤 했다. 하지만 다그마는
초콜릿에서 벌레를 발견하고는 즉시 빼앗았다. 80세의 돌레
칼 부인이 살고 있는 아파트에는 수돗물이 공급되지 않았
다. 그녀는 방 두 개에서 여러 명의 아이들을 키워 냈다. 언
제나 유쾌한 성격의 수녀인 그녀의 여동생은 정기적으로 돌
레칼 부인을 찾아왔다. 또한 매주 토요일마다 붉은색과 흰
색 체크무늬 셔츠 차림으로 등산용 지팡이를 들고 아내와
함께 비엔나 숲을 순례하는 시내 트램 운전사도 있었다. 그
리고 그 아래층 아파트에는 고다이 씨가 살고 있었다. 그는
아파트 문 앞에서 솔과 헝겊으로 신발을 닦곤 했다. 그는 항
상 머리에 망사를 쓰고 있었고, 수지가 지나갈 때마다 새로
운 속담을 알려 주곤 했다. 그의 아내는 알코올 중독자였지
만, 가끔 수지를 돌봐 주었고 맛있는 케이크를 구웠다. 늘
술에 취해 있는 그녀는 매일 밤낮으로 잠옷 가운을 입고 있
었고, 꽤 거친 말투를 사용했다. 이에 비해 항상 정장 차림
인 그녀의 남편은 점잖게 말을 했다. 비엔나 사람들이 말하
듯이 그는 표준어로 말했다.

얼마 지나지 않아 스테판은 아래층에 비어 있는 아파트를 임대하고, 두 명의 직원과 함께 건축 사무소를 설립했다. 다그마도 그 사무소에서 일했다. 나중에 수지와 여동생 스테파니는 그곳에서 놀기도 하고 그림도 그렸다. 1970년대 중반 스테판은 다그마와 함께 골동품 가게를 열었다. 스테판은 집 청소하는 일을 맡았다. 1981년에 둘째 스테파니가 태어난 후, 다그마는 아이들 때문에 오전에만 가게를 운영하고, 오후에는 딸들과 함께 시간을 보냈다. 그리고 일요일 오전에는 뛰어난 스케이터였던 다그마가 아이들을 데리고 스케이트를 타러 갔다. 비엔나의 14구에 있는 작은 스케이트장, 시에서 운영하는 스케이트장, 그리고 나중에는 비엔나 스케이트협회에서 운영하는 스케이트장에서 스케이팅을 즐겼다. 다그마는 수지를 임신하며 중단했던 아카데미에서 마침내 학업을 마쳤다. 오후에 스테판은 두 딸과 함께 다그마를 데리러 아카데미에 갔다. 다그마는 어떤 일이 있어도 학업을 마치고 졸업장을 받고자 했다. 딸 수지는 "엄마, 도대체 언제 졸업을 하는 거야?" 하면서 신경질적으로 물었다.

스테판과 달리 다그마는 학업을 마치고 졸업하는 데 성공했다. 스테판은 끝내 학업을 마치지 못했다. 그는 아카데미에서 해야 하는 하찮은 것들에 질린 나머지 학업을 중도에 포기했다. 게다가 그는 돈을 벌어야 했다. 그래서일까. 후에 그는 딸 수지가 학업을 중단하는 것을 결코 허락하지 않았다. "끝을 내라. 끝까지 해라!"가 그의 주문이었다. 그는 자신이 학업을 마치고, 학위를 가졌더라면, 삶이 훨씬 더 쉬웠을 것이라고 수지에게 명심시켰다. 당시 건축가로서 설계도에 서명하려면 학위가 필요했고 그 때문에 스테판은 항상 그런 학위를 가진 동료와 함께 일해야 했다.

수지가 기억하는 어린 시절 다그마의 말투는 주위에 있는 다른 비엔나 사람들과 달랐다. 다그마는 독일 하노버 출신으로, 가장 순수한 표준 독일어를 사용하는 곳에서 자랐다. 비엔나 방언을 사용하는 스테판이 다그마의 말투를 좋아하지 않았기 때문에 다그마는 곧 빠르게 비엔나 방언인 비너리쉬를 배웠다. 하지만 독일 친구들과 전화 통화를 할 때는 곧바로 이전에 사용하던 표준 독일어로 바뀌었다. 수지의 부모는 서로를 너무나 사랑했지만, 종종 다투었다. 스테판은 다른 사람들과 화목하게 잘 지낼 수 있는 사람이 아니었다. 그리고 그는 종종 슈타이어마르크주에 있는 건설 현장에 머무는 동안 바람을 피운 적도 있다. 그때 다그마는 집에서 아이들을 돌보고 있었다. 그녀는 스테판의 재킷에서 귀걸이를 발견해 남편이 바람 피우는 것을 알게 되었다. 다그마는 두 딸의 엄마이자 가정주부로서 남편에게 할 수 있는 한 충실하려고 했다. 그녀는 스테판이 저지른 잘못을 이해해 보려 시도했다. 두 사람은 다시 화해했지만, 다그마는 결코 남편의 외도를 완전히 용서하지는 않았다.

1987년 수지의 부모는 비엔나 서쪽에 단층집을 구입

했다. 앞쪽으로는 차량이 빈번하게 다니는 하디크가세(Hadikgasse)를 향하고 있었고, 뒤쪽으로는 아름다운 정원이 있어 조용한 휴식 공간을 제공하는 집이었다. 다그마와 스테판은 길게 뻗은 위층 공간을 미학적으로 세련된 주거 공간으로 개조했다. 수지는 오타크링에 있는 옛 아파트에 얼마 동안 더 살았고, 부모님이 그녀 대신 월세를 지불해 줬다.

1991년 10월 29일, 다그마는 집 근처 하디크가세를 건너던 중 자동차에 치여 사망했다. 그녀의 나이 46세였다. 당시 수지는 21살, 여동생 스테파니는 10살이었다. 가족에게 큰 슬픔이었다.

수지는 어머니 다그마의 죽음이 자살이라고 확신했다. 다그마가 뇌혈관 폐색으로 인해 우울증을 앓고 있었기 때문이다. 가족이 필젠의 성 파이트에 있는 별장에 머물고 있던 어느 일요일, 그녀가 우울증을 앓고 있다는 사실이 밝혀졌다. 처음에는 심한 두통을 앓았고, 그런 다음 욕실에서 얼굴이 일그러진 채 있던 다그마를 수지가 발견했다. 수지는 처음에는 장난인 줄 알았다. 수지의 생일이었기 때문에 수지는 친구들과 함께 축하하기 위해 곧 시내로 돌아갔다. 스테판은 다그마를 비엔나로 데려갔고, 병원에서 수술이 불가능한 뇌의 어느 곳에 뇌혈관이 막혔다는 진단을 받았다. 이 일 이후 다그마는 우울증과 병의 재발에 대한 두려움에 끊임없이 시달렸다. 체중이 크게 줄어들어 결국 40kg가 되었다. 밤에는 잠을 잘 수 없었고, 심지어 더 이상 장을 보러 집을 나서지도 못했다. 그녀가 마지막 희망으로 찾은 것은 동종요법 의사였다. 하지만 수지가 볼 때 그는 믿을 수 없는 사이비 의사였다. 다그마의 장례가 치러진 날 그 의사로부터 2만 실링 이상의 청구서가 날아들었다.

스테판은 다그마의 자살을 믿지 않았다. 오히려 뇌혈관 폐색 재발로 인해 생긴 사고라고 생각했다. 하지만 다그마가 건넜던 서쪽으로 향하는 도로는 차량 통행이 특히 많았으며, 차량들이 빠른 속도로 질주하는 곳이었다. 신호등, 교차로, 횡단보도가 설치되어 있지 않아 차량들이 속도를 늦추지 않는 곳이었다. 아무도 이 도로에서는 길을 건너지 않았다. 너무 위험하기 때문이다. 다그마는 바로 이 차도에서 무릎을 꿇고 엎드린 자세로 쓰러져 있었다. 수지는 충돌한 사람이 무릎을 꿇고 엎드린 자세로 쓰러질 수 없다고 생각했다. 다그마가 죽기 전에 자신의 물건을 정리하고, 스테판을 위해 가게에 있는 모든 물건에 표시를 해 두었다는 것 역시 그녀의 자살을 뒷받침하고 있었다. 다그마가 죽기 직전, 세탁기가 없는 수지가 빨래를 하러 부모님 집에 왔을 때, 다그마는 수지에게 "앞으로는 스스로 해결하는 방법을 배워야 한다."라고 말했다.

자동차와 충돌한 직후 다그마는 아직 살아 있었다. 하지만 구급차가 사고 현장에 도착할 때까지 시간이 오래 걸렸고, 결국 자동차와 충돌할 때 받은 충격으로 사망했다. 의사는 부상이 그렇게 심하지는 않았다고 밝히면서, 일주

일간 중환자실에 입원하면 살릴 수 있었을 텐데 하고 안타까워했다. 하지만 그녀는 더 이상 살고 싶어 하지 않았다. 한번은 다그마가 스테판에게 약품 상자에 있는 모든 약을 다 먹고 다시는 깨어나지 않았으면 좋겠다라고 말했다. 그 후 스테판은 몇 주 동안 욕실 바닥에 매트리스를 깔고 잠을 자고, 일하러 가지도 않았다. 사고 이틀 전 다그마가 괜찮아진 것 같아 보였고, 스테판은 처음으로 다시 건설 현장으로 갔다. 다그마는 "그냥 가세요. 난 괜찮아요." 하고 남편에게 말했다.

엄마 다그마의 죽음은 아마도 열 살짜리 스테파니에게 가장 끔찍했을 것이다. 스테파니는 엄마의 치맛자락에 매달려 자주 울 정도로 겁이 많고 수줍음이 많은 아이였다. 어디서든 활달하게 잘 어울렸던 수지와 달리 스테파니는 같은 또래 아이들에게 먼저 '안녕' 하고 말을 걸지도 못했고 또 아이들로부터 '안녕'이라는 인사를 받아 보지 못했을 정도로 숫기가 없었다. 다그마는 스테파니가 어렸을 때 자신과 닮았다고 말했다. 스테파니는 수년 동안 엄마의 죽음에 대해 말하지 않았다. 수지는 가끔 그녀에게 사진을 보여 주면서 엄마의 죽음에 관해 이야기해 보려고 했지만 스테파니는 거절했다. 돌이켜 보면 스테판과 자신이 큰 실수를 저지른 것이라고 수지는 생각했다. 다그마의 죽음을 감당하기 너무 힘들었던 두 사람은 우선 스테파니에게 엄마가 병원에 입원해 있다라고 안심시켰다. 하지만 스테파니의 친구 중 하나가 다그마의 죽음에 관해 들었다면서 떠들어 댔다. 스테파니가 스테판과 수지에게 이 사실을 묻자 두 사람은 벼락에 맞은 듯 처음에는 할 말을 잊고 말았다. 두 사람은 진실을 털어놓아야 했다. 스테파니는 아무 말도 하지 않았고, 단지 욕조에 몸을 담그고 싶어 했다. 다그마는 아름다운 보석 상자를 가지고 있었다. 수지는 엄마의 보석 상자의 보석을 함께 정리하면서 동생과 대화를 나눌 수 있기를 바랐다. 하지만 소용이 없었다.

스테파니는 아빠 스테판과 언니 수지가 자신에게 엄마의 죽음을 말하기 전에 생각할 시간이 필요했다는 것을 지금은 이해한다. 그녀도 그렇게 행동했을 것이다. 스테파니는 당시 분명하진 않지만 누구에게 특히 화가 났는지 기억하고 있다. 그것은 그녀에게 갑자기 닥친 이해할 수 없는 일에 대한 분노였다.

크리스마스 기간 스테판은 두 딸을 데리고 쿠바로 여행을 떠났지만 슬펐다. 다그마가 여행을 많이 좋아했고, 결혼 초에 함께 여행을 자주 다녔기 때문이다. 그들은 유고슬라비아, 독일, 이탈리아, 튀르키예 등 여러 곳에서 휴가를 보냈다. 하지만 최근 몇 년 동안 스테판은 건설 현장에 집중하면서 가족 여행을 위한 시간을 내지 못했다.

다그마의 죽음에서 조금이나마 벗어나기 위해 스테판은 여행 전에 이미 비서와 관계를 맺고 있었다. 다그마와 두 딸이 항상 놀려 댔던 그 비서였다. 수지와 스테파니는 이 일로 분노했고, 아빠의 비서가 알아차릴 정도로 그녀에게 분노하고 적대시했다. 특히 스테파니가 그랬다. 비록 그 비서가 그토록 힘든 시기에 사적으로나 사무실에서 아빠에게 큰 힘이 되어 주었음에도 말이다. 세 사람 사이에 심한 다툼이 있었다. 처음에 수지는 쿠바에 함께 여행 가는 것을 거절했으나 결국 양보했다. 쿠바에서 스테판은 두 딸을 위해 끊임없이 매일 새로운 프로그램을 만들어 냈다. 14일 동안 있으면서 해변가에 간 것은 단 한 번뿐이었을 정도로 말이다. 늘 일하는 아버지만 보아 온 수지는 수영복 차림의 아버지를 그때 처음 보았다.

쿠바 여행에서 돌아온 후 스테판은 여자를 찾기 시작했다. 구혼 광고에 답하기도 했고 직접 신문에 구혼 광고를 내기도 했다. 그렇게 해서 그는 내 사촌 엘리자베스와 만났다. 스테판은 내 사촌을 마음에 들어 했고, 수지와 스테파니도 괜찮다고 했다. 전통적인 사고방식을 가진 스테판은 곧바로 결혼을 원했다. 공식적인 관계를 원한 것이다. 스테판의 새 아내는 능력이 있었고, 집안에 활기를 불어넣으며 스테파니를 돌보았다. 이러한 관계는 약 10년간 지속되었다.

엘리자, 어머니 그리고 할머니

～

    1970년 딸 수지가 태어난 이후 스테판은 그의 어머니 엘리자베스와 한마디도 나누지 않았다. 그녀는 2006년 12월 29일 사망했다. 하지만 다그마는 남편 스테판과 시어머니 엘리자베스가 서로 표현을 하지 않았을 뿐 서로 사랑했다고 확신했다. 수지가 10대 청소년이 되었을 때, 엘리자베스는 아들 스테판을 작품 전시회 개막식에 초대하기 시작했다. 하지만 스테판은 그 초대를 계속 거절했다. 딸 수지는 당시에 자신이 아빠에게 개막식에 갈 것을 요구했더라면 아마 아빠는 함께 갔을 것이라고 말했다.

    또한 스테판과 엘리자베스는 항상 서로의 소식을 잘 알았다. 두 사람에게 서로의 소식을 전해 주었던 사람은 몬트제 출신으로, 두 사람 모두와 친한 사람이었다. 때때로 스테판은 길거리에서 그의 어머니를 보았다. 눈에 띄게 빨갛게 물들인 머리로 인해 그냥 지나치기 어려운 모습이지만 두 사람은 서로 못 본 척했다. 스테판은 또한 어머니 엘리자베스의 애인 레오폴드 셰르쉬를 알고 있었다. 두 사람은 1964

년부터 함께 살았고, 엘리자베스가 죽기 전에 결혼했다. 레오폴드는 그저 그런 평범한 예술가였다. 그는 엘리자베스의 지도하에 유화에 집중했으며, 스스로 자신을 아쿠아 아쿠아(Aqua Aqua)라고 불렀다. 레오폴드는 1939년, 엘리자베스의 아들 스테판과 같은 해에 태어났다. 물론 스테판은 어머니와 레오폴드 두 사람의 연애를 그다지 환영하지 않았다.

스테판의 어머니 엘리자베스는 손녀 수지의 존재를 알고 있었고, 수지가 20살이 되었을 때 레오폴드의 작품 전시회 개막식에서 처음으로 손녀를 만났다. 개막식에서 엘리자베스는 수지를 손녀가 아닌 젊은 예술작품 복원가로 소개했다. 스테판은 수지 맞은편에 서 있는 어머니 엘리자베스를 '다른 편'이라고 했다. 그가 항상 부르고 싶어 하던 그대로였다. 엘리자베스 또한 손녀 수지에게 '다른 편'처럼 그렇게 실패한 인생을 살지 말아야 한다고 했다.

다그마가 죽자 스테판은 어머니 엘리자베스에게 편지로 다그마의 죽음을 알렸고, 어머니로부터 편지 한 통을 받았다. 엘리자베스는 편지에 "그녀의 마음이 눈물로 가득 찼다."라고 극적인 표현을 담아 썼다. "그녀의 마음?" 게다가 그 편지는 분홍색 편지지에 쓰여 있었다. 스테판은 다시 한 번 화가 났다.

스테판의 외할아버지 칼 브라우어는 외손자에게 비엔나 공방에 있는 롤 셔터가 달린 책장과 모든 사무 가구를 물려주었다. 귀중한 유산이었다. 비엔나 공방의 가구와 용품이 상당한 가치를 가지고 있었기 때문이다. 스테판이 공방의 물건들을 가져가려고 하자, 공증인은 이미 물건들을 가져갔다고 말하면서 스테판에게 유산을 두 번 물려받고자 하는지 물었다. 엘리자베스가 스테판에 앞서 선수를 친 것이다! 스테판은 젝스하우저슈트라세의 안뜰에서 발견한 유리를 끼워 만든 비엔나 공방의 검은색 책장을 차에 싣고 떠났다. 어느 날 수지는 비엔나의 대형 경매 회사에서 공식 경매가 끝난 후 진행되는 장외 판매에서 칼 브라우어의 아파트에서 나온 똑같은 모양의 두 번째 책장을 구입했다.

2006년 스테판의 어머니 엘리자베스가 라인츠의 요양원에 있다는 소식이 알려지자 수지는 아버지에게 할머니와 화해할 수 있는 마지막 기회라면서 할머니를 찾아갈 것을 권했다. 수지의 말이 스테판의 마음을 괴롭혔지만, 그는 끝내 그렇게 하지 않았다. 어머니 엘리자베스가 2006년 12월 29일 비엔나 카이저-프란츠-요제프 병원에서 사망했을 때, 스테판은 그동안 방치했던 가족묘지를 위해 미납금을 지불하고 묘지를 보수하게 했다. 그는 가족묘지 소유권이 공동묘지 소유로 넘어갈 위기에 처해 있다는 사실을 알게 되었다. 게다가 그는 자신이 묘지 소유자라고 생각했지만, 사실은 이미 오래전에 사망한 외증조부가 묘지 소유자라는 것도 알게 되었다. 그래서 그는 어머니 엘리자베스의 장례식에 관한 소식을 듣지 못했고, 어머니의 남편 레오폴드는 스테판에게 알리지 않았다. 스테판은 어머니의 장례식 사흘

후 우연히 공동묘지 관리인으로부터 그 소식을 알게 되었다. 그는 화가 났다. 어머니 엘리자베스는 아들 스테판에게 그의 친아버지인 서영해에 대해 끝까지 아무런 이야기도 해주지 않았다. 그녀는 그에게 그의 친아버지를 숨겼을 뿐만 아니라 그녀 자신의 장례식까지 숨겼다.

건축가인 스테판에게 묘지는 하나의 집이었다. 스테판은 말했다. 어머니 엘리자베스가 그곳에 있다. 그리고 나 역시 언젠가는 그곳으로 가게 될 것이다. 물론 그곳에는 아직 비어 있는 칸이 있다. 엘리자베스의 남편이 자신보다 앞서 세상을 떠나면, 그는 분명 그 자리를 차지할 것이다. 순간 스테판은 가족묘지에 자신의 자리를 확보하기 위해 어머니의 시신을 파내야 할지도 모른다는 생각에 휩싸였다. 그러나 그는 비용을 지불하면, 또 하나의 시신 매장을 위해 묘지를 넓힐 수 있다는 사실을 알게 되었다. 그는 이해할 수 없다는 듯이 화를 삭이면서 이 모든 상황을 받아들였다.

그러고 나서 지방 법원의 감독하에 손녀 수지가 확인할 수 있는 어머니 엘리자베스의 유언장이 추가로 공개되었다. 유언장에서 엘리자베스는 자신이 소유한 모든 예술품과 가구를 나열했고, 남편 레오폴드 셰르쉬를 유일한 상속인으로 지명했다. 그녀는 레오폴드를 "기독교적 인도주의의 의미에서 인간"이라고 칭했다. 반면 "1969년에 마지막으로 봤던 내 아들 스테판은 기독교의 부모 사랑에 대한 계명을 심각하게 어겼다."라고 말했다. "그의 냉담함, 그의 무정함, 그의 권모술수 그리고 내 아버지(건축가 칼 브라우어)로 하여금 나에게 등을 돌리게 하고 멀어지게 만든 것 등이 내가 내 아들에게 유산을 물려주지 않게 한 이유다!" 아들 스테판의 냉담함에 대해 그녀는 스테판이 고등학교 졸업시험에 합격했다고 거짓말한 것을 예로 들었다. "나에게 끔찍한 충격이었다!" 스테판의 '또 다른 매우 이상한 행동'은 엄마인 엘리자베스 자신과 신부 어머니의 반대에도 불구하고 에타 쾨니히와의 즉각적인 결혼을 주장했다는 것이었다. "당시 그는 어떤 식으로든 가족을 책임질 수 없었음에도 불구하고 말이다." 그러면서 그녀는 계속해서 아들 스테판에 대해 불평을 했다.

아들 스테판이 고등학교 졸업장이 없음에도 불구하고, 나는 그를 비엔나 응용예술대학 [중략] 건축학 과정에 등록시키는 데 성공했다. 그리고 또다시 그는 매우 이상하고 배은망덕한 성격을 드러냈다. 그는 건축학 공부를 다 마치지 않은 채, 독일 출신의 동료 여학생 다그마와 사랑에 빠져 아무도 모르게 그의 아내 에타를 버리고 떠났다. 그 때문에 에타는 자살을 시도했다. 그의 장모는 [중략] 흥분한 상태에서 며칠이 지난 후에야 겨우 스테판을 찾아낼 수 있었다. 장모가 그동안 에타에게 무슨 일이 있었는지 그에게 설명했음에도, 스테판은 자신은 에타를 도와줄 수 없다고 말하면서, 몇 가지 물품을 가져가기 위해 온 것뿐이라고 했다.

유언장의 다른 곳에 쓰인 내용이다.

아들 스테판의 무정함에 대한 또 다른 예는 그가 그의 아내 에
타와 헤어진 후, 그 어떤 방식으로든 한 번도 내게 안부를 묻지
않았다는 사실이다. 1966년 이후 그는 나를 한 번도 찾아오지
않았다.

전쟁

〜

　엘리자베스와 서영해가 헤어진 후 화창한 여름이 시작
되었다. 미국의 사진작가 윌리엄 반디버트는 1939년 7월 유
명한 잡지 『라이프(Life)』를 위해 폭풍 전야의 고요함을 매
혹적인 컬러 사진에 담았다. 꽃 시장에서 느릿하게 거닐고
있는 사람들, 낡은 신발과 외투를 파는 벼룩시장, 센 강변의
헌책방에서 책을 뒤적거리는 사람들, 와인 시장, 센강의 건
너편에서 촬영한 유서 깊은 콩시에르주리,* 카페에서 즐거
운 시간을 보내는 사람들, 서영해가 살았던 말브랑슈 거리
일 수도 있는 몽마르트의 좁고 구불구불한 길 그리고 국가
가 운영하는 복권, 미술 전시회, 마기(Maggi) 수프, 장 르누
아르 감독의 고전 영화 〈게임의 규칙(Les Règles du Jeu)〉 등
을 홍보하는 쿠르셀 거리(rue de Courcelles)의 포스터 등이었
다. 반디버트의 사진 가운데 하나는 7월 14일 혁명기념일을
기념하는 퍼레이드 사진이었다. 황갈색 군복을 입은 군인

---

* 파리 고등법원 부속 감옥이다.

들은 샹젤리제를 따라 행진하다가 콩코르드 광장으로 향했다. 또 다른 사진은 서영해와 엘리자베스가 처음 만났던 연못이 있는 뤽상부르 공원을 담았다.

엘리자베스는 서영해를 그리워했을까? 우리는 알 수 없다. 단지 우리가 알고 있는 것은 두 사람이 헤어진 후, 그들 사이에 입증할 만한 서신 교환이 없었다는 것, 그리고 엘리자베스가 임신한 상태에서 비엔나로 돌아가 아들을 낳았다는 것을 서영해가 알고 있었는지에 대한 단서 역시 없다는 것이다. 아마 서영해는 그녀가 나치 독일의 지배하에 있는 비엔나로 돌아가기로 결정한 것에 화가 났을 수도 있다. 아니 어쩌면 그는 엘리자베스와 헤어진 것에 오히려 더 안도했을 수도 있다. 왜냐하면 이미 두 사람의 사이가 멀어진 데다, 엘리자베스가 자신을 이해해 주지 않는다고 느꼈기 때문이었을 것이다.

1938년 8월 이후 프랑스에는 새로운 정부가 들어섰다. 급진사회당의 에두아르 달라디에 총리는 사회주의자 레옹 블룸의 인민전선 정부에서 국방장관을 지낸 인물이었다. 달라디에 총리는 투자 장려와 가격 인상을 통해 인플레이션을 억제하고, 프랑화(貨)를 안정시켰으며, 생산을 촉진하는 데 성공했다. 특히 전쟁을 앞두고 군비 지출이 대폭 늘어난 상황에서 얻은 성과였다. 달라디에 정부는 자주 바뀌는 정치 세력들로부터 관용이나 지지가 필요했기 때문에, 때로는 선제적으로 정책의 방향을 바꾸고 수정하기도 했다. 이에 비해 일반 국민들이 느끼는 분위기는 편안했다. 반디버트가 촬영한 사진에는 파리 서쪽 불로뉴 숲의 연못에서 노 젓는 배들, 샹젤리제 거리를 거니는 사람들, 콩코르드 광장 주변에서 자동차와 자전거 타는 사람들로 인한 혼잡한 교통, 카르티에 라탱에서 신문을 파는 사람들, 쟁반 위 커피잔의 균형을 유지하면서 바삐 움직이는 하얀색 재킷 차림의 웨이터들, 아이스크림을 봉지에 담아 파는 아이스크림 이동 판매원, 하얀 장갑을 낀 경찰이 우아한 움직임으로 교통 정리를 하고 있는 모습 등이 담겨 있었다.

나치 독일에 대해 달라디에 총리는 유화 정책을 추구했다. 하지만 1939년 9월 1일 히틀러가 폴란드를 침공한 이후, 달라디에 총리는 영국과 프랑스 정부가 폴란드 독립에 관해 합의했던 영-불 보장 선언*을 이행하기 위해 9월 3일 나치 독일에 전쟁을 선포했다. 하지만 그 전쟁은 달라디에 총리가 피하고 싶었던 전쟁이었다. 갑자기 파리는 18세에서 40세 사이에 해당하는 모든 남자들을 병역에 동원하기 위한 포스터로 뒤덮였다. 젊은 남자들은 작별 인사를 담은 편지를 쓰고는 서둘러 짐을 챙겼다. 파리는 돌변했다. 남자들은 징집되었고, 시민들에게는 방독면이 배포되었다. 학생들은 방독면을 가지고 학교로 향했다. 집집마다 가장들은 아

---

* 1939년 3월 31일 영국과 프랑스 간에 체결된 선언이다. 폴란드가 군사적으로 영토를 방어해야 할 상황이 발생할 경우, 어떤 형태로든 지원을 보장한다는 것이다.

내, 자녀, 부모를 시골에 사는 친척이나 지인들에게 보냈다. 기차역은 이미 사람들로 가득 찼다. 하지만 대부분의 기차는 신병들을 운송하는 데 사용되고 있었다. 달라디에 총리는 외무부 장관직까지 겸직하면서 전시 내각을 구성했다.

1939년 9월 9일 프랑스군은 독일의 자를란트로 진군했다. 자를란트에 주둔한 나치 독일군 부대는 명령에 따라 아무런 저항도 하지 않았다. 이는 나치 독일이 2개의 전선에서 전쟁을 치르는 것을 피하고자 하는 전략 때문이었다. 프랑스군은 1939년 5월 체결된 프랑스와 폴란드의 상호 지원 협정에 대한 의무를 이행하는 것이 목적이었기에 제한적으로만 공격했다. 하지만 이는 폴란드에게 아무런 도움이 되지 않았고, 결국 10월 초 폴란드는 나치 독일군에 패배하고 말았다. 그 후 나치 독일군은 병력과 무기를 서부 전선으로 이동시켰다. 프랑스군은 이미 10월 17일 독일 영토를 떠나 마지노선*에 있는 기지로 후퇴했다.

나치 독일에 대한 프랑스와 영국의 선전포고와 1940년 5월 10일 시작된 나치 독일군의 프랑스 침공 사이에 형성된 서부 전선 상황을 프랑스 사람들은 '기묘한 전쟁(drôle de guerre)'이라고 불렀다. 이에 대해 영국 언론은 '전격전'에 대한 반어적인 표현으로 '앉아서 하는 전쟁'이라는 용어를 만

* 1927년부터 1936년까지 프랑스가 대나치 독일군 방어를 위해 국경에 구축한 요새선이다. 대독 강경론자인 마지노(A.Maginot) 장군의 이름을 딴 것이다.

들어 냈다. 나치 독일군과 연합군 양측 모두 군사적으로 가능한 한 소극적인 태도를 유지했다. 이 '기묘한 전쟁'의 원인은 무엇보다도 연합군의 공동 전략이 부족했기 때문이었다. 프랑스는 수백만 명의 병력을 보유하고 있었지만, 공격적인 전쟁을 수행할 준비가 거의 되어 있지 않았다. 대신, 프랑스의 군사 전략은 주로 마지노선을 기반으로 한 방어에 초점을 맞추고 있었다. 또한 나치 독일에 대한 프랑스군의 공습 역시 나치 독일 공군의 강력한 보복 공격으로 인해 프랑스 동쪽에 집중되어 있는 항공 산업이 약화될 것을 우려하여 실행되지 못했다. 1939년 9월부터 영국 원정군의 첫 번째 부대가 프랑스에 도착하기 시작했다. 같은 해 12월 영국 정규군의 5개 사단이 모두 프랑스에 배치 완료되었다.

나치 독일의 총통 아돌프 히틀러는 다음과 같이 명령을 내렸다.

"서부 전선에서 중요한 것은 전쟁을 시작한 책임이 영국과 프랑스에 있다는 것을 명확히 해야 한다는 것이다. 사소한 국경 침범은 우선 지역적으로 대응해야 한다. 나의 명확한 승인 없이는 그 어떤 곳에서도 독일의 서부 국경을 넘어서는 안 된다."

제2차 세계대전이 끝난 후 뉘른베르크 재판에서 나치 독일의 육군 장교인 알프레트 요들(Alfred Jodl)은 다음과 같이 증언했다.

"우리가 1939년에 패배하지 않았던 것은, 우리 군이 폴란드를 공격하는 동안 서부 전선에 있던 프랑스와 영국의 사단 병력이 전혀 움직이지 않아 줬기 때문이다."

서영해는 말브랑슈 거리에서 파리에서 일어나고 있는 변화를 지켜보았다. 그의 프랑스 친구들 중 많은 이들이 징집되어 배치받은 작전 지역으로 하나둘 떠났다. 서영해는 조국을 걱정하면서 혼자 남았다. 프랑스가 직접 전쟁에 참전하면서 조선의 운명에 대한 프랑스의 관심이 더욱 작아졌기 때문이다.

일제 강점기 조선인들은 일제 식민 통치에 대해 할 수 있는 모든 저항을 했다. 이 저항은 1936년 베를린 올림픽 때 작지만 엄청난 승리를 거두었다. 8월 25일 자 동아일보 2차 석간의 표지에 시상대에 올라서 있는 국민 영웅 손기정의 사진이 실렸다. 당시 손기정은 일본식 이름인 '손 기테이'로 경기에 출전해야 했다. 2주 전 손기정은 베를린에서 열린 마라톤에서 금메달을 획득했고, 일제 식민 치하에 있던 조선을 환희로 가득 차게 했다. 그것은 대한민국 스포츠 역사에 있어 첫 번째 금메달이었다. 오늘날 대한민국의 모든 학생들은 손기정 선수가 이룬 역사를 배우고 있으며, 신문에 게재된 사진에서 손기정 선수의 유니폼에 있던 일본 국기인 일장기가 어떻게 지워졌고, 검은 얼룩으로 가려졌는지에 대해 배우고 있다. 당시 동아일보의 1차 석간이 관계 당국의 신문 검열을 통과한 후 몇몇 기자들이 편집부에 알리지 않고 이 행동을 감행했다. 놀랄 것도 없이 이에 가담했던 기자들과 책임자들은 모두 처벌을 받았고, 동아일보는 아홉 달 동안 신문 발행 정지 처분을 받았다. 손기정은 베를린의 칸트슈트라세에 있는 어느 조선인 망명자의 아파트에서 그의 생애 처음으로 태극기를 보았다. 나중에 그는 "내 온몸이 마치 전기가 통한 것처럼 떨었다."라고 회상했다.

이 사건은 당시 신문사 편집부 및 출판사가 일제 통제하에 있는 국가 검열기관과 주고받은 고양이와 쥐의 게임을 보여준 사례였다. 당시 조선의 언론은 어느 정도 일제의 식민 통치에 대해 기사화하는 것이 가능했지만 신문이 발행되기 전에 몇몇 단락들이 검열기관에 의해 삭제되었다. 또 검열은 즉각적인 독립에 대한 명확한 요구 또는 일본 군주에 대한 비판과 같이 선을 넘는 의견을 발표할 경우에는 징역형이 처해질 정도로 위협적이었다. 하지만 일본은 전쟁을 위한 국민 징용령*을 시행하기 전까지는 식민지에 어느 정도 문화적인 자율성을 허용했다. 이것은 아마 정치적인 대치 상황에서 완충재 역할을 할 수 있다거나, 조선과 일본 사이에 문명적인 연대를 강화하는 데 기여할 수 있다는 살못된 가정에 의한 것일 것이다. 어쨌든 이러한 상황에서 소설

---

* 1939년 7월 제정, 10월부터 시행되었다.

과 단편이 한국어로 출판되었고, 지식인들은 한국어에 대한 연구를 진행했다.

서영해가 국내의 이런 상황에 대해 얼마나 알고 있었는지는 분명하지 않다. 그가 조국과 접촉할 수 있는 방법은 상하이 망명정부에 있는 지인들을 통해서뿐이었기 때문이다. 게다가 그것 역시 파리에 있는 중국 대사관을 통해야만 했다.

중국과 일본 제국 사이에 전쟁이 발발했다. 일본 제국은 1937년 7월 7일 중국을 침략했고, 이것이 제2차 세계대전의 사실상 시작이었다. 1937년 서영해와 엘리자베스는 결혼했고, 서영해는 스페인에서 열린 세계 작가 회의에 참석했다. 제2차 중일전쟁 동안 일본 제국은 조선의 중공업을 촉진하고, 침략적인 동화정책을 점점 더 강화해 나갔다. 또한 조선에서 생산된 식량, 즉 필요 이상의 모든 식량과 원자재를 수출이라는 명목으로 일본으로 싹쓸이해 감으로써 조선을 경제적으로 파멸 직전까지 몰고 갔다. 1938년부터 수십만 명의 청년들이 국가 근로봉사*에 동원되었다. 이 조선인 청년들은 당시 군 복무에 필요한 일본인 남자들을 대신해 일본 제국의 모든 지역에 있는 광산과 공장에서 일해야 했다. 강제로 징집된 조선인 노동자들은 짧은 쉬는 시간에도 신사를 방문하여 아시아에서 수행하는 일본 제국의 성

---

* 일본 제국은 전시에 국가 총동원상 필요시 제국 신민을 징용하여 총동원 업무에 종사할 수 있도록 했다.

스러운 사명의 성공과 중국을 상대로 한 전쟁에서 승리를 기원하도록 강요받았다.

수만 명의 젊은 조선인 여성들이 소위 '일본군 성노예'로 모집되었다. 이 여성들은 거침없이 확대되고 있는 일본 제국의 전선(戰線)에서 싸우고 있는 일본 병사들에게 '위안'을 제공하기 위해 위안소로 끌려갔다. 조선인 노동자들과 마찬가지로 이 여성들은 경제적 약속으로 유인되거나 납치되었고, 또 다른 방식으로 강요되어 끌려갔다. 일본군의 성폭력으로 인해 생긴 트라우마, 그 씻을 수 없는 경험으로 인한 부끄러움 때문에 이 여성들은 1980년대 후반 전 세계 페미니스트들이 마침내 이 문제를 본격적으로 다루기 시작할 때까지 침묵할 수밖에 없었다. 그 당시 많은 여성들은 이미 사망했고, 결혼하여 가정을 가진 사람은 소수에 불과했다.

소수의 노인 여성들이 대중 앞에 나서서, 많은 사람들 앞에서 치욕스럽게 겪었던 일에 대해 이야기하는 것은 대단히 용기 있는 행동이었다. 1992년 '일본군 성노예 여성'들과 그들의 지지자들은 매주 수요일 서울 주재 일본 대사관 앞에서 "부끄러워해야 할 것은 우리가 아니라 일본 정부이다!"라는 구호를 외치며 시위를 시작했다. 1992년 1월 1일 미야자와 기이치 총리는 용서를 구했고, 2수 후 대한민국 국회 앞에서 다시 사과했다. 하지만 2007년 3월 1일 아베 신조 총리는 "우선 알려진 바와 같이, 당시 여성들에게 강압이 있었다는 그 어떠한 증거도 없다."고 발언해 전 세계를 분노하게 했다. 대한민국 정부는 2018년부터 8월 14일을 일본군 '위안부' 피해자 기림의 날로 지정하고, 국가 추모일로 지키고 있다.

일본 제국의 문화적 동화 정책이 최고조에 달했던 것은 학교에서 오직 일본어로만 가르치던 때였다. 1938년부터는 심지어 사적인 공간에서도 조선어 사용이 금지되고 감시체계를 통해 통제했다. 또한 한복 착용도 금지되었다. 게다가 일본군은 조선인 남성을 보병으로 징집했고 1940년 2월부터 일본식 성씨로 개명을 강제했다. 6개월의 기한을 두고 진행됐던 이 계획은 거의 성공하지 못했다. 하지만 일본식 이름을 가진 사람들에게만 식량 배급표, 우편물 배달, 일자리 배정, 관공서에 신청서 접수가 가능하다는 조치가 취해지면서 많은 사람들이 이름을 바꾸기 시작했다. 1940년 8월에는 인구의 약 80%가 일본식 이름으로 등록했다. 미나미 지로 총독은 연설에서 일본 제국의 완전한 동화 정책을 다음과 같이 설명했다. "조선과 일본은 외형, 정신, 혈육에서 하나가 되어야 한다." 하지만 이러한 선전의 내용과는 달리 두 민족 간의 결혼 금지 폐지는 결코 이루어지지 않았다.

오늘날 한국인들이 일본과 일본인들에 대해 갖고 있는 한(恨)과 불신은 앞으로도 오랫동안 대한민국의 역사를 지배할 것이다. 당시 적지 않은 조선인들이 일본 점령군의 지시를 따랐지만, 그것은 협력이라기보다 오히려 체념에 더 가까웠다. 생산 산업의 엄청난 성장과 함께 조선의 산업에 종사하는 노동 계층의 규모가 커졌다. 섬유 생산 및 식품 산업과 같은 초기 산업화 분야에 이어 전쟁 수요에 부응하기 위해 중공업 역시 빠르게 성장했다. 10년 전까지만 해도 농업 국가였던 조선이 전쟁 마지막 해에는 산업이 국가 경제 전체 총생산의 거의 40%를 차지했다. 하지만 이 주목할 만한 성장은 일부 소수에게만 이익을 가져다주었다. 수천 명이 '사상 범죄'와 '반란'이라는 죄목으로 불량한 사람으로 낙인찍혀 유죄 판결을 받고 감옥에 갇혔다. 또한 1937년경에 시작된 '애국의 날' 및 '아시아의 공영을 위해 봉사하는 날'과 같은 정기적인 행사는 경제적 착취 도구로 사용되었다. 이 두 행사는 2년 후 통합되었고, 매월 첫째 날은 조선 민족이 제2차 세계대전을 위해 부역하는 날이 되었다.

해외에서는 특히 세 명의 독립운동가가 이름을 떨쳤다. 대부분의 삶을 미국에서 보낸 이승만, 중국 민족주의 및 중국 공산주의의 기치 아래 각각 일본 제국주의에 맞서 싸웠던 김구와 김일성이었다. 1940년부터 김구는 대한민국 임시정부의 실질적인 지도자가 되었다. 그는 중국에서 자신이 활동하고 있는 지역을 중심으로, 한반도를 점령한 일본군을 공격하기 위해 수백 명의 병사들과 함께 '한국광복군'을 조직하였다. 김일성은 처음에는 일본군이 점령한 만수국인 만주에서 활동했다. 하지만 1940년 점점 심해지는 일본군의 탄압을 피해 다른 유격 대원들과 함께 소비에트 연방으로 들어갔다.

1939년 9월 3일, 프랑스가 나치 독일에 전쟁을 선언한 이후 프랑스는 두려움과 혼란에 휩싸여 있었다. 제1차 세계 대전 초기의 8월이 아직도 잊히지 않은 지금, 프랑스 사람들은 1914년부터 1918년까지 겪었던 막대한 피해를 떠올리며 불안정한 평온에 감사하고 있었다. 지크프리트선*과 마지노선, 이 두 방어선은 소위 난공불락이어서 공격이 아무 효과가 없었고, 현재의 교착 상태는 오직 경제적 봉쇄와 심리 전술을 통해서만 해결할 수 있다는 것을 확신케 했다. 비밀 협상에 대한 소문이 나돌았고, 군인들은 총 한 발 쏘지 않고 동원 해제될 것이라고 생각했다. 이러한 생각과 전시임에도 특별히 할 일이 없는 상황으로 인해 부대 안에는 지루함, 게으름 그리고 군기가 빠진 방임만이 팽배할 따름이었다. 군참모들은 파리의 유명한 요리사들을 불러와 호화로운 연회를 열었고, 군사 동원은 더디게 진행됐다. 군 행정 기구는 마치 평화 시기와 다름없이 업무들을 처리했다. 농민들은 군의 '총알받이'가 되는 것에 불만을 터뜨리며, 파종을 위한 특별 조건을 요구했다. 1940년 3월 19일, 이러한 상황 속에서 프랑스의 달라디에 총리가 물러나고, '결사항전'을 주장했던 폴 레노가 뒤를 이어 총리가 되었다.

　　1940년 5월 10일 나치 독일군은 네덜란드, 벨기에 그리고 룩셈부르크를 침공했다. 5월 12일 프랑스의 요새인 마지

---

* 나치 독일의 서부 방어선이다.

노선에 진입한 나치 독일군은 프랑스군의 사단을 포위하고 공중과 지상에서 공격을 개시했다. 6월 3일 나치 독일 공군은 파리에 있는 비행장과 항공기 엔진 공장에 대규모 공습을 가했다. 이른 아침 프랑스에 대한 침공이 시작되었다. 나치 독일군은 프랑스의 북부 지역에 있는 솜강의 남쪽 방어선과 엔강 하류 방어선을 돌파했다. 됭케르크가 함락된 이후 프랑스 내각은 개편되었고, 샤를 드골 장군은 국방부 차관에 임명되었다.

프랑스군은 파리의 거리 곳곳에 모래주머니로 바리케이드를 설치했지만 이는 아무런 도움이 되지 않았다. 결국 6월 14일 파리가 함락되었다. 나치 독일군은 사람이 없는 텅 빈 거리로 진입했다. 폴 레노 총리는 사임하고, 내각과 함께 프랑스 중서부에 있는 도시 투르로 도망쳤다. 런던으로 피신한 드골은 라디오 방송을 통해 프랑스 국민들에게 연합군과 함께 프랑스 해방을 위해 싸울 것을 촉구하고, 프랑스 망명정부 '자유 프랑스'를 런던에 설립했다.

거의 3백만 명의 사람들이 공포에 휩싸인 채 새벽녘에 파리를 떠나 남쪽으로 향했다. 서영해 역시 학창 시절 때 알고 지냈던 사람들이 있는 보베로 피신할 생각을 했지만, 곧 그 생각을 접었다. 무엇보다도 그는 대한민국 망명정부의 특파위원으로서 파리에 있을 필요가 있었다. 그는 이웃집 여성에게 그녀의 아파트를 돌봐 주겠다고 약속했다. 말브랑슈 거리에는 모든 창의 덧문이 굳게 닫혔고, 단 한 줄기 빛도 밖으로 새어 나오지 않았다. 거리는 시끄럽고 떠들썩했다. 아이들을 품에 안은 여성들은 슬픈 마음으로 자신들의 아파트를 마지막으로 바라보며 이 아파트를 원래 모습으로 다시 볼 수 있을지 궁금해했다. 하지만 지금 중요한 것은 목숨을 부지하는 것이었다.

자동차를 가진 사람들은 지금 당장 생존에 필요하다고 생각되는 모든 것을 차에 실었다. 택시에 대한 수요가 엄청났지만 택시비로 아무리 많은 돈을 주겠다 해도 택시를 탈 수 없었다. 연료가 부족했기 때문이다. 자전거를 가진 사람은 스스로 행운아라고 생각했다. 기차역은 사람들로 넘쳐났고 시외로 빠지는 도로는 승용차, 화물차, 손수레, 자전거, 마차로 꽉 막혔다. 피난길에 오른 사람들은 비무장 상태로 혼란에 빠진 채 후퇴 중에 있던 프랑스 군인들과 뒤섞였다. 프랑스 북부와 동부를 가로질러 거대한 피난민 행렬이 남쪽으로 몰려들었다. 하늘에서는 전투기 소음이 들렸다. 그들은 적군일까? 아군일까? 별이 빛나는 밤이어서 적이 공습하기에 이상적이었다. 자동차는 전조등 밝기를 줄이고 천천히 앞으로 움직였다.

피난 행렬은 느렸지만 계속 이어졌다. 고장 났거나 연료가 떨어진 자동차는 그대로 내버려졌다. 피난길에 빈 객실은 더 이상 없었고, 몸을 뉠 침대 하나 구할 수 없었다. 식당에는 먹을 것이 전혀 없었고, 상점은 텅텅 비어 있었다. 사람들은 자동차에서, 카페의 바닥에서, 길거리에서, 기차역에서 그리고 교회에서 각자의 짐에 머리를 기댄 채 잠을 잤다. 사람들은 말이 없었고, 이따금 걱정스러운 눈으로 하늘을 바라볼 뿐이었다. 때때로 날카로운 웃음소리가 고요함을 깨뜨렸다. 기차역이 폭격당했을 때 폭격으로 죽은 사람들은 남겨졌다. 많은 사람들에게 있어 평생 처음 겪는 죽음이었고 사망자들이었다. 운이 좋은 사람은 어렵사리 기차에 올라 목적지에 조금 더 가까이 갈 수 있었다. 예를 들어 중서부 도시 투르로 향하거나 친척이나 친구들에게로 갈 수 있었다.

2주가 지난 후 많은 사람들이 다시 파리로 돌아왔다. 파리의 겉모습은 그들이 떠났을 때 그대로였지만, 도시는 반쯤 비어 있었다. 6월 22일 필리프 페탱(Philippe Pétain) 원수는 나치 독일군과 휴전 협정에 서명했다. 나치 독일군은 파리를 포함하여 프랑스 북부와 대서양 연안 지역을 통제하게 되었다. 이는 프랑스 영토의 60%에 달했다. 페탱 원수는 나치 독일의 괴뢰 정권으로서 프랑스 남부의 수도 비시를 중심으로 프랑스 본토 '자유 지역'의 민간 행정을 책임졌다. 비시 정부의 군법회의는 7월 드골이 궐석한 채 진행된 재판에서 드골에게 사형을 선고했다. 나치 독일군의 주둔에 소요되는 비용은 프랑스 정부가 부담해야 했다. 약 200만 명의 프랑스 군인들이 나치 독일군의 전쟁 포로가 되었다.

파리는 더 이상 프랑스의 수도가 아니라, 나치 독일 군 사령부의 소재지로 전락했다. 이는 나치 독일군이 프랑스에 주둔하고, 프랑스에 대해 적대적인 활동을 더 강력하게 펼친다는 것을 의미했다. 나치 독일의 군사령관은 파리의 포르투갈 거리에 있는 마제스틱 호텔에 집무실을 마련했다. 거리 곳곳에는 나치의 갈고리 십자가기가 내걸렸고, 독일어 안내판이 설치되었다. 부르봉 궁전에 있는 국회의사당 건물의 정면 반원형 부분에는 거대한 V 자 형태가, 그리고 건물을 가로질러 "나치 독일은 모든 전선에서 승리한다."라고 적힌 현수막이 걸려 있었다. 나치 독일군 병사들은 무료로 지하철을 이용했고, 일등석을 탔다. 곧이어 레스토랑에는 "이 식당은 유대인을 환영하지 않습니다! 오직 아리아인을 위한 식당입니다!"와 같은 2개 언어로 된 안내판이 설치되었다. 나치 독일군은 파리 시민들에게 서로를 향한 고발을 요구했고 많은 사람들이 이를 이용했다. 어떤 사람들은 신념에서, 어떤 사람들은 이웃 사람들에 대한 복수로, 어떤 사람들은 기회로 여겨 고발에 참여했다.

1940년 6월 23일, 휴전 협정 체결 다음 날 이른 아침 히틀러는 평생의 소원 하나를 이루었다. 그는 측근들과 함께 파리를 방문하고, 에펠탑을 배경으로 사진을 찍었다. 하지만 파리시 당국의 엘리베이터 운행 중단으로 인해 그는 에펠탑에 올라 도시의 전경을 내려다볼 수는 없었다. 단지 이른 시각이라 인적이 끊긴 텅 빈 거리를 두 시간 동안 걸으며 관광하듯 산책을 마쳤다. '총통 히틀러'의 수수께끼 같은 이 기습 방문의 날짜는 오늘날까지 여전히 논란이 되고 있다.

알베르트 슈페어*는 6월 23일이 아니라 6월 28일이었다고
주장했다.

1940년 여름, 『베를리너 일루스트리어테 차이퉁(Berliner
Illustrierte Zeitung)』 신문의 사진기자인 게르하르트 그로네
펠트는 파리를 방문했다. 그는 나치 독일 군인들, 그 군인들
을 돕는 여성 보조원들 그리고 프랑스의 '미혼 여성들'을 찍
어 신문사에 보냈다. 이 사진들을 통해 독일 국민들은 프랑
스에 주둔하고 있는 나치 독일 군인들이 어떠한 생활을 하
고 있는지, 그들의 평온한 군생활에 대해 알게 되었다.

나치 독일군이 파리를 점령함에 따라 서영해의 활동 영
역이 크게 제한되었다. 1940년 7월 2일 조소앙은 서영해에
게 보낸 편지에서 임시정부 안에 있는 세 개의 경쟁 세력**이
통합하여 한국독립당을 창당하고 군대***를 창설하려 하고
있으며, 중국과의 협력은 잘되고 있다고 했다. 편지는 파리
와 전쟁에 관한 상세 정보를 요청하며 끝났다.

1940년 7월 20일 서영해는 조소앙을 위해 유럽의 상황
을 다음과 같이 분석했다.

이 전쟁의 속내를 들여다보면, 영국인들, 프랑스인들, 독일인
들 그리고 이탈리아인들 모두 도둑들입니다. 마지막에 어느

---

* 1942년 2월~1945년 5월, 나치 독일의 군수장관이었다.
** 한국국민당, 조선혁명당, 한국독립당 재건파.
*** 한국광복군.

쪽이 승리하든 상관없습니다. 그들의 목표는 소련을 무너뜨리는 것입니다.

소련이 정치적으로, 이념적으로, 경제적으로 그리고 지리적으로 일본 제국의 적이기 때문에 [중략] 우리는 소련에 손을 내밀고, 소련과 우호 관계를 돈독하게 해야 합니다. [중략] 마지막에 어느 나라가 전쟁에서 승리하든 전 세계적으로 큰 혼란과 변동이 일어날 것입니다. 제가 바라는 것은 일본과 미국이 서로 전쟁을 하여 제국주의와 자본주의가 동시에 무너지는 것입니다. [중략] 해야 할 일이 너무 많아 긴 편지를 쓸 수 없다는 것을 이해해 주길 바랍니다.

이 편지는 배달이 불가능해서 반송되었고, 서영해는 자신의 상황을 요약하여 다시 발송했다.

조소앙 님께,

첨부한 편지는 지난 7월 20일 당신에게 발송했으나, 한 달 후 반송되었습니다. 저는 현재 파리에 있으며, 나치 독일군이 점령한 지역에 머물고 있습니다. 비점령 지역에서 우편 발송이 가능하다는 소식을 듣고, 그 지역으로 가는 사람을 통해 이 편지를 다시 보내고자 합니다. 하지만 이 편지가 당신에게 도달할지는 의문입니다. 독일과 영국 간의 전쟁은 아마도 1~2년 안에 끝날 것 같지는 않습니다. 프랑스 좌파의 혁명 운동은 지하 활동을 시작했습니다.

'1919년 3월 1일 봉기 기념일'을 위해 작성된 기사가 5개월이 지난 1940년 8월 1일 미국 주간지『신한민보(The New Korea)』에 게재되었다. 이 기사에서 7월 20일 자 서영해의 편지가 미리 언급되었다. 서영해는 편지에서 독립운동 내부의 경쟁 세력들이 하나로 합칠 것을 강력히 촉구했다. 또한, 임시정부가 중국 정부로부터 공식 승인을 받는 것과 대한민국 임시정부의 주요 관심사를 전 세계에 알리는 것이 무엇보다 시급하다고 했다.

혁명 동지 여러분께,

30년 전 우리는 조국을 잃었고, 일제의 잔혹한 지배 아래 고통받고 있습니다. 하지만 우리 민족이 아직 죽지 않았다면, 전 세계에서 독립운동을 통해 이를 증명해 보여야 합니다. 3월 1일 이후 우리가 파벌 및 정파 간의 싸움으로 인해 얼마나 실패했는지는 혁명적인 경험 부족과 정치적인 교육 부족으로 설명할 수 있습니다. 우리는 서로 하나 되어 적에 맞서 싸우는 방법을 모릅니다! 우리는 약하기 때문에 항상 국제적 추세에 귀를 기울였고, 중국에서 항일 전쟁이 일어나길 조급하게 고대해 왔습니다. 전쟁이 4년 차에 접어들면서 일본 제국의 패배는 이미 예상되고 있습니다. 또한, 현재 유럽에서 벌어지고 있는 전쟁은 거대한 국제적인 변화를 가져올 것이며, 우리에게는 엄청난 기회가 될 것입니다. 하지만 지금 중국 땅에서 활동하고 있는 우리 조선인들은 여러 정치 세력으로 나뉘어 있고, 여전히 파당 파벌 싸움을 하고 있습니다. 먼저 조국을 되찾은 다음에야 이념과 정당이 의미를 가질 수 있을 것입니다. 그때까지 우리는 우리끼리의 싸움을 멈춰야 합니다.

바로 오늘 우리는 중국에 있는 우리의 동지들과 함께 총칼을 손에 들고 싸워야 한다는 것과 중앙 조직과 지도부가 필요하다는 사실을 새삼 강조할 필요가 없습니다. 무엇보다도 우리는 신속히 임시정부를 통합하고, 중국 정부로부터 공식 인정을 받아야 합니다. 동시에 전 세계에 우리 임시정부의 존재를 알려야 합니다.

또한 우리의 위대한 감행을 하나로 묶을 통신사가 필요합니다. 우리의 선전 활동과 외교 활동은 해외에서 싸우는 동지들의 희생과 마찬가지로 중요합니다.

(고려통신사, 1940년 3월 1일)

1940년 10월 15일 서영해는 조소앙에게 보낸 마지막 편지와 함께 임시정부와 연락을 끊었다. 이 편지는 중국 충칭으로 갔던 중국군의 군의관 이재구를 통해 조소앙에게 전달되었다. 다음은 그 편지의 일부 내용이다.

이재구가 당신에게 이 편지를 전달하면, 그를 친절하게 대해 주십시오. 그는 유럽에서 자랐고, 중국에 대해 잘 알지 못합니다. 하지만 그는 프랑스어를 매우 잘 구사하고, 프랑스 문학에 대해 잘 알고 있습니다. [중략] 나치 독일군에게 투항하고 변절했던 이곳 프랑스인들은 온갖 형태의 탄압에 힘들어하고 있습니다. 하지만 전쟁의 끝에는 프랑스 혁명이 다시 일어날 것입니다. [중략] 독일과 이탈리아는 소련이 영국 및 미국과 협력하는 것을 무엇보다도 우려하고 있습니다. 실제로 영국은 지금 소련의 호감을 얻고, 미국을 설득하여 소련과 손을 잡게 하려고 노력하고 있습니다. 만약 이런 일이 일어난다면, 그들은 유럽에서 일어나고 있는 전쟁에 직접 개입할 수 없을 것입니다. 그렇더라도 중일전쟁은 유럽의 전쟁과 동시에 끝이 날 것입니다. 이것에 대한 당신의 생각을 알려 주십시오. 파리는 나치 독일의 점령지라서 통신이 어려워졌습니다. 주저하지 마시고, 프랑스에 있는 중국 대사관을 통해 답장을 보내 주십시오.

1941년 초 서영해는 체포되어 6개월간 징역을 살았다. 우리가 알고 있는 것은, 당시 조선인들과 접촉했던 많은 중국인들 및 프랑스인들과 마찬가지로, 서영해 역시 일본 대사관의 지시에 따라 프랑스 경찰에 감시당했다는 사실이었다. 그가 평화주의, 반파시즘 그리고 반식민주의 단체와 협력했다는 이유 때문이었다.

나치의 인종 이데올로기는 모순적이었다. 공식적으로 아시아인들을 특정하지는 않았지만, 1930년대 들어 아시아 국가들과 문화적 그리고 개인적인 접촉이 크게 줄어들었다. 나치 독일의 동맹국인 일본 제국도 마찬가지였다. 전쟁 중

213

에 상황은 더 악화되었다. 1941년 중국과 독일 국적자 간의 결혼이 무효로 선언되었다. 중국 국적을 가진 사람들은 나치의 비밀 국가 경찰인 게슈타포에 불려 가 심문을 받았고, 서영해의 중국인 친구 라이 쩌 생(Lai Tze Sheng)의 경우처럼 체포되어 강제 수용소로 끌려갔다. 이와 달리 일본 '인종'에 속한 사람들은 '명예 아리아인'의 지위를 누렸기에, 일본과 조선 사람들은 차별을 받지 않았다. 물론 이것은 나치 독일에 협력하고 반파시즘 활동에 참여하지 않은 사람들에게만 해당되었다. 나치 독일에는 삼국동맹조약*의 보호하에 명예 나치인이 되어 호화로운 생활을 누리고 살았던 조선인들이 적지 않았다. 그 조선인들은 일본 제국의 이익을 위해 일했으며, 조선과 일본 제국 사이에서 구별되거나 차별받지 않았다. 한국학자 프랭크 호프만은 베를린에 있었던 한국인에 대한 연구에서 "베를린의 한국인들에 따르면, 나치 정권은 국내외에서 나치에 협력할 의향이 있는 다른 유럽인들, 아시아인들 그리고 모든 사람들을 유혹함으로써 실제로 나치 독일이 정권 마지막까지 얼마나 국제적이었는지를 보여 주었다."라고 적었다.

당연히 서영해는 보통 사람들과 달랐다. 이미 1936년 11월 23일 서영해에 관한 경찰 보고서가 당시 프랑스 정보국(Renseignements Généraux)과 경찰청장에게 제출되었

---

* 1940년 나치 독일, 이탈리아, 일본 제국이 체결한 군사 동맹 조약이다.

다. 1907년에 설립된 정보국의 주요 임무는 반국가적 활동에 대한 정보를 수집해 정부에 제공하는 것이었다. 정보국의 보고서에 따르면, 서영해는 친공산주의 작가 로맹 롤랑이 공동 설립한 잡지『유럽(L'Europe)』에서 '중국인 기자'로서 함께 일했다고 기록되어 있다. 이 잡지는 프랑스와 독일 간의 타협을 옹호했다. 또한 서영해가 알베르트 아인슈타인, 막심 고리키, 루이 아라공 그리고 파블로 피카소와 같은 유명 인사들이 기고했던 문학 잡지『몽드(Monde)』와 같이 일했던 것 역시 보고서에 기록되어 있다. 그들 중 많은 사람들이 그랬던 것처럼 서영해 역시 반전 그리고 반파시즘위원회의 회원이었다. 당시 프랑스는 광대한 영토를 식민지로 지배하고 있던 식민 통치 강대국이었다. 때문에 자국 영토 안에 있는 조선인 망명자의 활동을 면밀히 감시하고 있었다. 경찰 보고서는 또한 서영해가 일간지『보그 이바(Bough Ibba)』, 주간지『신한민보』그리고 이집트 매거진『이집트 여인(Egyptienne)』과 함께 일한 것 역시 기록하고 있었다.

　"펜이 칼보다 더 강하다!"라는 삶의 원칙을 가진 서영해. 그의 구금에 대해서는 알려진 바가 없다. 마찬가지로 레지스탕스에서 그가 어떤 활동을 했는지 거의 알려진 바가 없다. 당시 레지스탕스에서 활동했던 사람들은 주로 암호명을 사용했기 때문에 이 또한 놀랄 만한 일은 아니다. 다만 우리가 알고 있는 것은 1944년 말부터 서영해가 다시 임시정부와 연락을 취할 수 있었다는 사실이다. 중국에 있던 임시정부는 서영해가 6개월간 구금된 사실을 알지 못했다.

1944년 11월 21일, 임시정부 외무부장 조소앙은 중국 주재 프랑스 정부 대표 M. 클라락을 만나 프랑스에 거주하고 있는 조선인들의 상황에 대해 문의했다. 나치 독일군이 프랑스를 점령한 이후 대한민국 임시정부는 프랑스에 거주하는 조선인들에 대한 정보가 거의 없었기 때문이다. 조소앙은 서영해의 생사를 특히 걱정했다. 조소앙은 클라락 대표에게 서영해의 파리 주소를 알려 주면서, 대한민국 임시정부가 서영해를 프랑스에서 조선의 이익을 대표하도록 위임할 것이라고 말했다.

우리는 그렇게 생각하지 않지만, 만약 서영해가 게슈타포에 구금되어 있었다면, 사건 기록에 기록된 사실이 확실하지 않았을 것이다. 나치 독일군이 점령했던 시기에 만들어진 게슈타포 문서 가운데 가장 중요한 문서들이 사라졌다. 1944년 6월 연합군의 노르망디 상륙작전 전에 이미 베를린 게슈타포는 '저항 세력 위험 인물들'에 관한 문서를 독일로 보내 줄 것을 요구했다. 게슈타포가 언급한 위험 인물들은 저격수, 파르티잔, 공산주의자, 비밀 정보요원 등이었다. 따라서 서영해와 같은 인물은 포함되지 않았을 것이다. 1944년 8월 나치 독일군이 프랑스에서 철수할 때 또 다른 문서들이 파기되었다. 1945년 2월 연합군이 베를린을 공습했을 때, 파리 게슈타포 지부가 보냈던 문서의 대부분이 불에 타 없어졌다. 그리고 프랑스가 해방되었을 때, 레지스탕스에 속한 무장 세력의 일부가 나치 독일군의 전략 부서로 몰려가 문을 뚫고 문서를 압수했다. 경찰이 도착했을 때 나치 협력 부서에는 더 이상 찾을 만한 것이 없었다. 파리의 로리스통(Lauriston) 거리 93번지에 있는 게슈타포 건물의 모든 문서들이 파기되었으며, 특히 게슈타포 요원들에 관한 문서 역시 파기되었다.

1940~1941년 겨울은 이례적으로 추웠다. 11월 말에 이미 추위가 시작되었고 눈이 내렸다. 나치 독일군이 점령한 지역에서 사람들은 식량배급표로 식량을 구입했지만, 여전히 배고픔에 시달렸다. 하루하루 삶의 목적이 오직 먹는 것 해결이었다. 식료품과 석탄 가게 앞에는 줄이 길게 늘어서 있었다. 와인과 담배는 배급되었지만, 영국의 봉쇄로 식민지에서 밀, 과일, 설탕, 커피, 쌀 등이 도시로 들어오지 못했다. 설탕과 커피는 대체품으로 대체되었다. 수백만 명의 사람들이 일자리를 잃었다. 물가는 급등하고 임금은 떨어졌다. 1936년 도입된 근로시간 단축*을 비롯한 사회적 성과는 무효화되었다. 노동조합의 지도부 대부분이 비시 정권의 통제하에 있던 '자유 지역'으로 도망쳤고, 사회적 성과 무효화에 대해 감히 항의조차 하지 못했다. 당시 신문은 요리면을 가장 중요하게 다뤘다. 스웨덴 순무와 빨간 무만으로 만찬을 준비하려면 창의적인 요리법이 필요했기 때문이다. 게다

---

* 주 40시간 노동.

가 '암시장'이라는 말이 생겨났고, 대목을 맞은 암시장 상인들은 손쉽게 막대한 이익을 챙겼다. 금값은 현기증이 날 정도로 치솟았다. 처음에는 큰 불평하지 않고 참아 냈던 프랑스 국민들이 이제는 회녹색 군복을 입은 나치 점령군들이 자신들을 억압하는 존재라는 사실을 느끼기 시작했다. 유대인, 공산주의자, 프리메이슨 단원도 아닌, 정치에 관여하지 않는 사람들이 집중한 것은 오직 세 가지였다. 바로 옷을 차려입고, 몸을 따뜻하게 하고, 먹고사는 것이었다. 카페와 레스토랑에서는 엄청나게 비싼 가격이지만, 여전히 훌륭한 음식을 맛볼 수 있었다. 그곳의 주된 손님은 전쟁으로부터 큰 영향을 받지 않은 부유한 중년 남성들이었다. 다른 사람들은 전사자와 전쟁 포로에 대한 정보를 교환했다. 휘발유는 거의 바닥이 났다. 결국 자동차를 소유한 사람들도 지하철을 이용해야만 했다. 밤에는 불을 꺼야 했고, 거리는 푸른색으로 덧칠한 몇몇 자동차의 전조등으로 인해 음산하고 흐릿한 빛으로 물들었다. 집 안은 매우 추웠다. 가난한 가정에서는 노인과 아이들이 몇 주 동안 침대에 파묻혀 지냈다. 지하철의 통로에서만 겨우 몸을 녹일 수 있었다. 젊은 프랑스인들은 나치 독일에 의해 강제 노동에 징집되었고, 일부 사람들은 정치적으로 지하 저항 운동을 택했다. 1941년 6월 22일 나치 독일이 소련을 공격한 후 암살과 사보타주 행위가 증가했다. 유대인들은 굴복하거나 '자유 지역'에 들어가 그곳에서 미국으로 도망치려고 시도했다. 외국인이나 국적이 없는 유대인들이 특히 어려움을 겪었는데, 이들이 가장 먼저 프랑스에서 독일로 인도되었기 때문이다.

서영해가 남겨 놓은 유품에는 라이 쩌 생과 주고받았던 몇 통의 편지가 들어 있었다. 라이 쩌 생에 관해 알려진 것은 그가 중국 광저우 출신의 중국인으로, 1907년 3월 13일에 태어났다는 사실뿐이다. 프랑스어로 작성된 자필 편지는 두 사람이 친구였음을 추측하게 했다. 1942년 3월 18일 서영해에게 쓴 편지에서 라이 쩌 생은 자신이 3월 9일 저녁 경찰청에 연행되어 현재 콩시에르주리 감옥에 수감되어 있다고 했다. 그는 다음과 같이 썼다.

"저는 건강이 점점 더 쇠약해지고 있음을 느낍니다. 파리에 친척이 없기 때문에 당신에게 부탁하는 것 외에 다른 방법이 없습니다. 저를 석방시킬 수 있는 적절한 조치를 취해 주시고, 제 변호를 위해 변호사를 찾아 주시기 바랍니다. 식료품 박스*를 받아 주시면 정말 감사하겠습니다. 미리 감사를 드립니다."

3월 25일 서영해는 프랑스 사법부는 신뢰할 수 있으며, 틀림없이 곧 석방될 것이라고 말하면서 라이 쩌 생을 안심시키고, 그를 변호할 변호사의 이름을 알려 주었다. 하지만 4월 10일까지 라이 쩌 생은 변호사로부터 아무런 소식을 들

---

* 제2차 세계대전 후 미국이 유럽에 제공했던 구호물품이다.

지 못했다. 초조한 라이 쩌 생은 서영해에게 개인적으로 변호사를 직접 찾아가 만나 달라고 부탁했다. 구금된 지 33일 후 그의 건강은 심각하게 악화되었다. 1944년 7월 1일자 프랑스 경찰 보고서에 따르면, 라이 쩌 생은 4월 14일까지 구금되어 있다가 프랑스의 군 교도소인 셰르셔-미디 감옥으로 이송되었다고 했다. 셰르셔-미디 감옥은 1940년부터 1944년까지 나치 독일군이 사용했고, 프랑스 유대인들이 나치 수용소로 수송되기 전 집결지 역할을 했던 곳이다. 1942년 10월 3일 파리 퀘이커 센터는 로맹빌 수용소에서 비밀 정보 기관의 포로로 수감된 라이 쩌 생을 찾아냈다. 이 수용소는 프랑스의 전쟁 포로 수용소로 파리의 북동쪽 레릴라 마을에 있으며, 나치 독일군이 나치에 대항하는 저항 세력을 위해 사용했던 곳이다. 또한 로맹빌 수용소는 드랑시 수용소와 마찬가지로 나치 강제 수용소로 가는 가장 중요한 경유지 중 한 곳이기도 했다. 아마도 서영해는 경찰에 라이 쩌 생을 찾아 달라고 했을 것이다. 자필로 작성된 경찰 보고서에 따르면, 라이 쩌 생은 1943년 4월 말까지 로맹빌 수용소에 머물렀던 것으로 추정된다. 1943년 5월 20일 국제 적십자의 한 여성 직원이 수감번호 14-263번 라이 쩌 생이 콩피에뉴 근처에 있는 포로수용소 122로 이송되었다는 사실을 경찰에 알렸다. 이 수용소에는 나치 반대자 5만 명 이상과 외국인 및 유대인들이 감금되어 있었고, 수감인들은 이곳에서 나치 강제 수용소 및 집단 학살 수용소로 이송되었다.

　마침내 1945년 5월 7일에 쓴 편지에서 라이 쩌 생은 자신이 독일 뮌헨 근처에 있는 다하우 강제 수용소의 17번 블록에 수감되어 있고, 수감자 번호는 74362라고 밝히면서, 그곳을 '생지옥'이라고 묘사했다. 서영해와 이름을 알아볼 수 없는 다른 친구들에게 쓴 편지에서 라이 쩌 생은 자신이 4월 29일 미군에 의해 풀려났으며, 현재 격리 중이라고 했다. 그는 파리에 있는 미군 당국에 자신을 위해 힘써 줄 것을 요청했으며, 가능한 한 빨리 파리로 돌아갈 수 있게 도와달라고 했다. "곧 다시 여러분과 함께할 수 있어 기쁩니다! 답장을 기다리며, 나의 모든 친구들에게 안부를 전해 주세요." 하지만 그에게는 행운이 찾아오지 않았다. 그는 1945년 5월 22일 다하우에서 사망한 것으로 추정된다. 그의 나이 38세였다.

　서영해는 라이 쩌 생과 같은 운명을 피할 수 있었다. 아마도 그가 중국 여권을 가지고 있었음에도, 조선인으로서 '명예 아리아인'으로 분류되었기 때문일 것이다. 전쟁 중 그의 정치 활동에 대해 알려진 것은 없다. 물론 그는 비밀리에 활동했을 것이다. 1940년 10월까지 그는 파리 주재 중국 대사관을 통해 충칭에 있는 대한민국 임시정부의 심부 그리고 조소앙과 편지를 주고받았다. 1941년 12월 9일 대한민국 임시정부는 일본 제국과 나치 독일에 선전포고를 했고, 한국광복군은 연합군 편에서 중국과 동남아시아의 전쟁터에서 싸웠다.

프랑스에서 서영해가 교류했던 친구들 및 정치적인 인물들에 대해서는 알려진 바가 없다. 그의 유품에는 다양한 유럽 사람들에 둘러싸인 채 찍힌 사진들이 있었다. 그중에는 여성들과 함께 찍은 사진들도 있었다. 아름다운 금발 여성의 사진도 있었다. 그녀가 그의 여자 친구였을까? 우리는 알 수 없다.

그의 유품에서 발견된 것 중 또 하나는 회원증이다. 1944~1945년 그는 주짓수 클럽에 가입했고, 1945년 3월 15일 파란 띠를 땄다. 주짓수는 일본 사무라이에서 유래한 무술로, 무기를 사용하지 않고 자기를 방어할 수 있어 서영해가 추구하는 평화주의적인 태도와 잘 맞았다. 주짓수에는 자기 방어를 위한 다양한 기술이 있으며, 특히 성품과 자신감 강화를 통해 갈등을 평화적으로 해결하는 데 기여한다.

엘리자, 예술가

～

수지의 할아버지에 대해서는 어느 정도 파악을 할 수 있었지만, 할머니 엘리자 왕에 대해서는 여전히 많은 부분이 수수께끼로 남아 있다. 수지가 할머니를 세 번이나 만났고, 우리 역시 엘리자 왕을 알고 있는 많은 사람들을 만나 이야기를 나누었음에도 불구하고 말이다.

수지가 할머니 엘리자를 처음 만난 것은 1990년대 중반 비엔나베르크의 급수탑에서 열린 할머니의 연인 레오폴드 셰르쉬의 작품 전시회 개막식에서였다. 레오폴드는 자신을 레오스 몽트레(Leos Montrée), 후에는 아쿠아 아쿠아(Acqua Acqua)라고 불렀다. 그 개막식에서 엘리자는 수지를 '젊은 예술작품 복원가'라고 소개하고, 손녀 수지와의 가족 관계는 숨겼다. 수지는 "할머니의 친구들은 어딘가 모르게 고상해 보였고, 나이가 많은 사람들이었다. 그들은 모두 나에게 호기심을 보였다."라고 당시를 회상했다. 할머니의 친구들 중 한 명과의 대화에서 수지는 자신이 엘리자의 손녀임을 밝혔다.

수지는 할머니 엘리자에게 깊은 인상을 받았다. "할머니는 나이 든 여성이었지만, 진홍색으로 물들인 중간 길이의 머리에, 청록색의 재킷과 스커트를 입고 있었다. 그녀는 풍자적인 유머를 하는 꽤 눈에 띄는 인물이었다." 수지는 아쿠아 아쿠아(레오폴드 셰르쉬)가 전시한 그림들을 보았으나, 특별히 매력을 느낄 만한 것은 없었다. 수지는 그 전시회에서 할머니 엘리자와 대화를 많이 나누지는 못했다.

수지와 할머니의 두 번째 만남은 비엔나 시내 중심가에 있는 한 레스토랑에서였다. 수지는 할머니의 아버지이자, 자신의 석사 졸업 논문 주제였던 진외증조부(스테판의 외할아버지) 칼 브라우어에 대해 이야기하고 싶었다. 수지가 두 개의 서류철을 품에 안고 온 것에 비해 할머니 엘리자는 칼 브라우어의 생가 사진 한 장만 달랑 가져왔다. 그 집은 칼 게일링의 유산 회사가 작업장으로 사용했던 곳이다. 할머니는 진외증조부에 대해서는 거의 이야기를 하지 않았고, 오히려 진외증조모 루이제에 대해 더 많은 이야기를 했다. 게다가 엘리자는 손녀 수지가 엘리자 본인에 대해 졸업 논문을 써야 한다고 생각했다. 수지가 진외증조부에 대해 들었던 유일한 이야기는 다음과 같다. "브라우어가 발 관리를 받으러 갈 때 레오폴드가 동행했는데, 그때 브라우어가 의식을 잃었다."

수지는 아버지 스테판이 할머니를 너무나 빼닮은 것에 매료되었다. 똑같이 풍자적인 유머, 똑같은 표정, 똑같은 몸

짓 등. 엘리자가 여성에 나이가 더 많은 것을 빼고는 정말 많은 부분이 닮아 있었다. 어린 학생이었던 수지는 자신을 '할머니' 또는 '조모님'이라고 부르지 말라고 한 엘리자를 무척 존경했다. 하지만 할머니가 자신의 아들이자 손녀 수지의 아버지 스테판을 비난하자 수지는 엘리자에 대해 방어적인 태도를 취하게 됐고, 할머니와 심적 거리를 두었다. 사실 수지의 반감은 아버지가 어린 시절 할머니로부터 겪은 일들로 인한 것이었다.

수지가 할머니를 마지막으로 만난 곳은 젝스하우저슈트라세에 있는 아파트였다. 수지는 식탁에 앉아 있었고, 엘리자는 요리를 했다. 하지만 수지는 엘리자가 어떤 요리를 했는지 그리고 그 음식이 어떤 맛이었는지 전혀 기억할 수 없었다. 할머니의 친구들은 엘리자가 중국 음식을 즐겨 만들었다고 했다. 식탁에서 할머니와 레오폴드는 서로 이야기를 나누었다. 두 사람 모두 독일어가 모국어였지만, 주로 프랑스어로 대화했다. 수지는 극장에 앉아 있는 느낌이었다. 수지는 절대로 부엌에 들어가서는 안 되었다. "지금 생각해보면, 부엌 상태가 끔찍했거나, 음식을 배달시키고 남은 포장지가 여기저기 널려 있었을 것이다."

할머니와 이야기를 하던 중 수지는 아파트의 구조에 대해 물었다. 이 아파트에서 진외증조부 칼 브라우어, 할머니 엘리자, 아버지 스테판 그리고 요리사 안나가 함께 살았다. 엘리자의 대답은 짧았고, 잘 기억이 나지 않는다고 했다. 할머니의 친구들은 엘리자의 아파트에 값비싼 예술품들이 많다고 했지만 수지는 아파트 전체를 쭉 둘러볼 수 없었다. 식사 후 그들은 거실로 사용되고 있는 아틀리에에 앉았고, 레오폴드는 마치 라운드 걸처럼 엘리자의 새로운 그림들을 계속 들고 나왔다. 수지는 나중에야 할머니가 그녀의 그림을 자신에게 팔고 싶어 했다는 것을 깨달았다. 손녀에게 그림 한 점을 선물해야겠다는 생각은 아예 처음부터 하지 않은 것이다. "그림들은 마음에 들었지만, 정확히 기억이 나지 않았다. 한마디로 강요된 상황이었다."

수지는 그림보다는 아틀리에의 가구와 조각품 컬렉션 그리고 여러 예술가들이 금속으로 만든 크고 작은 작품들에 더 관심이 있었다. 나중에 수지는 할머니가 손녀에게 자신의 삶과 예술적인 작업을 이해시키고 그렇게 살아온 자신에게 관심을 갖게 하려 한 것이 아니라, 단지 그림을 한 점이라도 팔기 위해 자신을 만났다고 생각하니 놀라웠다. "어렴풋이나마 기억나는 것은, 당시 내가 할머니의 아파트에서 다시 밖으로 나와 기뻐했다는 것이다."

이 만남 이후 수지는 할머니와 몇 차례 전화로 통화하곤 했지만, 곧 그 통화마저 뜸할 정도로 할머니에 대한 관심이 멀어졌다. 결국 수지는 진외증조부 칼 브라우어에 대해 아무것도 듣지 못했고, 아버지 스테판에 대한 할머니의 불만만 들어야 했다.

2019년 3월, 슬로베니아의 수도 류블랴나의 어느 시끄러운 카페에서 레브 메나세와 그의 아내를 만났다. 은퇴한 큐레이터이자 예술 비평가인 그는 대뜸 "나에게 있어 엘리자는 마녀였어요."라고 말했다. "그녀는 이 세상 사람이 아닌 것처럼 행동했어요. 하지만 나는 그런 그녀를 좋아했어요. 그녀는 특별한 사람이었는데 머리는 오렌지색이었고, 항상 화장을 진하게 했었죠." 메나세의 아내가 "네, 맞아요." 하고 동의했다. "그녀는 마치 자신이 세상의 중심인 것처럼 행동했어요. 사실 그녀는 그랬어요. 그녀를 한 번이라도 만나 본 사람은 누구나 그녀를 잊을 수 없었어요. 단지 그녀의 이름을 언급하기만 하면 됐어요." 메나세의 아내가 한 번 더 동의했다. "그래, 맞아요! 아주 특이한 여자였어요."

할머니 엘리자를 알고 지냈던 사람들은 모두 다음과 같은 비슷한 기억들을 가지고 있었다.

"그녀는 매우 흥미로웠다."

"사진으로는 그녀의 진정한 매력을 알 수 없다. 그녀가 어떻게 행동하는지 직접 봐야 한다."

"그녀는 매우 우아하게 옷을 입었으며, 빨간색 드레스와 많은 장신구를 착용했다."

"그녀는 사람들의 눈을 바라보았다."

"그녀는 젊은 영혼을 가졌다."

"그녀는 에너지와 생동감이 넘쳐났다."

"우리는 그녀가 그렇게 빨리 죽을 것이라고는 생각도 못했다. 그녀가 이미 90세를 넘었다는 사실을 몰랐다. 그녀는 시대를 초월했다."

"그녀는 매우 자기 주장이 강하고 지배적인 사람이었다."

"그녀는 항상 다른 사람들과는 다르게, 우아하게 옷을 입었으며, 게다가 머리를 빨갛게 물들였다!"

"그녀는 항상 즐거워했다."

"그녀는 유머 감각이 풍부했다. 특히 악의적인 유머 감각을 가지고 있었다."

"그녀는 개성이 강한 사람이었다."

"그녀와 함께 있으면 지루할 틈이 없었다."

"그녀는 아름답지는 않았지만, 커다란 눈, 큰 입과 코가 예쁘게 보였다."

"그녀는 천천히, 풍부한 감정과 표정으로 말했다."

"그녀는 밝고, 자신감 있고, 유머가 풍부하고, 마음이 따뜻하고, 이야기하기를 좋아하고, 사치스러운 사람이었다."

"그녀는 정열적이고, 활발하고, 항상 즐겁고 쾌활했다."

"그녀는 예술에 집착했고, 예술을 위해 살았다."

오늘날 전문가들만이 그녀를 기억하고 있음에도 불구하고, 예술가로서 엘리자 왕의 경력은 실제로 꽤 인상적이었다. 그녀는 프랑스 파리의 미술학교 아카데미 드 라 그랑드 쇼미에르에서 회화를, 오스트리아 비엔나의 예술 아카데미에서 무대 디자인을 공부했다. 엘리자는 평생 동안 아시아 예술에 매료되어 살았고, 그런 그녀에게 그녀의 중국 이름 왕은 너무나 당연한 것이었다. 그녀는 이제껏 살아온 자신의 삶과 현재의 삶을 모호하게 얼버무리며 감추었다. 때로는 식닝 왕이 혁명 중에 살해된 의사였다고 하거나, 베트남 출신의 남편에 대해 이야기했지만, 아들 스테판의 진짜 생부가 조선인 서영해라는 사실은 한 번도 이야기한 적이 없었다. 1989년 슬로베니아 마리보르에서 열렸던 우메트노스트 갤러리의 전시회 책자에는 "이국적인 성인 왕(개인적인 의지에 따라 선택한 성, 결혼으로 인해 물려받은 성이 아님) 뒤에는 감성이 풍부한 궤변적인 성격의 예술가, 즉 화가이자 수필가, 그리고 사진작가가 숨어 있다."고 적혀 있었다.

엘리자 왕은 고국인 오스트리아에 오래 머물지 않았고, 세계 시민으로 살았다. 먼저 그녀는 파리에서 공부를 시작했고, 1950년대에 로마에서 2년을 보냈으며, 그곳에서 이탈리아 발레단을 위한 의상을 디자인했다. 다만 1939년과 1945년 사이의 기간에 대해서는 알려진 바가 없다. 친구들에 따르면, 그녀는 독일의 영화 감독 레니 리펜슈탈을 열렬히 좋아했다고 했다. 그녀는 스폴레토, 볼로냐, 밀라노, 토디 등 여러 여행지에서 아들 스테판에게 엽서를 보내 자신이 머물고 있는 곳을 방문해 달라고 반복해서 요청하곤 했다.

1960년 엘리자는 이탈리아 스폴레토에서 오래된 교회를 개조하여 갤러리 '타오(Tao)'를 열었다. 타오는 중국어로

'길'이라는 뜻이다. 타오(또는 다오Dao)는 생성과 소멸의 근본적인 원리를 의미한다. 그녀는 갤러리를 통해 1958년 지안 카를로 메노티가 스폴레토에서 시작한 '두 세계의 축제 (Festival dei Due Mondi)'에 매년 참여했다. 이 축제에서는 잊힌 오페라와 새로운 작품들이 공연되었다. 특히 엘리자는 이 축제에서 친구들의 작품을 비롯하여 오스트리아의 화가, 조각가 그리고 무대 디자이너 허버트 아라튐 등의 작품 17점을 전시했다.

1960년대에 엘리자는 이탈리아의 예술업계에 감탄했다. 그녀는 이탈리아의 예술업계가 유럽에서 가장 활발하고 현대적인 예술업계 가운데 하나라고 생각했다. 그녀에게 있어 밀라노는 '장식용 직물을 포기한' 도시였다. 그녀는 고층 건물들에 매료된 것 같았다. 1960년 10월 밀라노에서 그녀는 스테판에게 1950년대 고층 건물이 그려진 엽서를 보냈다. "이 도시에서는 모든 것이 가능하다. 엄마가." 라고 엽서에 적었다. 밀라노에서 보냈던 또 다른 엽서에도 고층 건물이 그려져 있었는데, "이것이 건축이다."라고 그녀는 적었다.

1962년 엘리자는 비엔나에 갤러리 '타오'를 열었다. 이는 오스트리아 예술가들을 후원하고, 오스트리아 예술가들과 외국의 예술가들, 특히 오스트리아 예술가들과 아시아 지역 출신의 예술가들을 서로 연결시켜 주기 위해서였다. 갤러리 타오는 처음에는 팔피 궁전(Palais Palffy)에 자리를 잡았지만, 1970년 2월 케른트너슈트라세와 말러슈트라세의 모퉁이에 있는 옛 테데스코 궁전에 있는 오스트리아 문화 센터로 이전했다. 개관 전시회는 '다섯 가지 시각(視覺)의 길'이라는 표제로 진행되었다. '아트 센터'라고 불린 갤러리는 오스트리아 총리 요제프 클라우스 박사(국민당)가 참석한 가운데 개관되었으며, 처음부터 작품 판매를 위한 갤러리로 기획되었다. 오스트리아의 예술가들은 이곳에서 무료로 작품들을 전시할 수 있었다. '문화 정책적인 만남을 위한 포럼'은 연방 정부와 예술 후원가들에 의해 재정이 지원되었다. 엘리자 왕과 친분이 있는 건축가 디미트리스 마니카스는 갤러리 타오가 당시 비엔나에서 가장 훌륭하고 진보적인 갤러리라고 평가했다.

1965년 엘리자는 화가 레오폴드 세르쉬의 작품을 전시했다. 레오폴드는 작품의 영감을 오로지 물에서 얻었기 때문에 나중에 자신을 아쿠아 아쿠아*라고 불렀다. 바로 이 해에 엘리자가 그녀의 아들 스테판과 같은 나이였던 이 가난한 젊은 예술가와 평생의 연애 관계를 시작했으며, 그때부터 그녀는 온 힘을 다해 연인 레오폴드를 후원했다.

1965년 9월 19일 스테판은 생일을 맞이했다. 그의 어머니 엘리자는 슬로베니아의 수도 류블랴나에서 엽서를 보냈다. 그 엽서에는 또다시 고층 건물이 그려져 있었다. "사

---

* 아쿠아(Acqua)는 라틴어로 물이라는 뜻이다.

랑하는 디디, 네 생일을 축하한다. 이 마천루처럼 높이 더 높이 날아오르길 바란다. 기쁨과 즐거운 마음을 갖기 바라고, 언젠가 건축가가 되길 바란다. 100만 번의 키스를… 엄마가."

그리고 엘리자는 다시 이탈리아로 여행을 떠났다. 시칠리아의 트로페아를 거쳐 로마로 향했다. 그녀는 로마에서 20세기 최고의 오스트리아 조각가 중 한 명인 프리츠 보트루바를 만나러 갔다. 당시 프리츠는 보르게제 공원*에 푹 빠져 결코 이곳을 떠나고 싶어 하지 않았다. 엘리자는 자신이 해야 할 일을 스테판에게 자주 시켰다. 예를 들어 세관에 가는 일, 아버지 칼 브라우어를 병원에 데려가는 일 등이었다.

1977년 엘리자 왕은 예술 사진에 관심을 가지기 시작했다. 그녀는 자신의 사진 장르를 '창의적인 사진(creative photography)'이라고 불렀다. 다수의 예술 전문가들은 그녀를 창의적인 사진 분야에서 가장 탁월한 예술적 개성을 지닌 작가 중 한 명으로 꼽았다. 엘리자는 사진 작업에 앞서 형상들, 사물들 그리고 다양한 표정의 모델을 나란히 배치했다. 오브제 아트를 공부한 그녀는 해변에서 찾은 재료에서 사진의 모티브를 만들었다. 그런 다음 색채와 소묘를 통해 촬영을 위한 연출 순서를 정했다. 그 순서에 따라 모델은 독립된 공간에서 의상을 차려입은 뒤 요란하게 화장을 하

---

* 1600년경 보르게제 왕족의 여름 별장, 오늘날 로마에서 가장 큰 공원 가운데 하나이다.

고, 베일을 둘러쓴 다음 사진 촬영에 임했다. 엘리자는 고대의 신화, 바다와 태양 그리고 바람의 원초적인 힘에서 영감을 얻었다고 말했다. 그녀는 사진에 아르카이크풍*의 연출법을 시도했다. 그녀의 첫 번째 사진 작업은 이탈리아에서 진행되었고, '바다의 희생', '젊은 남성의 상(像)인 코우로스상', '죽음과 부패' 등과 같은 표제를 붙였다. 엘리자는 연인 레오스(레오폴드)를 종종 모델로 세웠다. 잘생긴 남자인 그는 엘리자의 작품에 대해 놀라운 감탄을 쏟아 내면서 연인에게 힘이 되어 주었다. 예술가로서 그녀는 나이 어린 연인 레오스가 자신이 가진 능력 이상의 재능을 발휘하게 도움을 주었다. 하지만 때론 그에게 이래라저래라 하며 지시하기도 했다. 때때로 엘리자는 레오스를 '미찌(Mizzi, 마리아의 별명)'라고 불렀고, 레오스는 엘리자를 '무체를(Muzerl, 고양이)'이라고 불렀다. 레오스는 엘리자가 죽을 때까지 그녀에게 신의를 지켰다. 때때로 엘리자의 사진 모델로도 활동했던 트라우데 마니카스는 "엘리자는 레오스에게 좋은 사람이었고, 레오스 역시 엘리자에게 좋은 사람이었다."라고 두 사람의 관계를 회상했다.

아버지 칼 브라우어가 죽은 후, 엘리자는 젝스하우저슈트라세에 있는 아버지 소유의 아파트를 팔았다. 그리고 아버지가 소유하고 있던 브라우어 컬렉션 역시 응용미술 박

---

* 고대 그리스 초기의 예술 양식이다.

물관에 팔았다. 그녀는 그 돈으로 그리스 아이오스 섬의 언덕 위 작은 교회 옆에 약 $300m^2$의 주거 공간과 넓은 테라스가 있는 커다란 건물을 지었다. 엘리자와 레오스는 대부분의 시간을 아이오스 섬에서 보냈다. 그 결과 두 사람의 비엔나 문화 활동이 점점 줄어들었다. 아이오스 섬에 집이 있는 디미트리스 마니카스는 "이 시기에 두 사람은 비엔나에서 그림을 판매하면서 계속 활동할 수 있었지만, 아이오스 섬에서 간소하게 살았다."라고 회상했다. 엘리자의 꿈은 아이오스 섬에 갤러리 타오 지점을 여는 것이었지만, 아이오스 섬에는 그녀의 작품을 구매할 수 있는 부유한 관광객들이 없었기에 그녀의 계획은 실현되지 않았다. 그럼에도 불구하고 그녀는 1999년 아이오스 섬 시장의 지원을 받아 스페인, 슬로베니아, 크로아티아, 오스트리아 그리고 그리스에서 온 예술가들과 함께 대규모 조각가 심포지엄을 기획하였다.

1980년 엘리자는 갤러리 운영자로서 그루파 주니지를 만났다. 그루파 주니지는 1970년 예술가 4명으로 만들어진 그룹으로, 네 사람 모두 당시 유고슬라비아에 속했던 지금의 슬로베니아 수도 류블랴나에서 6월에 태어났다. 엘리자는 그 그룹의 일원이 되었고, 류블랴나(슬로베니아), 베오그라드(세르비아), 스코페(북마케도니아), 사라예보(보스니아 헤르체고비나)에서 열린 그루파 주니지의 전시회에 자신의 작품을 출품했다. 1985년 그룹이 해체될 때까지 엘리자는 그들과 함께했고, 그 후에도 그들과 우정 관계를 유지했다.

1980년에는 '프랜시스 베이컨(아일랜드, 화가)에게 헌정', '조르조 데 키리코(그리스, 화가)에게 헌정', '동물 머리 뼈(해골)' 등과 같은 사진 시리즈가 출품되었으며, 11개의 머리 유물도 전시되었다. 이 유물들은 현재 파리 국립도서관의 아카이브에 소장되어 있다.

엘리자는 그루파 주니지의 여러 멤버들과 깊은 우정을 나누었다. 2019년 봄, 나와 수지는 그루파 주니지 멤버들의 도움을 받아 수지의 할머니 엘리자에 대해 더 정확한 정보를 얻기 위해 슬로베니아의 류블랴나로 향했다.

"여러 면에서 그녀는 상식을 초월한 특이한 여성이었습니다." 큐레이터로 활동했던 레브 메나세가 웃으며 말했다. "하지만 나는 그녀가 그렇게 비현실적이었기 때문에 그녀를 정말 좋아했습니다." 하지만 유대인인 그는 그녀를 좋아하지 않을 이유가 충분히 있었을 것이다. 엘리자가 유대인들을 특히 싫어했기 때문이다. 메나세와 메나세의 아내는 엘리자가 유대인인 메나세 앞에서 유대인에 대한 비난을 좀 자제해야 한다는 것을 깨닫지 못한 것 같았다고 회상했다. 하지만 그 후 아마 누군가 그녀에게 단호히 말한 것이 틀림없다. 그녀가 어느 순간부터 유대인들에 대해 더 이상 경멸적인 발언을 하지 않았기 때문이다. 하지만 메나세는 엘리자의 그런 행동을 기분 나쁘게 받아들이지 않았다. 오히려 그녀에게 매료되었다. 메나세에 따르면, 엘리자는 유대인이 너무 많은 힘과 영향력을 가지고 있으며, 그런 유대인들이 예술가인 자신을 소외시키고 있다고 생각했다. 예를 들어, 그녀의 어린 시절과 청소년 시절, 그녀의 아버지 칼 브라우어의 집을 드나들었던 사람들 가운데, 유대인이었던 훈데르트바서에게 많은 돈이 흘러 들어갔다. 유대인들은 엉뚱한 예술가에게 돈을 주곤 했다고 그녀는 말했다.

메나세는 엘리자의 다채로운 성격뿐만 아니라, 그녀의 예술 작품도 좋아했다.

엘리자는 매우 뛰어난 예술가였고, 그루파 주니지에서도 최고의 멤버 중 하나였다. 그녀보다 뛰어난 사람은 없었다. 그녀가 하는 것은 기술적으로 그리고 창의적으로 완벽했다. 그녀가 창조해 낸 것은 늘 새로운 것이었으며, 결코 반복하지 않았다. 일반적으로 예술가들은 주변으로부터 인정을 받은 어떤 형식을 찾아내면 그것을 반복하기 시작한다. 하지만 엘리자는 결코 그렇게 하지 않았다. 내가 큐레이터로서 그녀의 작품 가운데 하나를 선택할 때마다, 나는 그녀가 항상 나를 놀라게 할 것이라는 것을 알고 있었다. 예술가로서 그녀는 훌륭했고, 아터제*보다 훨씬 더 뛰어났다.

"하지만 엘리자는 그 아터제를 좋아할 수가 없었어요." 메나세 부인이 끼어들어 말했다. 메나세 역시 엘리자가 갖

---

* 오스트리아 오버외스터라이히주에 있는 호수이다.

고 있는 유대인들에 대한 적대감을 설명하려고 시도했다. "나는 그녀가 비엔나와 오스트리아에서 예술가로서 충분히 인정받지 못한 것에 대해 환멸을 느꼈다는 것을 이해해요. 예술가는 자신의 예술적인 재능을 정확히 알고 있어요. 자신이 정말로 뛰어나다면 더 그렇죠. 바로 엘리자가 그랬어요."

엘리자는 연인 레오스가 뛰어난 예술가가 아니라는 것을 분명히 알았을 것이다. 하지만 야나 메나세에 따르면, 엘리자는 레오스를 행복하게 해 주기 위해 그가 뛰어난 예술가라고 매번 확신시켜 줬다. 엘리자는 그녀의 작품들을 전시할 때, 레오스의 작품들도 함께 전시하게 해 줄 것을 요구했다. "나는 엘리자의 이러한 요구가 불만이었습니다. 나는 그녀의 작품만을 전시하고 싶었지요. 레오스는 평범한 예술가였어요. '평범한' 것은 '나쁜' 것보다 더 나쁜 것이죠."라고 은퇴한 큐레이터 레브 메나세는 말했다.

엘리자는 그녀의 모든 친구들에게 그랬던 것처럼, 메나세 부부에게도 컬러풀한 블록체로 쓴 짧지만 예술적으로 꾸민 편지들을 보냈다. 이 독특한 편지는 메나세 부부로 하여금 엘리자를 떠올리게 했으나, 개인적인 내용은 거의 들어 있지 않았다.

엘리자에게 아들이 하나 있다는 사실을 류블랴나에서는―한 사람을 제외하고는―아무도 알지 못했다. 심지어 그녀의 가장 친한 친구들도 몰랐다. 마니카스는 "엘리자가 독립적이면서 혈기 왕성한 삶을 중요하게 생각했기 때문에 아들을 숨겼을 것이다.”라고 말했다. 은퇴한 큐레이터 마르야 로렌차크는 엘리자에게 그녀 이름에 관해 물었을 때, 엘리자가 파리에서 외교관이었던 베트남 남자와 결혼했었다는 것을 알게 되었다. 하지만 엘리자는 남편이 정치와 외교에 대해서만 이야기를 했기 때문에 지루했고 결국 헤어졌다고 했다. 엘리자는 아들 스테판을 임신한 채 비엔나로 돌아온 것에 대해서는 언급하지 않았다. 엘리자는 친구 마르야나 코베에게만 아들의 존재를 언급했으며, 아들의 생부는 중국인이라고 말했다. 하지만 아들의 친아버지가 자신에게 그렇게 친절하지 않았기 때문에 그와 연락을 끊었다고 했다.

마르야 로렌차크는 엘리자가 가진 돈이 거의 없었다고 회상했다. 함께 레스토랑에 가면, 엘리자는 감자와 샐러드 같은 간단한 음식만 주문했다. 반면 마니카스 부부는 엘리자가 비엔나에서는 항상 트램 대신 택시를 탔다고 했다. 엘리자의 집 앞에 트램 정류장이 있음에도 불구하고 말이다. 이에 대해 엘리자는 택시 타는 것이 익숙해서 그랬다고 말했다. 엘리자는 아이들을 좋아하지 않는 것 같았다. 엘리자가 마르야를 비엔나에 초대했을 때, 마르야는 아들을 데려가고 싶어 했다. 하지만 엘리자는 “아니야, 혼자 와!”라고 말했다. 로렌차크는 “그때는 정말 슬펐지만, 엘리자가 단순히 아이들을 좋아하지 않는다는 것을 깨달았다.”라고 회상했다. 메나세 부부 역시 엘리자가 그들의 딸 사라를 환영하지 않는 것 같은 느낌을 받았다.

그루파 주니지가 공식적으로 해체된 후에도 오랫동안 엘리자는 슬로베니아의 예술가 친구들과 관계를 유지했다. 그 친구들이 계속해서 슬로베니아에서 전시회를 기획했고, 엘리자의 작품들을 전시할 수 있도록 받아 줬기 때문이다. 마르야 로렌차크는 엘리자가 무엇보다 그녀 자신에게 관심을 가지고 있었다고 생각했다. 이는 엘리자 자신이 큐레이터였기 때문이다. 1996년 큐레이터인 엘리자는 류블랴나에서 100km 떨어진 포드스레다 성에서 자신의 작품을 포함한 그룹 전시회를 기획했다. 레브 메나세는 비엔나로 가서, 작품을 선정하고, 카탈로그에 들어갈 내용을 작성했다.

　　2001년 7월 엘리자는 심근경색을 앓았다. 엘리자는 레오스와 함께 어느 음식점에 앉아 있었다. 그런데 갑자기 그녀의 머리가 접시 위에 툭 하고 떨어졌다. 그녀는 수술을 받았고, 심박조정기를 달았다. 같은 해에 '고통(Douleur)'이라는 표제로 사진 작품을 출품했다. 2002년과 2003년에도 비엔나와 자크트 푈텐(St. Pölten)에서 엘리자의 사진 작품들이 전시되었다. 그녀는 2006년 91세의 나이로 세상을 떠났다.

　　엘리자의 작품은 비엔나, 파리, 스코페, 류블랴나, 장크트 푈텐의 아카이브에 보관되어 있으며, 유럽, 일본, 미국 등의 개인 컬렉션에 소장되어 있다.

대한민국으로의 귀향

～

1945년 2월 15일, 서영해는 이승만이 미국 워싱턴에서 보낸 편지를 받았다.

친애하는 서영해 선생님께,

서 선생님께서 호놀룰루로 보내 주신 편지를 오늘 아침 받았습니다. 정말 반가웠습니다. 우리는 항상 서 선생님을 생각해 왔으며, 최근에도 서 선생님에게 연락을 취하려고 편지를 보냈습니다. 다시 서 선생님과 연락을 취할 수 있게 되어 매우 기쁩니다.

대한민국 임시정부는 현재 충칭에서 활동하고 있습니다. 우리는 미국의 승인을 얻기 위해 노력하고 있습니다. 미국 정부는 우리에게 매우 우호적이며 임시정부 승인과 협조를 약속했지만, 아직까지 공식적인 승인은 이뤄지지 않고 있습니다.

현재 대한민국 임시정부의 사실상의 지위를 인정하고, 또 임시정부와 독립군을 재정적으로 지원하고 있는 나라는 중국 정부가 유일합니다. 현재 중국 정부는 공산주의 세력과 그들의 영향력 확대를 우려하고 있으며, 대한민국 임시정부를 합법적으로 승인할 의향을 가지고 있지만, 미국 정부의 불분명한 입장 때문에 주저하고 있습니다.

태평양 전쟁이 연합군의 승리로 마무리되고 있는 지금, 미국 정부는 대한민국 임시정부와 협력할 필요성을 인식하고 있는 것 같습니다. 저는 조만간 공식적인 승인이 이루어질 것이라고 기대하고 있습니다. 그렇게 되면 서 선생님께서는 파리에서 대한민국 임시정부를 대표하게 될 것이며, 임시정부는 서 선생님의 활동을 지원할 준비가 되어 있을 것을 확신합니다.

그동안 서 선생님은 프랑스 정부에 도움을 요청하십시오. 우리 임시정부가 유엔에 요구한 공식 승인을 위해 필요한 조치를 취하도록 프랑스 정부를 설득하는 것이 필요해 보입니다. 프랑스-대한민국 간의 우호통상조약을 언급할 수 있을 것입니다. 프랑스는 우리에게 항상 우호적인 태도를 보여 왔기 때문에, 대한민국 임시정부가 마땅히 차지해야 할 자리를 국제 사회에서 얻을 수 있도록 도움을 줄 것이라고 기대합니다.

서 선생님의 정확한 주소를 알려 주시고, 우리가 서 선생님을 어떻게 도울 수 있는지 알려 주시기 바랍니다.

그럼 안녕히 계십시오.

이승만 드림

1945년 8월 15일, 서영해는 파리에서 일본 제국의 항복과 식민지였던 조국 조선의 해방 소식을 들었다. 바로 다음

날 '파리와 런던 주재 대한민국 임시정부의 대표'로서 서영해는 잡지 『스 수아(Ce Soir)』와 마주 앉았다. 인터뷰에서 서영해는 프랑스 공화국이 '자유를 향한 거칠고 고통스런 여정'에서 조선에 도움을 준 것에 대해 감사를 표했다. 그의 6개월간의 구금은 잊혔고, 이제 그는 희망으로 가득 찼다.

> "저는 저의 조국 조선이 머지 않아 진정한 모습을 보여 줄 것이며, 프랑스가 서양에서 행했던 것과 같은 사명을 극동 지역에서 수행할 것이라고 확신합니다. 왜냐하면 저의 조국 조선은 정의, 자유, 독립에 대해 프랑스와 같은 사랑으로 가득 차 있기 때문입니다!"

모든 외부적 및 내부적 폭풍이 지나면 조선은 마침내 다시 진정으로 '고요한 아침의 나라'가 될 것이라고 안타깝게도 그는 착각하고 있었다. 그리고 다시 이승만으로부터 전보가 도착했다

> 당신의 메시지를 받아 기쁩니다. 우리는 당신을 위해 어떤 계획을 가지고 있으며, 두 번에 걸쳐 편지를 보냈습니다. 프랑스 파리에서 우리의 조국 대한민국을 대표할 수 있겠습니까?
> 이승만 드림.

한반도는 1905년부터 1910년까지 일본 제국의 보호국*
으로, 그 이후에는 일제 강점기인 식민지 조선으로서 40년
간 일본군의 점령을 당한 후 마침내 독립에 대한 희망이 눈
앞에 있었다. 일본의 패배가 임박해졌을 때, 미국은 1945년
8월 6일 히로시마에 끔찍한 결과를 초래했던 원자폭탄을
투하했고, 소련군은 8월 폭풍의 작전을 시작으로 8월 9일
일본의 괴뢰 국가 만주국과 쿠릴 열도의 일본군 진지를 공
격했다. 같은 날 미국의 두 번째 원자폭탄이 나가사키를 파
괴했다. 일본은 패배했다.

한반도와 백성들의 기쁨은 이루 헤아릴 수 없을 정도였
다. 거대한 축제의 행렬이 수일 동안 한반도 전체를 휩쓸었
다. 하지만 곧 얼마 지나지 않아 사람들은 일본군 점령의 속
박으로부터의 해방이 결코 외세 지배로부터의 해방을 의미
하지 않는다는 것을 깨달아야 했다. 문제는 해방이 조선인
들에 의해서가 아니라 연합국에 의해서 이루어졌다는 것이
었다.

일본 제국이 항복하기 전에 이미 소련군은 1945년 8월
15일 평양에 진입하여 한반도의 절반인 북쪽을 점령했다.
미국은 남한을 장악했다. 두 강대국은 그 어떤 계획도 세우
지 않고 북위 38도 위선을 기준으로 한반도를 둘로 나눠 버
렸다. 그들은 이 38도 위선 주변에 있는 마을들과 주민들을

---

* 일제는 1905년 11월 18일 보호조약, 소위 을사늑약 체결로 대한제국을 보
호국으로 만들었다.

전혀 고려하지 않았다.

1945년 8월 22일 김일성은 소련에서 평양으로, 1945년 10월 이승만은 미국에서 서울로 각각 돌아왔다. 소련군은 김일성을 임시인민위원회 위원장으로 임명했다. 김일성은 즉시 조선인민군을 창설하고, 자신의 권력을 강화하기 시작했다. 미국은 이승만을 공산주의에 대항해 싸울 수 있는 확실한 동맹으로 여겼고, 이승만은 미국의 지원에 힘입어 1948년 7월 20일 대한민국의 초대 대통령으로 선출되었다. 1948년 9월 김일성은 자신을 직접 수상으로 내세워 조선민주주의인민공화국의 수립을 선언했다. 곧 남과 북의 국경 지역에서 크고 작은 충돌이 발생했고, 결국 2년 안에 남과 북 두 나라는 20세기 최악의 전쟁 중 하나에 휘말리게 되었다.

대한민국 임시정부의 마지막 소재지 중국 충칭에서 주석 김구가 보낸 전보는 다음과 같았다.

제1차 대한민국 임시정부 인사의 첫 번째 그룹, 즉 모든 맴버는 국무위원 및 각료들로 구성되었으며, 5일 중국 충칭을 출발하여 대한민국으로 출발할 예정입니다. 김구 드림

1945년 11월 말 김구는 국민들의 환호를 받으며 서울에 입성했다. 그는 짧은 라디오 연설에서 자신은 미군정에 협력하기 위해 개인 자격으로 왔다는 점을 강조했다. 1945년

11월 25일 『뉴욕 타임스』는 김구의 사저*가 1919년 3월부터 함께 싸웠던 옛 전우들, 그리고 전설적인 인물인 김구를 보려는 시민들에 의해 둘러싸였다고 보도했다. 김구와 이승만은 미군정 사령관 존 리드 하지와 2시간 30분 동안 회담을 가졌다. 당시 『뉴욕 타임스』는 이승만의 최대 약점으로 꼽힌 극단적 보수주의 정치 성향에 비해 김구는 상대적으로 온건적 보수주의 성향일 것이라고 추측했다. 당시 대한민국의 언론은 김구의 환국(還國)을 만장일치로 환영했으며, 그 가운데 일간지 『자유신문』은 "마침내 길고 길었던 대한민국의 밤하늘에 한 줄기 햇살이 비쳤다! 이에 다른 그 어떤 나라의 태양이라도 더 이상 우리의 조국 대한민국에 비추는 것을 원하지 않는다."라며 가장 열광적인 모습을 보였다. 『뉴욕 타임스』는 김구의 환국이 '미군정의 종식을 알리는 신호탄'이라고 보도한 매체는 『자유신문』이 유일했다고 보도했다.

하지만 예상은 빗나갔다. 미군정 사령관 하지는 미국 당국이 임시정부의 지위에 어떤 관심을 가지고 있는지에 대해서는 언급을 피하면서 다음과 같이 말했다.

김구는 대한민국 임시정부의 주석으로서 중국에서 수년간 망명생활을 해 왔습니다. 그와 그의 일행은 대한민국의 통일과

---

* 경교장: 대한민국 임시정부의 주석이던 김구가 1945년 11월 중국에서 귀국한 이후부터 1949년 생애를 마칠 때까지 생활했던 사저 겸 집무실.

재건 그리고 독립을 위해 개인 자격으로 그들의 조국에 돌아왔습니다. 나는 대한민국의 위대한 애국자인 김구를 그의 조국에서 환영합니다.

서영해는 1947년 5월 26일에야 겨우 대한민국의 서쪽에 있는 인천항에 도착했다. 파리에서 출발하기 전에 수백 권의 책과 함께 살림살이를 정리해야 했기 때문이다. 그는 고향인 부산으로 가기 전에 먼저 서울로 향했다. 이제 정부가 구성되어야 했고, 서영해의 역할은 정해져 있었다. 그는 새 정부에서 초대 외무장관이 될 예정이었다.

부산에서 서영해는 파리 망명생활 내내 꿈속에서 자신을 따라다녔던 어린 시절 그 도시를 다시 보는 기쁨과 동시에 깊은 슬픔을 느꼈다. 아버지가 돌아가신 후 가족이 뿔뿔이 흩어졌기 때문이다. 아버지가 운영했던 한약방은 흔적조차 찾을 수 없었다. 어머니와 형제자매 몇은 이미 세상을 떠났다. 다른 형제들은 새로운 삶을 시작하기 위해 조선을 떠나 일본이나 북한으로 향한 상태였다. 그의 가까운 가족 가운데 남아 있는 사람은 막냇동생이 유일했다. 교사인 동생 서조수는 부산에서 서영해를 맞이해 주었다. 서영해는 자신이 떠나 있는 동안 변해 버린 상황들에 혼란스러웠다. 1920년 서영해가 청운의 꿈을 안고 부산을 떠났을 당시, 낙동강 하구에 있던 이 도시는 아주 작았다. 하지만 그동안 부산은 일본 점령군에 의해 대한민국의 주요 산업 도시 가운데 하나로 성장했다.

처음 찍었던 가족사진에서 서영해는 한복 차림에 진지한 표정을 하고 있는 어른들과 아이들 사이에서 양복에 밝은 넥타이를 매고 있어 눈에 띄었다. 하지만 이후 사진에서 그는 흰색의 한복을 입고 맨발로 바닥에 앉아 있는 모습이다. 떠나 있던 오랜 기간 동안 서영해는 일제의 지배하에 그의 고향 부산에서 어떤 변화가 일어났는지 그 변화에 대해 거의 알지 못했다. 그리고 그 자신도 변해 있었다. 28년 동안의 해외 생활이 그에게 아무런 흔적 없이 지나가지는 않았다. 이미 서영해는 유럽 사람이 다 되어 있었다.

그의 막냇동생의 아내 김영애는 서영해와 잘 지내려고 애를 썼다. 그녀는 작가 정상천에게 속마음을 털어놓았다. "그는 특이하고 까다로웠다. 그 어떤 것도 그의 마음에 들지 않는 것 같았다. 그는 모든 것과 모든 사람들을 비판했다. 특히 젊은이들을 비판했다." 정상천은 그의 책에서 예전에 서영해를 알았던 사람들에게는 그가 마치 돈키호테처럼 보였을 것이라고 썼다. 그는 낯선 젊은이들에게 말을 걸고는 그들의 행동거지를 비판했다. 길거리에 널려 있는 쓰레기를 본 그는 프랑스에서는 쓰레기를 소각해 없앤다고 험담을 해 댔다. 또한 프랑스에는 시골 마을에도 온수가 나온다고 했다. 가난에서 벗어나려면 부지런해야 하고, 결코 방심해서는 안 된다는 말을 거침없이 쏟아 냈다.

서영해가 부산에 도착해 기차에서 내리자 경찰관 한 명

이 프랑스어로 된 그의 책을 빼앗고는 다음과 같이 심문했다. "당신 뭐 하는 사람이오? 어디에서 왔소? 이 책은 무엇에 관한 것이오?" 이에 서영해는 화를 내며 대답했다.

> "프랑스 파리에서는 경찰관이 잘못 주차된 차를 보면, 운전자에게 정중하게 자동차 열쇠를 달라고 요청합니다. 왜냐하면 자동차를 잠시 다른 곳에 세워 놓기 위해서입니다. 우리 경찰들은 일본 경찰들에게서 나쁜 것만 주로 배웠습니다!"

서영해의 환국 소식은 부산 시민들 사이에 퍼져 나갔고, 그의 가족과 친구들은 그를 부산이 낳은 위대한 아들에 걸맞게 환대해 주었다. 그리고 곧 그들은 오랜만의 재회로 인한 낯섦에도 불구하고 삶에 대한 그의 태도가 거의 변하지 않았다는 것을 알게 되었다. 그는 아침마다 차가운 물로 씻었고, 사람들을 만나거나 강연을 하는 등 조금도 쉬지 않았다. 그의 밥인 기점은 당시 조선을 점령했던 일본 제국이 패배한 이후에도 계속되었다. 그는 일본 제국의 오랜 식민 지배 동안 들어와 사용되던 일본식 단어들을 용납할 수가 없었다. 일본 음식에 대해서도 마찬가지였다. 그럼에도 그는 겸손함을 유지했다. 임시정부의 위원들과 미국 대표단이 함께 찍은 사진에서도 그는 한가운데가 아닌 둘째 줄 오른쪽 가장자리에 서 있었다. 해방된 조국 대한민국의 초대 외무장관이 될 인물이었음에도 말이다.

서영해는 곧 국내의 정치적인 상황을 파악하려고 노력했다. 독립의 순간이 왔는가? 아니면 이미 늦었는가? 하지만 그는 곧바로 어려운 정치 현장에 뛰어들지 않고, 기사를 쓰면서 강연을 했다. 1947년 2학기부터 그는 당시 연희전문학교, 경성여자의학전문학교, 이화여자전문학교 등에서 교수로 재직하며 주로 프랑스어를 가르쳤다. 특히 그는 대한민국의 독립을 강조하기 위해 당시 일본인들이 만든 교재 사용을 거부하고, 학생들을 위해 직접 초급 불어 교과서를 편찬했다. 당시 종이의 질은 좋지 않았다. 교과서 내용은 그가 직접 타자기를 사용해 썼고, 볼펜으로 프랑스어 발음 기호를 일일이 표시했다.

서영해는 대학에서 학생들을 가르치는 것 외에 개인 사무실을 열었고, 주중에 여러 차례 교회에서 무료 강좌를 열었다. 그에게서 프랑스어를 배웠던 학생들 중에는 훗날 정치, 교육, 언론과 같은 분야에서 이름을 떨친 사람들도 있었다. 서영해는 자신의 경험을 바탕으로 분석한 국제 정세에 대해 프랑스어로 강연을 했다. 훗날 KBS 대북방송 전문위원*으로 활동했던 최광석은 첫째 날 수업료가 얼마나 되는지 물었다가 서영해로부터 크게 꾸중을 들었다. "내가 돈을 벌기 위해 이런 일을 한다고 생각하시오?" 이후 최광석은 서영해의 열렬한 추종자가 되었고, 서영해와 함께 유럽으로

---

* KBS 자유대한의 소리 대북방송, 『파리의 독립운동가 서영해』(정상천 지음) 148페이지 참조.

가는 것을 계획하기도 했다.

그리고 서영해는 황순조라는 26세의 여성을 만나게 되었다. 그녀는 부산에 있는 경남여자중학교에서 교사로 일하고 있던 재원이었다. 서영해는 언젠가 치마저고리를 차려입고 자신과 함께 파리의 에펠탑 아래를 함께 거닐 한국 여성을 마침내 찾았다. 이것은 그가 엘리자베스와 헤어진 후 계속 꿈꿔 왔던 일이었다. 황순조는 일본 도쿄가정전문학교에서 공부한 현대적인 여성 직장인이었다. 1941년 일본 유학을 마치고 귀국한 후 부모는 딸의 결혼을 서둘렀지만, 그녀는 그 어떤 남성에게도 마음을 열지 않았다. 하지만 서영해는 달랐다. 그의 다국어 구사 능력과 총명함은 분명 그녀의 마음을 사로잡기에 충분했을 것이다. 게다가 서영해와 황순조, 두 사람의 가족은 이미 서로 알고 지내던 사이였다. 황순조의 아버지는 한의학 전문의로, 서영해 아버지의 제자였다.

서영해와 황순조, 두 사람의 만남은 서영해의 동생과 친구들의 열렬한 지지 속에 이루어졌다. 스무 살의 나이 차이에도 불구하고 두 사람은 1948년 3월 24일 결혼에 이를 만큼 삶의 가치관에서 서로를 잘 이해했다. 하지만 결혼식 사진 속 두 사람의 모습이 그렇게 행복해 보이지만은 않는다. 아마도 서로에 대해 거의 알지 못했던 두 사람의 결혼이 이제 현실이 되었기 때문이었을 것이다. 서영해는 다른 사진들에서도 거의 웃지 않았다. 그럼 황순조는? 정상천은 그의 책에서 황순조가 서영해에 대해 했던 말을 다음과 같이 인용했다. "서영해는 인상적이고 훌륭한, 교양 있고 품위 있는 사람이었습니다. 나에게는 남편이라기보다는 선생님이나 아버지 같았습니다." 이러한 관계가 두 사람의 행복한 결혼 생활을 유지하는 데 충분했는지 의문이다. 황순조가 서영해보다 키가 더 컸기에 서영해는 결혼식 사진 촬영 당시 신부와 키를 맞추기 위해 상자 위에 올라서야 했다. 신혼부부 서영해와 황순조는 서울에 정착했다. 서영해는 여학교에서 학생들을 가르쳤고, 학교 밖에서는 쉴 새 없이 강연을 했다.

서영해와 황순조, 두 사람은 정치적으로 불안한 시기에 결혼했다. 북한은 소련에 의해 점령되었고, 1945년 9월 8일 미군이 인천에 도착했다. 이미 1945년 말 미국과 소련은 한반도에 대한 5년간의 신탁 통치에 합의했다. 이 기간 안에 남북한은 함께 독립적인 한반도 민주 임시정부를 수립해야 했다. 이에 분노한 남과 북의 국민들이 들고 일어났다. 수십 년 동안 일본 제국에 종속된 채 살아야 했던 조선의 국민들 그리고 이제 막 해방을 맞이한 한반도의 국민들은 외국 정부들이 자신들의 운명을 결정하는 것에 염증을 느꼈다.

신탁 통치 규정을 위한 미소공동위원회의 협상은 서울과 평양에서 더디게 진행되었다. 1947년 9월, 미국은 한반도의 독립에 관한 문제를 이제 막(1945년) 설립된 국제연합(UN) 총회에 상정하는 것과 1948년 3월 한반도 총선거가 유엔의 감시하에 치러질 수 있게 하자고 제안했다. 소련 정부는 이에 반대하였으며, 1948년 초 한반도에 주둔하고 있는 모든 외국 군대가 철수하고, 한반도의 미래는 이 나라 국민들에게 맡겨야 한다고 제안했다. 이는 김구와 서영해가 바라던 제안이었다. 또한 소련은 한반도 대표단을 유엔에 초청해야 한다고 주장했다. 소련은 이러한 구상에 따라 결의안 초안을 1947년 10월 제안하였지만 부결되고 말았다. 소련 그리고 소련과 가까운 공산 진영은 11월 미국이 지지한 결의안 표결에 참여하지 않았다. 한반도에 대한 미국과 소련의 협력 관계가 와해되었고, 결국 1947년 11월 미소공동위원회는 해체되었다.

김일성이 소련의 지원으로 북한에 생존이 가능할 정도로 경제를 일으켜 세우는 동안, 남한에는 기근과 실업이 온 나라를 휩쓸고 있었다. 공산주의 연맹, 기독교 연맹, 우익 연맹, 온건 좌익 연맹 등 서로다른 정치 세력들이 서로에게 폭력을 가하며 싸웠다. 오만하기 짝이 없는 하지 사령관 휘하의 미군정은 남한에서 점점 인기를 잃어 갔다. 해방 직후 정치적으로 극에 달했던 좌우 대립의 상황에서 여운형은 중도파 정부에 대한 희망이었다. 하지만 여운형은 서영해가 도착한 후 몇 주 만에 당시 서울 경찰과 협력 관계였던 백의사 소속의 19세 청년에 의해 살해당하고 말았다. 정치적 성향이 다른 수천 명의 사람들이 장례식에 참석해 중도파 정치인이었던 그에게 작별을 고했다.

남한에서는 예정된 선거*에 반대하는 격렬한 시위가 벌어지고 있었다. 이 선거로 인해 한반도의 분단, 즉 남과 북으로 갈라지는 것이 분명했기 때문이다. 시위대에 대한 경찰의 진압으로 수백 명이 사망하고 부상자가 발생했다. 3월 15일, 망명 임시정부 출신의 주요 정치인들, 특히 김구와 김규식 같은 지도자들이 선거 거부를 선언했다. 이들은 통일된 한반도 선거를 촉구했다. 하지만 결국 남한에서만 진행된 제헌 국회의원 선거는 한국민주당, 이승만이 이끄는 대한독립촉성국민회 등이 참여한 가운데 실시되었다.

서영해가 결혼한 지 한 달이 채 되지 않은 1948년 4월 김일성은 남한 대표단을 평양으로 초청했다. 한반도의 통일을 함께 논의하기 위해서였다. 김구와 김규식이 남한 대표단을 이끌었다. 서영해는 언론을 대표하여 대표단과 동행했다.

대표단 회의**는 1948년 4월 22일 남한에서 233명, 북한에서 305명이 참석한 가운데 열렸다. 4월 30일 남과 북 양측은 공동 결의문을 통해 한반도 단일 정부를 수립하고, 이를 위해 한반도의 전국적인 선거 실시를 발표했다. 그 전제조건은 한반도에 주둔하고 있는 모든 외국 군대가 철수하는 것이었다. 이 회의와 동시에 남한의 16개 정당 및 40개

---

* 1948년 5월 10일 제헌 국회 구성을 위해 실시된 남한 지역 국회의원 총선거를 말한다.
** 남북 정당사회단체 대표자 연석회의.

사회단체는 4월 23일 공동 선언을 통해 어떠한 경우에도 남한에서만 실시되는 단독 선거를 인정하지 않겠다고 발표했으며, 유엔이 한반도 대표단의 참여 없이, 한반도 국민의 의사에 반하는 선거를 결정했다고 주장했다. 그들은 또한 모든 외국 군대의 철수를 요구하고, 한반도의 문제를 한국인들에게 맡길 것을 요구했다. 대표단 회의 후 평양에서 서울로 귀환할 때 김구와 김규식은 선거를 방해하지 않겠다고 약속해야 했다.

한반도 남쪽 지역만을 대상으로 하는 선거*에 반대하는 시위는 마치 내전과 같이 확대되었고, 1948년 5월 10일 선거 당일까지 계속되었다. 그때까지 10,000명이 체포되었고, 299명이 사망했다. 선거 당일에도 44명이 목숨을 잃었다. 미국이 바라던 대로, 선거는 이승만 당(대한독립촉성국민회)과 미군정하 관료들의 승리로 끝났다. 하지 사령관은 선거를 보이콧한 사람들을 모두 공산주의자로 몰아 탄압하기 시작했다. 5월 31일 제헌 국회의 국회의장에 선출된 이승만은 하지 사령관의 노선을 계속 이어 나갔다.

통일된 독립 국가에 대한 서영해의 꿈은 점점 멀어지는 것 같았다. 그가 5월 10일 선거에 참여하지 않은 것은 당연한 일이었다. 이승만은 미국인으로서 아무런 자격이 없는

---

* 1948년 2월 26일 국제연합임시위원단은 한반도 내 가능한 지역에서의 선거 실시 결의안을 채택하였고, 이에 따라 남한 지역만을 대상으로 선거를 치르기로 결정했다.

255

하지 사령관을 정부 수립 준비에 참여시켰다. 이승만은 선거의 적법성에 대한 선거위원회의 보고서를 기다렸어야 했지만, 하지 사령관은 추후 승인을 강요하기 위해 기정사실로 못 박고자 했다. 7월 17일 제헌 국회 헌법이 제정 및 공포되었고, 7월 20일 이승만이 대통령에 선출됐다. 이승만 정부는 8월 15일 미군정으로부터 대한민국의 통수권을 공식적으로 넘겨받았다. 1948년 12월 12일 대한민국 정부는 유엔 총회에서 '한반도 유일의 합법정부'로 공식 승인을 받았다. 하지만 캐나다, 호주, 인도는 이승만 정부를 오직 미국이 점령하고 있는 한반도 남쪽 지역 내에서만 인정할 뿐, 한반도 전체에 대한 주권 요구에는 이의를 제기했다. 미국은 남한에 특사를 파견했다. 그 특사는 하지 사령관과 함께 미국에 순종적인 내각을 구성하도록 이승만에게 압력을 가했다.

1948년 5월, 서영해는 김구와 김규식이 결성한 통일독립촉진회에 가입하였다. 이는 이승만 정권에 대한 공개적인 공격이었다. 서영해는 조국 한반도에서 더 이상 자신의 미래를 보지 못했다. 그는 한반도의 독립과 통일을 위해 다시 싸우기 위해 프랑스로 돌아가고자 했다. 그는 파리에서 일본인 행세를 하면서 주불 일본 대사관에 자신을 중상모략했던 조선인들을 서울의 거리에서 보고는 분노했다. 서영해는 "그러한 사람들을 보았을 때 화가 치밀어 올랐다."라고 썼다.

프랑스로 출국을 계획하고 있던 서영해에게 김구는 프랑스로 가서 현재 한반도의 상황을 프랑스 정부에 알리라고 했다. 서영해는 프랑스 비자를 신청하고 중국을 거쳐 파리로 가고자 했다. 당시 프랑스 총영사관이 중국 상하이에 있었기 때문이다. 그의 비자 신청서는 외무부의 아시아국을 통해 프랑스 법무부에 전달되었다. 1948년 6월 5일, 프랑스 법무부의 전쟁법 담당관 장 마리옹은 서영해에 대해 다음과 같이 확인해 주었다.

> 서영해(Seu Ring-Hai)는 1923년부터 1947년까지 프랑스에 체류했으며, 보베에서 학교를 다녔다. 그는 그의 조국이 일본 제국의 식민 통치하에 있을 때, 대한민국 임시정부의 비공식 대표로서 프랑스에서 활동했고, 제2차 세계대전 당시 프랑스와 연합군에 대해 매우 우호적이었다. 그는 그의 조국 조선이 몇몇 연합군에 의해 해방되고 합법적인 국가로 승인받은 후 프랑스 외무부를 몇 차례 방문했다.

장 마리옹은 자신이 서영해가 프랑스에 도착한 이후부터 개인적으로 알고 있었으며, 항상 성실하고 헌신적인 친구였다고 강조했다.

서영해가 신청한 비자는 상하이에 보관되어 있었다. 하지만 그는 상하이에 도착하자마자 중국 국민당 당국에 의해 공산주의자 혐의로 체포되었다. 서영해는 대한민국 임시정부 주화대표단*의 민필호 단장에게 도움을 요청했다. 8월 10일, 민필호 단장은 장제스 총통에게 급히 서신을 보내 서영해의 즉각적인 석방과 신속한 비자 발급을 요구하였으며, 서영해가 운영했던 프랑스 파리시에 등록된 고려통신사의 공식 등록증을 첨부해 보냈다. 주화대표단 단장의 서신 덕분에 서영해는 10월 중순 마침내 파리로 가게 되었고, 김구가 위임했던 일을 수행하고, 고려통신사의 활동도 재개하게 되었다.

1948년 12월 1일 서영해는 비공식적으로 프랑스 외무부의 아주국장을 면담했다. 다음 날, 담당 국장은 이 주목할 만한 대화에 대해 다음과 같은 보고서를 작성했다.

> 프랑스어를 매우 유창하게 구사하는 서영해(Seu Ring-Hai)는 자신이 22년 전부터 프랑스에서 대한민국의 '망명'정부를 '대표'했다고 설명했다. 그는 대통령 이승만이 대한민국을 미국에 팔아넘겼다고 비난하며, 이승만 대통령과 결별한 후 김구가 주도하고 있는 야당에 합류했다고 했다.
>
> 그는 자신이 대한민국의 '정치적인 상황'에 대한 정보를 제공하기 위해 프랑스 외무부를 방문했다고 밝히면서, 현재 한반도 국내 문제에 대한 김구의 입장을 자세히 설명했다.
>
> 서영해는 김구가 한반도의 통일을 강력하게 추진하고 있으며,

---

* 임시정부의 환국 후 잔무 처리, 중국 내 한인 교포의 생명과 재산 보호, 귀국 문제 등의 처리를 협의하기 위하여 조직되었다.

미군과 소련군의 철수를 위해 온 힘을 다하고 있다고 설명했다. 이 목표를 실현하기 위해 김구는 '미국의 반대에도 불구하고' 평양에서 열린 남과 북 대표단 회의(남북 정당사회단체 대표자 연석회의)에 참석했다.

서영해는 김구를 동행했다.

김구가 식민지 조선의 독립을 위해 함께 싸웠던 옛 동료들인 북한 측 공산당 지도자들과 나눈 회담의 결과는 매우 긍정적이었으며, 농업개혁, 노동입법, 공교육과 관련한 협약이 이루어졌다. 김구는 북한 인민군의 무장 해제를 요구했으나 거절당했다. 하지만 북한 인민군을 김구 자신과 북한 측 공산당 대표로 구성된 위원회의 관리 아래 둘 것을 제안받았다. 또한 공산주의자들은 외국군 철수 후 유엔 감독하에 한반도 전체에서 국회의원 총선거를 실시하는 데 동의했다. 남과 북이 스스로 이 계획을 수행할 수 있을 때까지 중립적인 군대가 한반도 내 질서 유지 업무를 맡게 될 것이라고 했다.

북위 38도선 위의 북측에서도 그리고 남측에서도 호평을 받고 있는 김구가 새로운 정부의 수반이 될 것이다.

이 계획이 실행되기에 앞서 외국 점령군들의 철수가 전제 조건이며, 서영해는 2월에 이승만 정권이 무너지고, 미국이 지원하는 과도 정부가 들어설 것이라고 예측했다. 하지만 이 과도 정부는 실제 권한이 없을 것이며, 분명한 것은 이 시점에 대한민국에서는 소요 사태가 발생할 것이다.

대한민국의 가장 남쪽 도시인 부산에서 예상되는 소요 사태에 대해 서영해는 미군정이 친일본식 행정을 그대로 유지하는 것에 대해 반발한 사람들, 그들이 곧 애국자들이라고 말했다. 이러한 움직임에 대해 공산주의자들은 처음에 아무런 역할을 하지 않았다. 하지만 이후 공산주의의 선전 활동을 촉진하기 위해 오히려 이를 이용했다. 서영해는 단언하지는 않았지만, 그리고 김구가 직접 계획한 것은 아니었지만, 이 소요 사태의 초기에 김구의 지원이 있었음을 은연중 암시했다.

서영해는 러시아와 미국이 대한민국을 자신들의 분쟁을 위한 전장으로 삼은 것에 대해 강하게 비판했다. 그는 러시아인들과 미국인들 모두 대한민국 국민들에게 호감을 얻지 못했지만, 러시아가 미국보다 훨씬 더 교묘하게 행동했다고 생각했다.

그는 미국인들을 자신의 코끝 이상을 볼 줄 모르고, 달러를 하나의 신으로 생각하는 '큰 아이들'이라고 말했다. 미국인들은 자신들이 모든 문제를 해결할 수 있을 만큼 강력하다고 생각했고 그들은 이러한 근시안적인 태도로 대한민국에서 심각하게 어리석은 일들을 저질렀다. "우리는 러시아인들만큼이나 미국인들도 필요하지 않으며, 공산주의 이념에도, 미국 자본주의에도 예속되는 것을 원하지 않는다. [중략] 이것이 우리 대한민국이 프랑스와 접촉하는 이유이다."

이어서 서영해는 자신이 방문한 '목적', 즉 프랑스-대한민국 간의 접촉을 위한 '준비'에 대해 말했다.

경제적인 측면에서 볼 때 지금 당장 교류를 추진하는 것이 시기상조일 수 있으나, 대한민국과 프랑스가 각각 서로의 나라에 제공할 수 있는 것이 무엇인지 명확히 할 필요가 있다. 어쨌든 대한민국은 프랑스의 기술자와 기계가 필요하다.

문화적 차원에서도 가능한 한 빨리 일정한 조치를 취하는 것이 가능할 것이고, 또 바람직할 것이다.

서영해는 다음과 같이 제안했다.

1. 파리에 이미 설립되어 있지만, 현재 활동하지 않고 있는 "고려통신사"를 다시 재개한다. 이를 위해 서영해는 김구의 재정지원으로 대학에서 교육을 받은 2명을 프랑스에 파견해 고려통신사의 업무를 맡게 할 것이다.

2. 동양어 학교에 한국어 강좌를 신설한다. 이와 관련하여 김구는 교수를 파견하고 프랑스행 비용을 지원할 것이다.

3. 5명의 전액 장학생을 프랑스에 보내 프랑스 학교나 대학에서 공부하게 하고, 관련 비용을 김구가 지원할 것이다.

서영해는 이 한국인들에게 가능한 한 빨리 비자가 발급되기를 희망했다. 그는 현재 진행되고 있는 유엔 총회의 회기에서는 대한민국 문제가 논의되지 않을 것이라고 생각했다. 서영해는 현재 서울에 있는 프랑스 영사 코스틸레스에 대한 많은 칭찬과 함께 대화를 마무리했으며, 코스틸레스가 대한민국에서 오랫동안 영사로서 활동하기를 바란다고 강조했다.

프랑스 외무부의 아주국장과 나눈 이 대화는 서영해의 정치적인 유산으로 간주될 수 있을 것이다. 이제 곧 그는 그의 아내와 함께 다시 파리로 갈 것이다. 서영해가 1949년 1

월 다시 상하이로 돌아왔을 때, 그의 아내 황순조는 이미 대한민국을 떠나 상하이에 도착해 있었고, 남편과 함께 유럽으로 모험을 떠날 준비를 하고 있었다. 서영해는 다시 서울로 가서 김구에게 파리에서의 대화 내용을 보고하고, 세 명의 젊은 동료, 최광석, 홍철수, 김기현을 만나 자신과 함께 일할 것을 설득했다. 최광석은 나중에 KBS의 대북방송 전문위원이 되었고, 김기현은 영남일보의 편집국장이 되었다. 이 세 사람은 "우리는 서영해 선생님과 함께 모든 어려움을 극복하고, 조국 대한민국을 위해 끊임없이 일할 것입니다." 라고 약속했다. 세 사람 모두 결혼했고, 가족과 함께 유럽에 정착하여 언론과 외교 활동을 펼칠 준비가 되어 있었다. 최광석은 중동과 아프리카를, 홍철수는 프랑스와 영국을, 김기현은 북유럽을 담당할 예정이었다.

상하이에 도착한 서영해는 청소년기에 자신을 입양해 줬던 중국인 양부모를 찾아가 인사하고 자신이 곧 파리로 떠난다는 소식을 전했다. 서울에서 서영해에게 합류하기로 했던 세 명의 동료 중 최광석만 상하이에 도착했고, 다른 두 사람은 가족으로부터 동의를 얻지 못한 데다 여권을 발급받지 못해 오지 못했다. 김구는 아들의 도움을 받아 서영해의 여행 경비 일부를 챙겨 주었다. 서영해는 프랑스에 오랫동안 머물렀기 때문에 프랑스 비자를 받는 데 문제가 없었다. 하지만 아내 황순조와 최광석 부부는 비자가 발급될 때까지 기다려야 했다. 그러는 동안 서영해는 아내를 인성여

학교에 미술 교사로 취직시켰다.

1949년 5월, 비자를 초조하게 기다리는 동안 예상치 못한 상황이 발생했다. 상하이가 중국 공산당의 손에 넘어간 것이다.

중일전쟁이 끝난 후, 장제스가 이끄는 국민당과 중국 공산당 사이에는 내전이 한창 일어나고 있었다. 장제스는 패배를 인정하고 대만으로 물러났다. 마오쩌둥이 이끄는 공산당은 1949년 10월 1일 중화인민공화국을 선포했다. 상하이에 있던 모든 한국인들이 체포되었고, 이승만은 그들의 본국 송환을 준비하기 위해 서둘렀다. 10월 11일 황순조와 최광석 부부는 상하이에 있던 다른 한국인들과 함께 마지막 배편으로 중국에서 출발하여 부산으로 향했다. 하지만 중국 국적자인 서영해는 배에 오를 수 없었다. 서영해의 귀국을 막은 것은 중국 정부가 아니라 이승만일 가능성이 있다.

또한 1949년 6월 26일 김구는 안두희에 의해 암살되었다. 2001년 공개된 문서에 따르면 암살자는 미국 방첩대에 소속되어 있었다. 확실한 것은, 이승만이 이 사건에 개입했다는 것이다. 김구의 충직한 동지이자 조국의 통일을 위해 활동했던 서영해는 대한민국에서 자신의 목숨이 위험하다는 것을 충분히 알고 있었다.

이제 막 결혼한 부부는 헤어지게 되었다. 황순조와 서영해는 잠시 떨어져 있던 시간을 포함하여 1년 6개월 동안 함께 살았다. 작가 정상천에 따르면, 서영해는 그의 아내와 작별할 때 다음과 같은 신앙심 깊은 소원을 전했다. "나는 인간의 생명이 하늘에서 결정된다고 믿소. 하지만 또한 인간이 자신의 의지로 운명을 바꿀 수 있다고도 믿고 있소. 다시 만날 때까지 신이 주신 생명과 건강을 잘 지키시오. 가능하면 우리 행복하게 지냅시다. 언젠가 오늘의 슬픔에 대해 웃을 수 있도록 말이오."

불타 버린 땅

~

　1949년 10월 황순조가 남편 없이 홀로 대한민국에 도착했을 때, 남한은 혼란에 빠져 있었다. 일 년 전 한반도의 가장 남쪽에 있는 도시 여수에서 반란이 일어 났고 대통령 이승만은 14연대를 파견했다. 하지만 연대 소속 장병들은 진압 명령을 거부하고 오히려 정부에 대항하여 반기를 들었다. 이승만은 이 지역에 계엄령을 선포하고 진압군을 파견했다. 곧 남부 지역 전체가 혼란에 휩싸였다. 이승만은 반란군을 공산주의자로 규정하고, 1948년 12월 1일 국가보안법을 국회에서 통과시켰다. 이승만은 미국의 전폭적인 지원하에 가장 강력한 진압 작전을 펼쳤다. 결국 1949년 말 반란군을 진압하고, 1950년 2월 5일 계엄령을 해제했다. 하지만 이승만의 이와 같은 잔혹한 진압 방식은 그와 미국에 대한 국민들의 증오를 들끓게 만들었고, 오히려 북한에 대한 호감을 높여 주었다. 이승만은 남한 내 갈등의 최종적인 해결책으로 북진통일을 피력했다.

　1948년 12월 말, 유엔은 대한민국에 주둔하고 있는 외국 군대의 철수를 명령했다. 이에 이승만은 미국을 통한 군사적 보호를 요구하고, 북한의 남침을 경고했다. 그의 공포는 현실이 되었다. 미국은 1949년 6월 철수를 발표했고, 이승만이 장악한 국회 역시 그에게 대항하여 그의 사임을 요구했다. 서영해와 함께 대한민국의 독립을 위해 싸웠던 이승만은 서영해와 같은 언론인들과 국회의원들을 체포하게 했고, 자신을 비판하는 신문들의 발행을 금지시켰으며, 북위 38도선의 경계에서 발생하는 북한의 '심각한 공격'을 수차례 미국에 알렸다.

1949년 6월 말, 미국은 남한에 주둔하고 있던 미군을 철수시켰다. 하지만 정치적 및 경제적 통제기구와 함께 500명 규모의 군사 자문단을 남겨 두었다. 이승만은 미국의 지시에 따라 움직이는 줏대 없는 꼭두각시가 아니었다. 오히려 자신의 권력 강화를 위해 미국을 이용했다. 미국 역시 자신들의 영향력을 남한에서 계속 행사할 수 있기 위해 이승만을 얼굴마담으로 내세웠다. 트루먼 대통령은 이승만에게 남한과 일본 간의 평화 조약 체결을 요구했다. 당시 일본이 미국에 의존해 산업을 구축해 가고 있는 상황이었기 때문이다. 이승만은 일본에 식민통치 시기에 대해 배상금을 요구했고, 반대로 일본은 대한민국에 있는 일본 자산의 손실에 대한 배상을 요구했다. 1950년 5월에 국회의원 선거가 치러졌고, 이승만의 권력 기반이 흔들렸다. 좌파 진영이 국회에서 다수 의석을 차지하게 되었기 때문이다.

미국의 보호를 받던 장제스가 마오쩌둥에게 패배하고 중국 본토에서 쫓겨났을 때, 남한에서는 미국의 영향력이 더욱 강화되었다. 1947년 미국에서는 공산주의에 대한 두려움으로 인해 '매카시 시기'*가 시작되었다. 이때 소위 공산주의자들에게 무자비한 탄압이 가해졌다.

북한군이 소련으로부터 최고의 장비를 지원받아 무장하고 있는 동안, 남한군은 그야말로 초라하기 그지없는 상태였다. 변원림(Won-Lim Byun-Brenk)은 책 『1950년 대한민국에서 벌였던 미국의 선제 공격(Der Präventivkrieg Amerikas in Korea 1950)』에서 다음과 같이 추측했다.

미국은 나중에 자신들이 군사적으로 개입할 명분을 갖기 위해 남한군을 의도적으로 그렇게 형편없는 상태로 내버려뒀다. 트루먼이 남한군이 북한의 공격에 맞설 만큼 충분히 강하지 않다고 판단한 것이 분명 또 다른 증거였다. [중략] 미국은 이승만이 너무 강해지지 않도록 하기 위해 의도적으로 남한군을 충분히 무장시키지 않았던 것처럼 보였다.

1950년 6월 25일, 북한군은 38도 위선을 넘어 남한을 침공했다. 이전에도 이미 북한은 남과 북 경계 지역을 수차례 침범했다. 6월 25일은 한국 전쟁의 시작이자, 냉전시대

---

* 미국에서 공산주의자 및 공산주의 동조자 색출 열풍이 불었던 1947년부터 1956년까지를 이른다.

최초의 '열전(熱戰)'으로서 공산주의와 자본주의의 대결이라는 양상을 띠었다. 북한군은 남한군으로부터 이렇다 할 만한 아무런 저항도 받지 않고 손쉽게 남하했고, 심지어 일부 남한 주민들은 이승만 정권에 대한 반감으로 인해 북한군을 환영하기까지 했다. 남한 주민들과 마찬가지로 남한 군인들 역시 식량 부족으로 고통받고 있었다. 배고픔을 못 이긴 나머지 전쟁 초기에 몇몇 사단이 투항하였고, 사단장들은 스스로 옷을 벗고 도망치기도 했다. 38도 위선에서 멀지 않은 곳에 위치한 수도 서울은 북한군을 방어하기 어려웠고, 주민들은 그대로 내버려졌다. 이승만과 정부는 계속해서 남쪽으로 피신했고, 결국 8월 18일 서영해의 고향인 부산으로 수도를 옮겼다. 6월 28일에 서울은 북한군의 손에 넘어갔다. 7월 5일, 미국은 유엔군의 일원으로 전쟁에 참여했고, 8월 9일에 미군은 북한의 수도 평양과 다른 지역에 대규모 공습을 시작하여 북한군에 대한 보급 및 지원을 차단했다. 9월에는 더글러스 맥아더 장군이 이끄는 미군이 인천에 상륙하여 남한을 수복하기 위한 작전에 돌입했다. 결국 북한군은 후퇴하기 시작했고, 미군은 북한과 중국의 국경까지 진격했다.

1950년 9월 7일, 유엔 안전보장이사회는 남한 대표가 참석한 가운데 회의를 개최하였다. 하지만 북한 대표의 참석은 허용하지 않았다. 소련은 미국이 소련 항공기를 격추한 것에 대해 항의했다. 이로써 초강대국 미국과 소련, 그

동안 피해 왔던 두 나라 사이의 갈등이 시작되었다.

1950년 10월 말, 중국이 한국 전쟁에 개입했다. 수백만 명의 사망자가 발생한 기약 없는 진지전(陣地戰)은 1953년 7월 휴전 협정이 체결되고, 전쟁이 시작된 38도 위선을 따라 한반도가 최종 분단될 때까지 계속되었다. 남한 포로수용소에 갇혀 있던 수천 명의 북한군과 중국군은 각자의 나라로 돌아가는 것을 거절했다. 1953년 3월 스탈린의 사망이 해결책을 위한 길을 열어 주었다.

남과 북이 수년간의 진지전을 벌이는 동안, 미국은 네이팜탄과 소이탄으로 북한을 공습했다. 공장, 발전소, 학교, 병원, 그리고 거의 모든 주택들이 파괴되었다. 북한 주민들은 미군의 공습으로부터 자신들을 보호하기 위해 정교하게 만들어진 터널에서 생활해야 했다. 1953년 여름, 북한은 완전히 파괴되고 폐허가 되었다. 북한의 수도 평양에만 해도 39만 발의 폭탄이 투하되었다. 댐과 둑이 파괴되어 많은 마을들이 침수되었다. 해방 후 5년간 이뤄 낸 건설의 성과는 완전히 파괴되었다. 아홉 명 중 한 명이 사망했고 주민들의 소득은 1949년 대비 70%로 줄어들었다. 하지만 전쟁에 대한 아픈 기억은 오히려 김일성의 권위주의 정권에 정당성을 부여했다. 남한은 전쟁으로 인해 미국에 더 의존하게 되었고, 국가 분단과 냉전으로 정당화된 일련의 반공산주의 독재 정권이 등장했다. 그리고 지금도 여전히 한반도에는 미국과 중국 사이의 냉전이 계속되고 있다.

위키피디아에 의하면, 대한민국과 중국의 손실에 대한 구체적인 숫자는 알려져 있지 않다. 하지만 추정에 따르면, 한국 전쟁에서 사망자는 400만 명 이상이다. 남한은 약 100만 명(군인 및 민간인), 북한은 250만 명, 중국은 100만 명 그리고 유엔군은 약 4만 명(미국인 36,914명)이 사망했다. 미국 국무부는 미국이 한국 전쟁에 약 150억 달러를 지출했다고 발표했다.

사망자 모두가 정규전(正規戰)에서 희생된 것은 아니었다. 남과 북 모두 전쟁 범죄를 저질렀다. 남한은 미군 사령부의 지휘하에 가능한 모든 수단을 동원하여 공산주의와 관련이 있을 수 있는 모든 것에 대해 무자비한 싸움을 벌였다. 북한군, 중국 동맹군 그리고 전국적으로 활동하던 다양한 공산주의의 준군사적인 그룹들 역시 조금도 주저하지 않고 탈주자들과 반체제 인사들을 살해했고, 곳곳을 초토화시켰다.

변원림은 그녀의 책 후기에서 "한국 전쟁은 강대국들이 흔히 주장하는 것과 같이 남한과 북한 간의 내전이 아니었다."라고 적었다.

미국과 소련, 두 강대국이 한반도에서 철수한 직후, 각각 남과 북에 세운 괴뢰 정부가 권력을 장악할 시간이 부족했다. 미국과 소련은 막후에서 각각 그들의 괴뢰 정부에 대한 영향력을 완전히 포기하지 않았다. 이는 제2차 세계대전의 여파로, 승

전국들이 자신들의 이해관계 지역을 두고 서로 싸우고 있었기 때문이다. [중략] 세계 패권을 차지하기 위한 강대국들 간의 경쟁은 식민 통치 강대국에 대한 아시아 민족들의 독립 투쟁이 이념적 갈등과 결합되면서 더욱 복잡해졌다. 서양의 승전국들은 '공산주의에 대한 투쟁'이라는 근거를 앞세워 식민지에서 지배력을 정당화했고, 소련 역시 작고 힘없는 나라를 제국주의의 자본주의로부터 보호하기 위해 지원을 제공한다는 명목으로 영향력을 확대하려 했다. [중략] 한국인들에게 남은 것은 오로지 불타 버린 땅뿐이었다.

이별

～

    황순조는 결혼 후 교사로서 자신의 커리어를 포기하고, 남편 서영해와 함께 서울로 상경해 남편의 활동을 뒷바라지하였다. 한국 전쟁이 끝난 후 부산의 여자고등학교에 교사로 복귀한 그녀는 이후 경남 교육위 최초의 여성 장학사로 임명되었고, 부산의 몇몇 여자고등학교에서 최초의 여성 교장이 되었다. 그 밖에 그녀는 여성 교육 진흥에 힘썼으며, 여성문제연구회 부산 지회장을 맡기도 했다. 당시 경남여자고등학교의 졸업 관련 교내 신문에 따르면, 황순조는 교장으로서 공식적인 자리에서는 매우 엄격했지만, 교정에서 학생들이 놀고 있을 때는 다정하게 다가가 식물의 이름을 설명해 주기도 했다. 학생들은 교장 황순조가 혼자 살고 있는 것으로 알고 있었고 그녀의 남편이 누구인지 전혀 몰랐다.

    황순조는 난소암 진단을 받은 후, 1984년 남편 서영해의 막내 동생 서조수의 둘째 아들을 입양하기로 결심했다. 그녀는 자신의 죽음이 가까워지자 남편 서영해의 장서 500

여 권과 자신의 장서를 포함해 총 859권을 서울에 있는 국립중앙도서관에 기증했다. 서영해의 장서 목록을 보면 그의 다양한 관심사를 한눈에 볼 수 있다. 책 제목을 해독할 수는 없지만 한국어와 중국어로 쓰여진 많은 책들 외에도 프랑스어 사전, 영어 사전, 독일어 사전, 괴테, 플로베르, 루소, 아나톨 프랑스, 로맹 롤랑, 호머, 단테 등 유럽 문학 관련 책들, 칸트, 볼테르, 마르크스, 베르그송, 헤겔, 아리스토텔레스, 플라톤, 세네카, 지그문트 프로이트, 허버트 스펜서 등 유럽 사상사 및 철학 관련 책들, 세포 생물학 및 식물학과 같은 자연과학 관련 책들, 여행 안내서(비엔나, 프랑스, 로마, 에스토니아, 라틴아메리카, 아이티, 중동)와 사회 및 종교 관련 주제를 다룬 책 등 다양한 분야의 책들이 있었다. 칼 마르크스, 프리드리히 엥겔스 그리고 레옹 블룸의 책 몇 권을 제외하고는 사회주의 그리고 공산주의와 관련된 책들은 특별히 눈에 띄지 않았다.

황순조는 1985년 1월 63세의 나이로 세상을 떠났다. 40년 동안 그녀는 남편 서영해의 소식을 기다렸다. 그녀는 매년 장마가 끝난 후에는 남편이 남긴 책과 문서들을 하나씩 꺼내어 햇볕에 말리곤 했다. 가족들은 재혼을 계속 권했지만 그녀는 끝내 거절했다. 그러나 슬플 때면, 그녀는 에드바르 그리그가 작곡하고 헨릭 입센이 작사한 노르웨이 오페라 '페르 귄트(Peer Gynt)'의 '솔베이그의 노래(Solveig's

Song)'*를 듣곤 했다.

낙엽은 지기 전에 불타는 듯 아름답게 빛나네, 불타는 듯 아름
답게 빛나네.

길고 추운 밤은 어떻게든 별고 없이 지나갈 것이니, 어떻게든
지나갈 것이니.

나는 당신이 지금 어디에 있든 기다릴게요, 지금 어디에 있든
기다릴게요.

돌아올 수 있는 사람은 한 번 떠나간 사람뿐이라네, 떠나간 사
람뿐이라네.

시내와 샘에서 흘러 모두 바다로 흘러들고, 모두 바다로 흘러
드네.

그렇게 모든 길이 당신을 이끌고, 모든 길이 나에게로 향하네,
나에게로 향하네.

같은 햇빛이 우리를 따뜻하게 비춰 주네. 우리가 어느 곳에 있
든, 어디에 있든

그리고 당신이 이미 하늘에 있다면, 그곳에서 만나요, 그곳에
서 만나요.

황순조가 남편 서영해를 기다리는 동안, 서영해는 상하
이에 있는 인성학교에서 학생들을 가르치기 시작했다. 인

---

* 솔베이그는 오직 페르 귄트만을 사랑하는 농부의 딸로 금발의 아름다운 소
녀이다.

성학교는 1916년 상하이 한인거류민의 자녀들을 교육하기 위해 설립된 학교로, 1935년 일본 제국에 의해 폐쇄되었다. 하지만 1946년 해방 후 다시 문을 열었다. 서영해가 왜 아내 황순조에게 연락을 취하지 않았는지는 작가 정상천에게도 미스터리였다. 1949년 10월까지 중화인민공화국과 대한민국 간의 우편 교류는 비록 중국 내전으로 인해 원활하지는 않았지만 그래도 정상적으로 이루어졌다. 하지만 그 이후 1980년대 후반까지는 쉽지 않았다. 양국 간의 외교 관계는 1992년에 다시 정상화되었다. 하지만 당시 남한에 친척과 친구가 있는 사람은 서영해만이 아니었다. 많은 조선인들은 가족들이 남한으로 돌아간 후에도 만주와 중국 본토에 남아 있었다. 대부분의 경우, 통신이나 연락은 적십자를 통해 이루어지거나 외국인의 도움을 받아 간접적으로 이루어졌다. 당시 국제 우편 교류는 '중단'되지는 않았지만, 중국과 남한의 권위주의 독재 정권에 의해 엄격하게 감시되고 있었다. 서영해가 연락을 취하지 않은 것은 자신과 아내 황순조를 위험에 빠뜨리지 않기 위해서였을 수도 있다.

그럼에도 불구하고 여전히 풀리지 않는 의문들이 남아 있다. 나의 유대인 조부모는 심지어 폴란드 바르샤바의 게토, 즉 유대인 거주 지역에서 적십자를 통해 영국에 있는 나의 부모에게 소식을 전할 수 있었다. 그 소식이 특별히 의미가 있는 것은 아니었지만, 적어도 아직은 살아 있다는 신호였다.

1957년 또는 1958년 서영해는 인성학교 교장과 함께 북한을 방문했다. 당시 중국에서는 '백화제방 백가쟁명 운동'이 일어나던 시기였다. 1956년 4월 마오쩌둥은 당 간부들 앞에서 연설을 통해 '백화제방(온갖 꽃들이 다투어 피고) 백가쟁명(서로 다른 많은 학파가 논쟁을 벌인다)'을 주장했다. 마오쩌둥은 여론을 더 이상 공산당에게만 독점적으로 허용하지 않고, 모든 인민들이 자유롭게 체제의 장단점을 지적할 수 있어야 한다고 했다. 하지만 이 연설은 공개되지 않았다. 1957년 4월 말이 되어서야 언론은 공산당 체제에 대한 건설적인 의견, 비판적인 의견이 허용되고 있다는 사실을 알리기 시작했다. 그에 따른 비판은 중국 인민들이 공산당이 선전하는 것같이 결코 그렇게 만족스럽거나 행복하지 않다는 것을 보여 주었다.

　　인민들의 불만 표출은 거셌고, 마오쩌둥이 원했던 품위 있고 건설적인 논의, 지적이며 학술적인 체제 논쟁을 넘어섰다. 인민들의 비판은 거리에서 사람들에게 알려졌을 뿐만 아니라 신문에도 실려 이후 문화혁명을 통해 알려진 포스터와 벽보에도 실렸다. 지난 몇 년간의 많은 발전이 비판의 대상이 되었다. 당 간부들은 부패하고 오만하며 무식하다는 비난을 받았다. 인민들은 당 간부들에게 부여된 특권이 새로운 특권 계층을 만들어 냈다고 항의했다. 농민들은 협동조합 도입을 반대했고 노동자들은 기존 임금 체계를 비판했다. 소수 민족은 자신들이 인민공화국에 강제로 소속된

것에 대해 입장을 표명했다. 지식인들은 비민주적인 선거
제도, 탄압 및 보복, 외국 문학 금지 또는 외국 문학에 대한
제한적인 접근, 소련 경제 시스템에 대한 강한 의존, 잘못된
농업 정책 등을 지적했다. 아무도 공산당 체제를 폐지하라
고 요구하지 않았음에도 당 지도부는 더 이상 통제할 수 없
는 비판을 직접적인 위협으로 보았다. 이에 백화제방 백가
쟁명 운동은 1957년 2월 27일 마오쩌둥의 연설을 공개함으
로써 급하게 중단되었다.

이 연설에서 마오쩌둥은 공산당 체제에 대한 인민들의
자유로운 비판에서 자신이 무엇을 기대했는지 분명히 했다.
오직 사회주의를 발전시키고 강화하는 데 도움이 되는 비
판이었다. 이 연설과 함께 공산당은 체제에 대한 자유로운
비판 금지와 함께 법 해석 권한을 다시 장악했다. 이어지는
'반우파 운동'의 선언으로 '백화제방 백가쟁명 운동'은 강제
로 중단되었고, 많은 비판자들은 노동 수용소로 보내졌다.
(위키피디아)

교사들을 포함한 지식인들에게 중국은 불편한 곳이 되
었다. 특히 중국에서 소수 민족이었던 한국인들에게는 더욱
그러했다. 한국어 교육은 더 이상 학교에서 이루어지지 않
았다. 서영해와 인성학교 교장은 일자리를 잃었다. 이때 많
은 조선 출신의 망명자들이 오늘날은 상상하기 어렵지만
당시는 중국에 비해 비교적 자유로웠던 북한으로 옮겨 갔
다. 그들은 김일성에게 초청받아 국가 건설에 참여했다. 전

쟁 후 북한은 중국, 특히 소련으로부터 물질적인 지원을 받았다. 3개년 계획(1954~1956)은 전쟁으로 인한 피해를 복구하고, 산업 생산을 전쟁 이전 수준으로 회복시켰다. 이어지는 5개년 계획(1957~1961)은 생산량을 더욱 증가시키고, 인프라를 발전시켰다. 1972년까지 북한은 정치 경제적으로 불안정했던 남한보다 경제적으로 앞섰다.

　서영해는 평양에서 한 잡지의 편집자 및 기자로 일했다. 그는 북한 주민들이 사는 곳에서 함께 살지 않고, 수도 평양 근처의 산악 지역에서 약 30~40명의 남한 출신 사람들과 함께 거주했다. 작가 정상천에 따르면, 서영해는 북한 고위 정치인들과 교류할 만큼 명망 있는 인물이었다고 했다. 북한에서 그의 삶에 대해서는 더 알려진 바가 없다. 그가 왜 북한 고위 정치인들의 눈 밖에 났는지도 알 수 없다. 프랑스 공산당의 대표단이 북한을 방문했을 때, 대표단은 프랑스인들보다 프랑스어를 더 잘 구사하는 한국인이 북한에 있다는 정보를 가지고 돌아갔다.

　인터넷으로 검색할 수 있는 북한의 아카이브에서는 서영해라는 이름이 발견되지 않았다. 남한으로 탈출한 북한 출신 한 여성 기자가 작가 정상천에게 전한 말에 따르면, 서영해는 상하이 인성학교 교장과 함께 1960년 숙청당했다고 했다. 하지만 이에 대한 증거는 없다. 당시 김일성은 자신의 권력을 강화하고 있었고, 북한에 거주하고 있는 외국인들을 제거하고 있었다.

남겨진 것은?

～

　　남겨진 것은 유전자이다. 검은 머리, 검은색 눈에 한국 음식을 맛있어하는 두 명의 손녀 그리고 한 명의 증손녀가 그렇다. 특히 수지는 할아버지 서영해의 갈색 피부를 물려받았다. 또 남겨진 것은 지구 반대편에 있는 새로운 친척들, 그리고 지금까지 서영해의 손녀 수지와 스테파니 자매가 크게 인식하지 않고 살았던, 세계 속의 또 다른 지역에 대한 관심이었다. 자신의 이국적인 이름에도 불구하고 수지는 아시아에 대해 그렇게 특별한 관심이 없었다. 그녀는 한국인 할아버지가 도대체 어떤 사람이었는지는 항상 궁금해했지만 할아버지와 할아버지의 조국인 대한민국과 어떤 특별한 정서적 유대감을 가질 만큼 궁금증이 크진 않았다. 이름 때문에 그녀는 항상 자신이 비엔나 출신인 것과 자신의 비엔나적인 면을 더 강조하며 살았다. 그녀의 아버지 스테판이 한국인 아버지, 한국인 아버지의 중국식 이름과 중국 국적 그리고 한국인 아버지의 오스트리아와 관련된 삶 등 서영해의 행적과 관련된 긴장 관계를 아이러니하게 바꿔 자신을 비엔나 토박이라고 보이게끔 했던 것처럼 말이다.

스테파니의 파리 여행

2016년, 수지와 스테파니 자매는 프랑스 파리 한국학 연구소로부터 대한민국 독립운동에 관한 심포지엄에 초대를 받았다. 행사는 이미 언론인 원희복 씨를 통해 알고 있었다. 당시 수지는 수술을 받아야 했기 때문에 참석할 수 없었고, 여동생 스테파니가 혼자 파리로 여행을 떠났다. 당시 그녀는 프랑스어를 거의 할 줄 몰랐고, 또한 그곳에서 어떤 일이 자신을 기다리고 있는지도 몰랐다. 심포지엄은 이틀 동안 진행되었고, 셋째 날에는 시내 관광 일정으로 카르티에 라탱 말브랑슈 거리 7번지에 위치한 서영해의 옛 거처를 방문했다. 이곳은 현재 호텔로 사용되고 있다. 발표는 프랑스어와 한국어로 진행되었는데, 스테파니에게는 결코 쉽지 않은 자리였다.

심포지엄의 휴식 시간에 스테파니는 자신을 초대해 준 여자 교수에게 인사를 건넸다. 그 교수는 스테파니의 손을 잡고는 곱게 차려입은 나이 많은 네 명의 여성들에게 다가갔다. 이 여성들은 비엔나에서 온 젊은 아가씨가 영웅의 손녀, 즉 독립운동가의 후손이라는 것을 알고선 눈물을 글썽이며 그녀를 꼭 껴안아 주었다. 이 여성들은 사업가들로서 영어를 잘 구사했으며, 독립운동가의 후손 가운데 나이가 가장 어린 스테파니를 보살펴 주었다. 그들은 스테파니를 '리틀 치킨(little chicken)'이라고 불렀다. 대한민국의 역사에 대한 아무런 지식 없이 파리에 온 스테파니는 점차 자신의 출신이 가진 역사적 의미와 중요성을 깨닫기 시작했다. 이 네 명의 여성들과 스테파니는 각각 백 년 전 식민지 조선의 자유와 독립을 위해 함께 싸웠던 할아버지들을 가진 사람들이었다. 그 할아버지들에 대한 기억을 소중히 간직하는 것이 필요했다. 이러한 공동의 역사적 책임이 그들을 하나로 연결해 주었다. 스테파니는 갑자기 대학 시절 잊고 지냈던 한국인 친구를 떠올렸다. 그 친구의 부모는 비엔나에서 한국 식당을 운영했었다. 그들은 스테파니의 아버지 스테판이 한국 사람의 아들이라는 사실을 알게 되자 무척 기뻐하며 스테파니를 마치 잃어버린 딸처럼 따뜻하게 맞이해 주었다. 친구 부모님의 식당에서 스테파니는 한국 음식을 좋아하게 되었다. 수지와 스테파니 자매가 한국 음식을 그렇게 좋아한다는 사실이 서울에 있는 친척들에겐 두 손녀가 한국인의 유전자를 가지고 있다는 증거였다. 그것도 3대를 걸쳐 내려온 유전자 말이다.

파리에서 스테파니는 할아버지 서영해의 역사에 열정을 가진 프랑스인 한국학자 로랑 키즈피(Laurent Quisefit)를 만났다. 스테파니는 서영해에 대해 국제적으로 연구가 이루어지고 있다는 사실과, 이 평범한 사람이 실제로는 영웅이었다는 사실을 알게 되었다. 하지만 젊은 오스트리아 여성인 그녀에게는 영웅이라는 단어가 다소 낯설기만 했다.

수지의 첫 번째 한국 여행

한국 여행은 긴장감 넘치는 모험이었다. 2017년, 수지의 육촌 언니 서혜숙과 그녀의 남편은 3주 동안 함께 지내자고 하면서 수지를 한국에 있는 자신들의 집으로 초대했다. 이는 수지가 아시아 국가로 떠나는 첫 여행이었다. 수지는 여동생 스테파니와 함께 여행하고 싶었지만 혼자 떠났다. 스테파니의 딸 프리다가 이제 막 초등학교에 입학했고, 학교에 적응해야 하는 시기에 프리다를 혼자 남겨 둘 수 없었기 때문이다. 수지는 단순히 아시아 국가를 여행하는 것이 아니라, 가족을 만나러 떠난 것이었다. "우리가 가족이라는 것을 서로 알아볼 수 있을까?" 수지는 스스로에게 물었다. 완전히 다른 두 문화 속에서 자랐고, 이미 모두 중년을 넘었다면, 어떻게 가족이라는 것을 알 수 있을까? 호주에 대가족이 있는 나와 달리, 수지는 이전에 한국에 있는 가족과 연락을 주고받은 적이 한 번도 없었다.

먼저 서영해라는 인물이 연결 고리 역할을 했다. 모두 만나 본 적 없지만, 그들 모두 서영해에게 관심을 갖고 있었다. 수지가 육촌 자매라는 사실은 서혜숙에게 감정적인 유대감을 선사했다. 처음에는 추상적이었지만, 인천 공항에서 처음 만난 후 보다 구체적이 되었다. 서혜숙과 그녀의 남편 김기영(수지는 미스터 김으로 부름)은 매력적인 사람들이었고, 비슷한 정치적 성향이 서로 간의 언어 장벽을 극복하는 데 도움이 되었다. 결국, 그들은 정서적으로 통하는 공통 언어를 찾는 법을 배웠고, 이는 서로의 의사소통에 도움이 되었다. 서혜숙의 남편인 기영의 활발한 성격 역시 의사소통에 도움이 되었다. 서혜숙의 가족은 서울의 거대한 주거 타워 중 하나에 있는 70㎡ 크기의 아파트에 살고 있었다. 수지는 서혜숙과 그녀의 어린 딸과 함께 방을 썼다. 그들은 앞으로 서로 어떻게 지내야 할지 몰라 긴장감이 넘쳤다.

'2주 후' 수지는 다음과 같이 말했다.

한국에서는 모든 것이 다르다는 것을 깨달았다. 언어, 예식, 예술과 건축의 미학, 음식, 불교의 영향이 뚜렷하게 느껴지는 사상사, 사회적 관계에서의 행동방식, 의사소통 방식 등등.

하지만 이러한 모든 차이를 극복하는 데 도움이 되는 연결 고리가 있었다. 바로 지적이고 또 감각적 수준에서 이뤄지는 의사소통이었다. 짧은 시간 안에 처음의 어색함이 사라졌다. 그들은 서영해가 탁월하고 언어적 재능이 뛰어났을 뿐만 아니라, 대단히 정치적이고 평화주의적인 성향의 사람이었고, 평생을 바쳐 대한민국의 자유를 위해 싸우다 결국 북쪽 동포들에게뿐만 아니라 냉전의 희생자가 된 인물이었다는 데 동의했다. 이 얼마나 비극적인 일인가!

한국에 체류한 3주 동안 수지의 일정은 매일 여러 약속으로 꽉 차 있었다. 그래서 그녀는 이곳저곳에서 받은 인상

과 새로운 정보를 단초적으로나마 정리하기 위해 오롯이
자신만의 시간을 가질 수 있을 때 기뻤다. 수지는 가족 및
가족의 친구들과 많은 시간을 보냈고, 가족들은 도시 곳곳
을 수지에게 보여 주었다. 특히 수지는 끊임없이 식사에 초
대받았는데, 그때마다 먹은 한국 음식은 정말 맛있었다. 수
지는 "나는 그냥 먹기만 했다."라고 회상하면서, 음식이 가
득 차려진 식탁을 찍은 사진을 나에게 보내 주었다. 서울은
거대한 도시였기 때문에 수지는 일정을 조정해야 했다. 도
시 내 이곳에서 다른 곳으로 이동하는 데는 촘촘하게 연결
된 지하철 네트워크에도 불구하고 1시간 반에서 2시간을
족히 잡아야 했다. 중요한 약속은 다른 독립운동가의 손녀
및 증손녀들과의 만남이었다. 수지는 이 만남을 통해 서울
에서 그들의 삶의 일부를 더 잘 이해할 수 있게 되었다. 이
여성들은 15년 넘게 상하이 대한민국 임시정부 관련 박물
관을 건립하기 위해 애써 왔다. 물론 최근 한국에 알려지기
시작한 자유의 영웅 서영해도 당연히 그 박물관에서 한 자
리를 차지하게 될 것이다. 그리고 그들의 노력은 헛되지 않
았다. 정부가 박물관 건립을 약속했고, 이미 건축 부지도 확
보되었다.

수지는 독립운동가들의 손녀 및 증손녀들 중 일부 여성
들과 가벼운 게임을 즐겼다. 이 여성들은 지난 2016년 파리
심포지엄에서 스테파니를 만났고, 당시 여동생으로부터 좋
은 인상을 받은 탓이었는지 수지와도 금방 친해졌다. 영웅

의 손녀들 간의 유대감은 자신들의 할아버지들이 자유로운 대한민국을 위해 함께 싸웠고, 그들 중 일부가 분명 서영해에 대해 알고 있었기 때문에 빠르게 형성되었다. 수지는 그들 중 한 명과 함께 서울 국립중앙도서관을 방문했다. 이곳에는 서희수*의 개인문고**인 '영해문고'***가 설치되어 있었으며, 그가 기증한 수백 권의 책이 보관되어 있었다. 여러 언어로 된 정치 및 철학 문학서들과 그의 아내 엘리자베스와의 짧은 결혼 생활 동안 구입했던 예술과 관련된 다양한 책들이었다.

수지는 또한 가족과 함께 대한민국 남쪽의 항구 도시 부산으로 여행했다. 이곳은 할아버지 서영해의 고향이었다. 한때 서영해 가족의 집이 있던 곳에는 현재 작은 중국 식당이 있었다. 부산에서 수지는 다른 가족들 몇몇을 더 만났다. 모두가 서영해가 정부로부터 영웅으로 추서받은 것을 중요하게 생각했다. 애국심, 수지에게는 여전히 낯설기만 한 애국심이있다. 수십 년간 일세이 식민 통치로부터 조국의 해방을 위해 싸우고, 목숨을 바친 대한민국의 영웅은 오스트리아의 영웅과는 결이 다르다는 것을 조금씩 이해하게 되었음에도 그랬다. 수지는 할아버지 서영해를 자랑스러워해야

---

* 서영해의 본명이다.
** 1970년 제정된 국립중앙도서관의 개인문고 설치 기준에 따르면, 개인 및 단체가 도서류 1천 점 이상 기증할 때 개인문고가 설치될 수 있다고 명시되어 있다.
*** 서영해와 황순조의 장서가 소장되어 있다.

할 충분한 이유가 있다는 것을 깨달았다. 서영해는 겸손하
다는 점에서 수지의 아버지 스테판과 닮았고 잘난 체하는
사람을 좋아하지 않았다. 그리고 결코 자신을 중요한 사람
으로 앞세우지도 않았다.

빌러스도르프에 온 한국 방송

2018년과 2019년, 일본 제국의 한반도 강제 점령에 저
항한 학생들의 봉기와 대한민국 독립 투쟁 100주년을 준비
하는 과정에서 한국의 언론 역시 활발하게 움직였다. 바로
그때, 서영해가 남긴 유품의 일부가 운명적으로 발견되었
다. 서영해의 두 번째 부인 황순조의 직장 동료가 중병에 걸
린 황순조로부터 서영해의 유품을 건네받아 2018년 부산박
물관에 전달했다. 이를 통해 박물관은 3·1운동 100주년을
기념해 서영해에 관한 전시회를 열었고, 서영해의 다양한
사진을 담은 카탈로그를 만들어 소개했다. 그 밖에 수지의
육촌 언니 서혜숙의 남편 김기영은 부산에서 서영해의 전기
를 출판하고자 하는 작은 출판사 하나를 찾았다. 역사학자
이자 작가인 정상천은 2019년 100주년에 맞춰 서영해의 전
기를 출판하기 위해 준비하고 있었다. 2019년 6월, 저자 정
상천, 김기영, 출판사 대표 및 대표의 부인이 참석한 가운데
비엔나 한인문화회관에서 『파리의 독립운동가 서영해』의
출판기념회가 열렸다. 한국에서 온 사람들에게 오스트리아
음식은 다소 낯설고 입맛에 맞지 않았다. 이 출판기념회 이

후로 수지와 스테파니 자매는 비엔나 한국인 커뮤니티의 몇몇 사람들과 가까워졌다.

왕씨 가족의 일원이 갑자기 한국에서 유명해졌다. 그의 명성은 해외에도 알려졌다. 2020년 가을 정상천의 책『파리의 독립운동가 서영해』가 말레이시아어로 출판되었다.

100주년 기념 행사를 앞둔 2019년 1월 한국 문화방송(MBC)의 직원 3명이 수지에게 연락을 취했다. 그들은 독립운동가의 손녀들의 조상에 관한 다큐멘터리를 기획하고 있다고 설명했다. 촬영을 위해 약 12명의 스태프가 오스트리아로 갈 계획이라고 했다. 비엔나의 조그만 아파트에서 살고 있던 수지는 니더외스터라이히주의 뷜러스도르프에서 크고 널찍한 주말 별장을 임대해 사용하고 있었다. 수지는 주말 별장에서 촬영을 하기로 했다. 2월 18일, 전세버스를 타고 비엔나를 출발해 수지의 별장에 도착한 인원은 12명이 아니라 35명이나 되었다. 음향 기사, 카메라맨, 사진작가, 메이크업 아티스트, 다큐멘터리 기획자, 배우 및 진행자 등이었다. 한국에서 잘 알려진 영화 배우 3명과 함께 진행 겸 통역은 다니엘 린데만이 맡았다. 린데만은 한국어 전공자로, 한국에서 TV 프로그램으로 유명세를 탄 독일 출신의 연예인이었지만, 오스트리아에서는 그렇게 잘 알려져 있지 않은 사람이었다. 스테파니가 린데만과 함께 셀카를 찍었을 때, 한국에 있는 가족들은 그녀가 실제로 이 유명 연예인과 만났다는 사실에 놀라고 즐거워했다. 촬영팀은 수지와 스테파니 자매에게 육촌 언니 서혜숙이 보내 준 영상 메시지를 보여 주었고, 수지는 감동의 눈물을 흘렸다. 7시간에 걸친 촬영이 끝난 후, 한국의 유명 배우 손현주는 서울에서 열릴 100주년 기념 행사에 대한 대한민국 정부의 초대장을 수지와 스테파니 자매에게 허리를 굽히면서 정중하게 전달했다. 이에 수지와 스테파니 자매는 놀란 듯이 머뭇거리면서 초대장을 받아 들었다. 모두가 감동했다.

수지의 두 번째 한국 여행

2019년 4월, 수지와 스테파니 자매는 100주년 기념행사에 참석하기 위해 서울로 향했고, 마침내 스테파니 역시 그녀의 한국 친척들을 만나게 되었다. 그녀는 곧 언니 수지와 자신이 육촌 언니 서혜숙 및 그녀의 남편 김기영과 얼마나 잘 어울리는지 깨달았다. 이는 육촌 언니와 형부가 다른 한국인들보다 훨씬 덜 보수적인 정치적 견해와 자유로운 라이프스타일을 가지고 있었기 때문이었다.

국가보훈부는 수지와 스테파니 자매를 위해 많은 프로그램을 준비했는데, 가족 및 작가 정상천과의 만남도 포함되어 있었다. 수지와 스테파니 자매가 보훈부의 친절한 직원들에게 자신들이 모든 프로그램에 참여할 수 없다는 것을 밝히고 이해를 구하는 것은 결코 쉽지 않았다. 육촌 언니인 서혜숙은 의사소통을 도와야 했다. 때때로 수지와 스테파니 자매는 모든 것이 너무 벅찼다. 세계 각지에서 초대받은 독립운동가의 후손들, 약 103명이 앰배서더 호텔에 투숙했다. 미국, 중국, 러시아, 카자흐스탄, 호주, 일본, 멕시코, 쿠바, 네덜란드 그리고 수지와 스테파니의 나라 오스트리아 등에서 왔다. 오스트리아가 포함된 것이 다소 의아할 수 있는데, 이는 서영해의 망명지가 프랑스였기 때문이었다. 독립운동가는 다섯 개의 등급으로 나뉘었다. 그 등급을 기준으로 독립운동가의 생전의 삶과 행적에 대해 훈장이 수여되었다. 서영해에게는 '하위 영웅 등급(4등급)'에 해당하는 애국훈장이 추서되었다. 하지만 그의 가족과 작가 정상천은 이를 달가워할 수 없었다. 이는 곧 독립운동가의 후손들 사이에도 서열이 존재한다는 것으로 이어지기 때문이었다. 독립유공자 가운데 더 높은 등급으로 추서받은 이름 있는 독립운동가들은 후손들 사이에서도 스타로 떠올랐다. 예를 들어 안창호의 아들이나 김규식의 후손들이 그렇다. 수지와 스테파니 자매와 달리 100주년 기념행사에 참가한 거의 모든 후손들이 한국인의 외모를 가졌고, 한국어를 구사했다.

4월 11일, 대한민국 임시정부 수립 100주년 기념식 날, 수지와 스테파니 자매는 서영해 전시회 프리뷰에 참석하기 위해 부산으로 향했다. 전시회는 저녁에 개막 예정이었다. 세 명의 큐레이터와 송의정 박물관 관장이 수지와 스테파니 자매를 환영해 주었다. 송의정 관장은 짧은 시간 내에 준비된 전시회를 오스트리아에서 온 영웅 서영해의 두 손녀와 함께 둘러볼 수 있어 영광이라고 생각했다. 배너, 깃발, 그리고 서영해의 큰 초상화로 꾸며진 전시관 입구는 인상적이었다. 넓은 전시 공간에는 서영해의 학교 사진, 파리 말브랑슈 거리 서영해의 아파트에 있던 책상과 서랍장 위에 놓여 있던 책들, 서영해의 삶과 활동을 보여 주는 다양한 문서들, 그의 필체로 작성된 기록들, 파리 기자증, 그리고 유리 안에 보관된 서영해가 사용했던 언더우드 타자기 등이 전시되어 있었다. 전시관 벽에 걸린 사진 속에서 할아버지가 자신들을 내려다보고 있는 모습을 보았을 때, 수지와 스테파니 자매는 순간 숨이 멎는 전율을 느꼈다. 비롯 전시관 안에 있는 사람들이 '독립운동가 서영해의 손녀들'이라면서 떠들썩해하는 것이 곤혹스러웠음에도 말이다. 전시관 끝부분에 스테판, 수지, 스테파니, 그리고 전통 한복을 입은 어린 프리다의 사진도 전시되어 있었다. 이 한복은 수지가 첫 번째 한국 여행 때 프리다에게 가져다준 것이었다.

부산에는 아직도 서씨 가문의 여러 친척들이 살고 있었다. 하지만 짧은 시간 동안 모두를 만날 수는 없었다. 몇 년에 한 번씩 가족 모임이 열린다고 했다. 이것은 폴란드-유대인의 뿌리를 가진 나의 호주 가족을 떠올리게 했다. 그들은 가족 모임을 가질 때마다 매번 나에게 사진을 보내 주었는데, 사진 속에 사람들이 점점 늘어나고 있는 것을 볼 수 있었다. 죽는 사람이 태어나는 사람보다 적기 때문이다. 그 사진들은 1947년 서영해가 자신의 친척들과 함께 찍은 사진과 비슷하게 보였다. 그들과 비교하면 나는 완전히 혼자였다.

전시회 관람 후 수지와 스테파니 자매는 서둘러 공항으로 가서 서울로 향했다. 수천 명의 방문객들과 독립운동가의 후손들이 참석한 독립운동 100주년 기념 행사가 수지와 스테파니 자매를 기다리고 있었다. 그것은 분명 모든 사람이 좋아하지는 않겠지만, 호화롭게 조직된 행사였다. 전 세계에서 100명 이상의 사람들이 참석했다. MBC 타워에서 열린 '환국(還國)'이라는 제목의 대규모 사진 전시회와 방대한 카탈로그에는 독립운동가의 모든 후손들의 개인적이고 감동적인 사진들이 포함되어 있었다. 물론 오스트리아의 뵐러스도르프에서 촬영된 수지와 스테파니 자매의 사진들도 함께 전시되어 있었다.

100주년 기념행사 프로그램 가운데 북한과의 국경인 비무장지대(DMZ) 방문과 남북 분단 이후 북한으로 이어지는 남한의 마지막 기차역인 도라산역 방문이 있었다. 그 역은 신설되었지만 전혀 사용하지 않은 유령역으로, 레버를 옮기기만 하면 곧 북한의 수도인 평양으로 떠나갈 것 같은 인상을 주었다. 디지털 안내판, 자동 발매기, 안내데스크, 여러 개의 선로가 있었으며, 모든 것이 빛나고 반짝였다. 통일을 위해 모든 것이 준비되어 있었다. 수지는 "기분이 묘했지만 비무장지대를 봐서 기뻤다."고 요약해서 말했다. "그곳은 관광객과 버스로 넘쳐 났다. 사람들은 마치 큰 장터에 온 것처럼 행동하고, 웃고, 돌아다니고, 즐기고, 아이스크림을

먹었다. 나는 왠지 그것이 역겹게 느껴졌다." 스테파니 역시
목이 메었다. 스테파니는 한반도를 강제로 두 개의 나라로
분단시켰던 수많은 비극적인 운명과 수백만 명의 사망자들
을 생각했다. 그런데 그곳의 분위기는 마치 놀이공원과 같
았다. 두 개로 나눠졌던 베를린의 장벽처럼 전망대에서 남
과 북 국경의 이쪽과 저쪽에 있는 마을들을 볼 수 있었다.
국경 인근 마을에는 주로 농부들이 살고 있었다. 과거에는
어느 쪽 마을이 더 높은 깃대를 가지고 있는지 경쟁이 붙었
다. 현재는 북한 쪽 마을로, 깃대 높이가 160m에 달했다.

후기

～

　한국의 동화와 우화 속에는 '도깨비'라고 불리는 존재가 있다. 도깨비는 인간과 닮은 요정 또는 숲의 정령이다. 도깨비는 자연의 신이나 영혼으로서 특별한 힘과 능력을 가지고 있으며, 인간과 교감하는 데 익숙하다. 도깨비는 인간에게 짓궂은 장난을 치기도 하고, 때로는 인간을 도와주기도 한다. 전설 속에서 도깨비는 다양한 모습으로 나타난다. 한국 전통 의상인 한복을 입고 나타나기도 하고, 김 씨라고 불리기도 한다. 3대에 걸친 북한의 지도자들같이 말이다.

　한국 숲의 정령인 도깨비가 대도시에도 나타날 수 있는지는 알 수 없지만 서영해의 '김 씨'는 분명 파리의 말브랑슈 거리에 나타날 것이다. 서영해가 그곳에서 집에 온 것과 같은 편안함을 느끼기 때문일 것이다. 서영해가 아내 황순조와 함께 파리로 갔더라면, 그는 분명 다시 말브랑슈 거리에 정착했을 것이다. 언젠가 깊은 밤, 푸르스름한 빛이 말브랑슈 거리를 지나가고, 그림자 속에서 김 씨가 나타날 것이다. 그는 한복이 아닌 어두운 양복에 넥타이를 매고 있을 것이다. 김 씨의 등장은 우리가 그에게 질문을 던질 수 있는 유일한 기회가 될 것이다.

우리는 서영해에게 물을 것이다. 상하이에서 왜 황순조와 연락하지 않았나요? 당시 정말로 중국과 대한민국 간에 우편 교류가 불가능했었나요? 아니면 황순조와의 결혼이 번거로웠던 차에 각각 중국과 대한민국으로 떨어져 아내로부터 해방된 것이 기뻤나요? 만약 황순조에게 그렇게 애착이 없었다면, 왜 그녀 없이 파리로 가지 않았나요? 아니면 파리로 가는 것이 더 이상 가능하지 않았나요? 그리고 엘리자베스와 관계는 어땠죠? 그녀가 당신의 아이를 임신하고 있다는 사실을 정말 몰랐나요? 분명한 것은, 그가 아들의 존재를 알았다면, 엘리자베스와 연락을 취했으리란 것이다. 한국에서는 가족이 그 무엇보다 큰 가치를 가지고 있으니까.

우리는 서영해와 엘리자베스, 그리고 서영해와 황순조에 대한 드라마를 쓰고 싶었다. 한국의 훌륭한 드라마 시리즈처럼 말이다. 두 커플의 연애 이야기를 중심으로 당시 정치적 상황은 하나의 배경이요 수단으로 사용할 수 있을 것이다. 하지만 서영해는 연애에 있어서 그리 낭만적인 사람이 아니었다. 오히려 자유라는 낭만에 집착한 사람이었던 것 같다. 대한민국의 독립과 통일에 대한 그의 열정은 한국 전쟁 당시 그에게 큰 고통을 안겨 주었을 것이다. 한국 전쟁은 결국 형제들 간의 전쟁이었기 때문이다.

그리고 서영해는 왜 북한으로 갔을까? 그것은 낭만적인 결정이었을까? 어떤 일이 있어도 민주 국가 건설에 참여하고, 남과 북 한반도의 통일을 위해 일할 수 있다는 희망 때문이었을까? 아니면 고향은 아니더라도 한반도에서 살고 싶은 동경 때문이었을까? 자신의 생각을 항상 솔직하게 말하는 그 같은 사람이 김일성 같은 사람에게는 결코 용납될 수 없다는 것을 그는 몰랐을까? 그가 이승만에게 용납받지 못했던 것처럼 말이다. 그가 북한으로 이주하기로 결정했을 때 김일성이 통치를 강화하고, 북한을 점점 더 고립시키기 시작했다는 사실을 몰랐을까?

서영해는 어떻게 숙청되었는가? 총살형? 교수형? 참수형? 강제로 동원된 많은 사람들이 지켜보는 앞에서 공개적으로? 아니면 지식인이자 외국인, 즉 '적대적 등급'에 속한 자로서 외딴 감옥이나 강제 노동 수용소 중 한 곳에 보내져 다시는 풀려나지 못했을까? 아, 도깨비에게 이 질문에 대한 답을 듣고 싶다. 그리고 그의 손녀 수지 왕을 당신에게 소개하고 싶다. 김 씨, 수지 왕의 모습에 당신은 분명 기뻐할 것이다.

우리 현실의 삶에는 도깨비가 존재하지 않는다. 때문에 단지 역사적 연구만이 도움이 될 것이다. 그리고 이 연구 또한 북한 정권이 언젠가 기록 문서를 공개할 때만 가능할 것이다. 하지만 지도자들이 저지른 범죄가 너무 많아 가까운 미래에 자발적인 공개를 기대하기는 어려울 것이다. 우리가 할 수 있는 일은 완전하지는 않겠지만, 현재 존재하는 자료들을 통해 서영해를 기억하고, 유럽 파시즘에 맞선 참으로 정의로운 투사이자 고통받는 조국의 자유를 위해 싸운 그의 모습을 기억하는 것이다. 독립운동가 서영해가 이루고자 했던 독립은 분단된 남과 북이 하나의 나라로 합쳐질 때 비로소 완전해질 것이다. 하지만 그것은 시간이 걸리는 일이다. 특별한 능력을 뽐내는 도깨비도 할 수 있는 것이 없을 것이다.

어쩌면 서영해의 증손녀 프리다가 통일을 경험할지도 모른다.

감사의 말

　　이 책은 수지 왕(Suzie Wong)이 에리카 피셔(Erica Fischer)
와 함께 기획하고 조사했으며, 집필은 에리카 피셔가 맡았
다. 이 책이 만들어지기까지 인터뷰, 대화, 연락 및 조언 등
을 통해 도움을 주신 모든 분들께 감사를 드린다. 알파벳
순으로 다음과 같다: 스테인 야고디치(Stane Jagodić), 마르야
나 코베(Marjana Kobe), 마르야 로렌차크(Marja Lorenčak), 디
미트리스와 트라우데 마니카스(Dimitris and Traude Manikas),
레브와 야나 메나세(Lev and Jana Menaše), 체브카 포자르
(Cvetka Požar), 로널드와 도리스 스포너(Ronald and Doris
Sponer), 로랑 키즈피(Laurent Quisefit), 서혜숙과 그녀의 남편
김기영, 스테파니 왕(Stefanie Wong) 등이다. 그리고 메트카
트라벤(Metka Traven)이 스테인 야고디치와 대화할 때 통역
으로 수고해 주었다. 김진아는 수지 왕에게 서영해가 대한
민국의 독립운동에 끼친 역사적 의미와 중요성을 처음으로
알려주었고, 한국인 기자와의 연락을 주선하여 이 책을 만
들 수 있는 계기를 제공했다. 미국에 거주하고 있는 한국학

자 프랭크 호프만(Frank Hoffmann)은 인터넷을 통해 남한과 북한의 자료를 찾아 주었고, 여러 사건들을 역사적으로 분류하고, 한국어 고유명사를 독일어로 표기하는 데 도움을 주었다. 오스트리아 내 한국 커뮤니티의 역사에 관한 조사와 연락에 도움을 주신 분들은 다음과 같다: 영산그룹 박종범 회장, 주오스트리아 대사관 신동익 전 대사, 아카키코의 전미자 회장 등이다. 일제의 식민 통치에 저항했던 3·1운동과 대한민국 임시정부 수립 100주년을 맞이하여, 서영해의 전기『파리의 독립운동가 서영해』를 출간하고, 나와 수지 왕을 위해 프랑스어로 번역해 준 작가 정상천에게 특별히 감사를 드린다. 또한 프랑스어 편집을 위해 수고해 준 수잔네 폴락에게도 감사를 드린다. 이 책을 통해 나와 수지는 한국어로 된 자료라 접근할 수 없었던 서영해의 삶, 더 나아가 한국어에 대한 이해 부족으로 알 수 없었던 서영해의 업적에 관한 많은 정보를 얻을 수 있었다.

참고 문헌

Byun-Brenk, Won-Lim, *Der Präventivkrieg Amerikas in Korea 1950.* –Thunum/Ostfriesland, Edition Peperkorn, 2005

Choe Chong-dae, Unsung independence activist, *The Korea Times*, 16. April 2019

Hoffmann, Frank, *Berlin Koreans and Pictured Koreans*, Praesens Verlag, 2015

Hwang Sok-yong, *Familiar Things*, Brunswick/Australia, Scribe Publications, 2017

정상천, 『파리의 독립운동가 서영해』, 산지니, 2019

Kim Koo, übers. Kim Young-ok, *Das Tagebuch von Baekbeom*, Neuauflage, Hamburg/Germany, Abera, 2002

Kyung Moon Hwang, *A History of Korea*, London, palgrave, 2017

Andrei Lankov, *Crisis in North Korea: The Failure of De-Stalinization, 1956*, University of Hwaii Press, 2003

Andrei Lankov and Jennifer Dodgson, *Tigers and Bears: Saying the Unthinkable about Korea's Unification*, Seoul, NK News, 2016

Li Jin-Mieung, La France et les mouvements d'indépendance du Gouvernement provisoire de Corée (1919-1945)

Maull, Hanns W and Maull, Ivo M, *Im Brennpunkt Korea*, München, C.H. Beck, 2004

Irène Némirovsky, *Suite française*, Paris, Èditions Denoël, 2004

Park Wan-suh, *Who Ate Up All the Shinga?*, Weatherhead Books
on Asia, Columbia University Press, 2009

Laurent Quisefit, L'écho mèdiatique d'une action »terroriste «
en contexte colonial. L'attentat coréen à Shanghai (1932),
entre indifférence et réprobation, *Les temps des médias* Nr. 32,
Frühjahr 2019

Alberto Romero, *España está un poco mal*, Santiago de Chile,
Ercilla, 1938

Seu Ring-Hai, *Autour d'une Vie Coréenne*, Paris, Eigenverlag, 1929

Seu Ring-Hai, *Miroir, Cause de Malheur*, Paris, Editions E. Figuièr,
1934

Seu Ring-Hai, L'axe Berlin – Rome – Tokio, *Regards*, 8.5.1937

Seu Ring-Hai, A Single Independence Activist, Providing
Enlightenment of Korea's Plight to Europe, Busan Museum
2019

Roland Wein, Die Rolle der Provisorischen Regierung
der Republik Korea(1919-1945) in der koreanischen
Unabhängigkeitsbewegung, Dissertation 1993

수지가 만난 세계

초판 1쇄 발행 2025년 2월 25일

지은이 에리카 피셔
옮긴이 윤선영 배신수
펴낸이 강수걸
편집 이소영 강나래 오해은 이선화 이혜정
디자인 권문경 조은비
감수 정상천
펴낸곳 산지니
등록 2005년 2월 7일 제333-3370002510020050000001호
주소 부산시 해운대구 수영강변대로 140 BCC 626호
전화 051-504-7070 | 팩스 051-507-7543
홈페이지 www.sanzinibook.com
전자우편 sanzini@sanzinibook.com
블로그 http://sanzinibook.tistory.com

ISBN 979-11-6861-420-8 03900

* 이 책의 번역은 2024년도 한국학중앙연구원 해외한국학지원사업의 지원에
의하여 수행되었음(AKS-2024-T-003).
* This translation was supported by the 2024 Korean Studies Grant Program
of the Academy of Korean Studies (AKS-2024-T-003).